三位兄長

吳國英、吳國雄、吳國豪

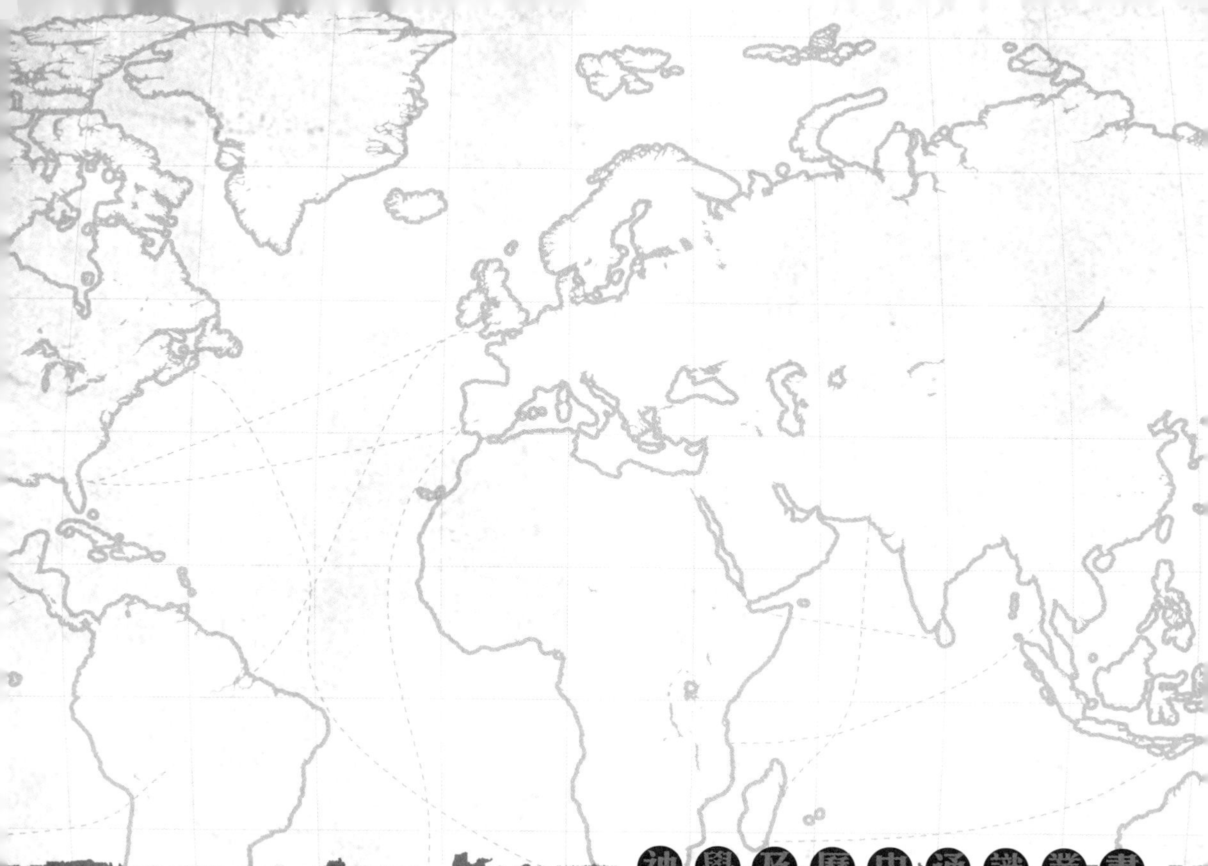

神學及歷史通識叢書

覓地擴建

現代教會縱橫談

吳國傑◎著

神學及歷史通識叢書

覓地擴建

現代教會縱橫談

Expanding the Church

Key Developments of the Modern Church

作者
吳國傑 Ng, Nathan K. K.

責任編輯
沈靜筠

裝幀設計
奇文雲海．設計顧問

出版／發行
基道出版社
香港沙田火炭坳背灣街 26 號富騰工業中心 10 樓 1011 室
LOGOS PUBLISHERS
Unit 1011, 10/F, Fo Tan Ind. Centre, 26 Au Pui Wan St., Shatin, Hong Kong
電話：(852) 2687-0331　傳真：(852) 2687-0281
網址：https://www.logos.com.hk

承印
雅聯印刷有限公司

10/2024 初版
Cat. No. LP267
ISBN: 978-962-457-658-0

刷次	10	9	8	7	6	5	4	3	2	1
年份	2033	2032	2031	2030	2029	2028	2027	2026	2025	2024

序言

《覓地擴建：現代教會縱橫談》為筆者同系列書籍的最後一本，前書分別是《奠基立柱：初期教會縱橫談》(2006 年初版、2015 年增訂版)、《築樓蓋頂：中世紀教會縱橫談》(2011 年出版)及《拆壁重修：宗教改革縱橫談》(2018 年出版)。基於許多不同原因，包括編寫計劃改變、身體多次患病、新添大量事奉等，寫作計劃一再延遲。特別香港教會在反修例風波和新冠疫症的接連衝擊下，許多議題需要回應；再加上 2021 年兼任神學院的副教務長職責，2023 年再擔任副院長，工作量倍增。幾經波折，全系列教會歷史通識叢書到今天終於完成，感謝神的恩典！

本書以現代教會為探討焦點，概述期間基督宗教所面對的種種挑戰，並教會羣體的主要發展。宗教改革引發的時代巨變，並未有因三十年宗教爭戰休止而結束；相反，其挑戰傳統權威、突破社會規限的精神，卻如燎天戰火般於各地區、各領域迅速蔓延。作為中世紀信仰權威的基督宗教，在此時期也接連受到嚴峻考驗；遭逐離西方社會文化的中心地位，且不斷被邊緣化。與此同時，科技和工業的革命性發展，兩次世界大戰帶來國際形勢的轉變，全球化衍生的人際融合與衝突，如此種種時代潮流都在不同程度上，塑造和影響著今日普世教會百家爭鳴的形態。

延續同系列前三本書的風格和特色，本書共分三部分，合計十章。第一部分為導論一章，概述當代學者對現代教會歷史的研究實況，簡介這時期教會歷史對今日教會的意義，並提示研讀有關課題應有的心態。雖然此書已為教會歷史通識叢書最後一本，但作為獨立出版的書籍，得顧及或許有讀者未曾閱覽三本前書；幾經考慮，還是決定繼續提供基要的研習導引，讓首次研讀者有所依循；若讀者已參閱任何一本前書，不欲重溫，大可略過此部分內容。

自宗教改革於十七世紀中葉結束，至今已逾三百多載。期間社會經歷前所未有的巨變，社會、經濟、科技、工業的發展一日千里；與此同時，基督教會也面對時代潮流的巨大挑戰，被迫不斷更新改變。本書第二部分以傳統史書方式表達，將現代教會歷史按時序分為初、中、晚三個時期，逐一論述其時代處境和演變，並基督教會各階段的主要發展。讀畢這部分三章，讀者應能初步掌握整個現代教會歷史的發展輪廓；不欲進深或沒有時間的讀者，可略去本書第三部分。事實上，若將全系列共四本書的第二部分集結，就可成為一本全面涵蓋主後二千年基督教會發展歷程的通史。

本書第三部分共有六章，以主題方式從不同角度論述現代的教會發展。這些主題均為塑造基督宗教演變不可或缺的重要部分，為整全認識現代教會歷史所必須。本書在這部分會較詳細論述各相關課題，分析其背後成因、主要發展和對後世影響，讓讀者有較深入的掌握。雖然本部分的六個主題在歷史發展上互相關連，但每章討論均各自獨立，讀者可按個人興趣或需要自由選讀。值得留意，若將教會歷史通識叢書全套四本書的同一章結合一起閱讀，就能對有關主題取得全面的認識；例如順序研讀全系列的第五章，就能領悟二千年教會歷史裏的「宣教擴展」；一氣呵成地閱覽四本書的第六章，基督教歷世歷代的主要「屬靈傳統」即可呈現眼前。

一如過往，本書內文加插了不同的詞語解釋和補充資料，全以ℹ符號表示，方便讀者分辨。書內適當地方亦附載相關原典的中譯節錄，全以楷體標示，幫助讀者透過這些一手資料，親身領略昔日教會領袖的思想、經歷和掙扎。每章末均有一篇現代反省與回應的短文，以🌐符號表示，幫助讀者將內文所展現的歷史教訓和屬靈智慧，具體應用於今日處境之中。隨後有多條溫習及思考的問題，幫助讀者檢視個人對該章內容的理解和體會。最末附有進深閱讀書目，為有心志的讀者提供延伸研習的途徑。

本系列四本書得以最終完成，要真誠感謝三一神的恩典，祂賜我異象和機會，能在教會歷史研究上貢獻華人教會。多謝基道出版社承擔出版工作，一如過往，他們在整個編輯過程均表現非常專業。感謝香港浸信會神學院給予美好的研寫環境，讓筆者可以專注投入地寫作；特別多謝曹偉彤院長，他的信任和包容，讓我有相當自由的空間走個人學術研究的道路。最後，謹將本書獻給我三位兄長：國英、國雄和國豪，他們各具不同性格氣質，但同為家庭付出貢獻；特別在先父早年患病中風、失去工作能力時，他們共同承擔家庭經濟的壓力，讓筆者有機會繼續學業，完成中學、大學的學習；謹在此略表謝意！

吳國傑

香港浸信會神學院

目錄

第一部分

基本概念簡介

第一部分

第一部分

相比起年代古遠的初期教會和中世紀教會，華人基督徒理應對現代教會有較多認識吧！然而實際情況怎樣？在研讀本書以前，請先用不多於十分鐘時間，回答下列十條問題，初步測試自己對這段歷史的認識。

問題	答案
1. 丁道爾是最早一位新教學者將全本聖經從原文直接譯為英文	是／非
2. 基督新教羣體自始已不接納次經	是／非
3. 威廉克理是首位到歐美以外傳道的新教宣教士	是／非
4. 馬禮遜的《神天聖書》是基督新教首本發行的中文聖經	是／非
5. 美南浸信會比美北浸信會較早來華傳道	是／非
6. 羅馬公教於梵蒂岡第一次會議一致通過教宗無謬論	是／非
7. 普世聖公會自改教以來皆以《亞他拿修信經》為教義認信	是／非
8. 劍橋七子全部皆忠心在中國事奉直到終老	是／非
9. 被譽為「靈恩之父」的柏含是首位提倡方言恩賜的新教領袖	是／非
10. 葡萄園團契乃溫約翰創立的靈恩組織	是／非

以上十條，答案全部皆「非」。對教會歷史學者來說，以上題目均不算難，惟卻常遭誤解。雖說華人信徒對年代相近的現代教會理應比較熟悉，但撫心自問，在回答時是否也感到困難，甚至多處答錯？為幫助讀者更容易掌握教會歷史的研讀，本書延續同系列前書的模式，先在此導論部分介紹一些基本的概念。

現代教會史導論

> **i** 現代源自拉丁文 *modernus*，代表對中世紀傳統、思想和文化的反動，涵蓋意義廣泛。主要特色包括對理性科學的高舉，對探求真相的醒覺，對獨裁專制的否定，及對宗教迷信的破除等。

在史學層面，「現代」(modernity)很難準確定義。學者對其起始時間有許多不同見解，有追溯至始自十四世紀的文藝復興，有指十五世紀中葉拜占庭帝國淪陷，或十五世紀末的航海大發現，或十六世紀初的宗教改革，或十七世紀的啟蒙運動，甚或遲至十八世紀末的法國大革命(Révolution Française)和美國獨立戰爭。「現代」的結束時間在學界也存在爭議：有指二十世紀中葉的第二次世界大戰，或二十世紀末數碼和科網的廣泛應用，將「現代」結束，並轉入「後現代」(postmodernity)；也有認為所謂的後現代只是現代的延伸，乃其一部分，現代時期至今仍未終結。此外，學者又常將現代前後分為「早期現代」(early modern period)和「晚期現代」(late modern period)，由於學界對現代的開始和結束本已分歧甚大，對早期和晚期現代的分界就更意見紛紜，難有共識。

相對於外界史家，教會史家對現代時期的分界相對較為一致。除少數異見外，大部分認同現代教會乃緊接宗教改革，始於1648年三十年宗教戰爭(Thirty Years' War)結束；並且不重視所謂後現代的轉變，認為現代教會延續至今。雖有部分著作會用「當代教會史」(Contemporary Church History)這類名稱，但亦只視之為現代教會史的最近期部分，不會與之分割。

1.1. 現代教會史研究

相較於早期教會、中世紀時期和宗教改革，現代教會史的研究相對複雜困難，能全面掌握這時期各國教會發展歷史的專家學者也非常少。究其原因，是普世宣教運動後，基督宗教已不再像過往一般集中在西方歐美地區，而是廣泛擴展至全球各地。由於各國教會的社會處境、掙扎困擾、發展實況皆不盡相同，加上新教內部宗派林立，要以有限年日全盤掌握此複雜多變的歷史，已非一般個別學者所能勝任。偶有教會史家願意鼓起勇氣，就現代教會史撰寫專書，多也只能粗略提供概括性的圖畫，難言深入；這實況不難藉快速巡覽近代主要的相關史著而察看得到。

1.1.1. 個人撰寫的通史

早年的教會歷史通論，絕大部分是由一位大師級史家獨力編寫。十八世紀末普世宣教運動以後出版的首套巨著，可說是德國神學兼歷史學家尼安德（August Neander, 1789～1850）共九冊的《基督宗教與教會通史》（*General History of the Christian Religion and Church*），此書自 1825 年開始陸續面世，惟到尼安德離世時仍未完成；經後輩學者補充整理，內容才達十五世紀的巴塞爾會議（Council of Basel）；宗教改革和現代教會部分可謂完全欠奉。此後，美國教會史大師沙夫（Philip Schaff, 1819～1893）於 1858 至 1890 年期間出版合共八冊的《基督教會史》（*History of the Christian Church*）；惟此套巨著最末兩冊，也只論到德意志和瑞士的宗教改革，莫說沒有現代教會史部分，就連宗教改革的討論也不整全。謝爾頓（Henry C. Sheldon）於 1895 年出版合共五冊的《基督教會史》（*History of the Christian Church*），雖有三冊被標示為「現代教會」（The Modern Church），惟前兩冊內容根本是論述宗教改革，只有最後一冊概述基督宗教於十九世紀在歐洲的整體發展。

二十世紀出版的教會通史著作，絕大多數均僅一、二冊；能像尼安德、沙夫和謝爾頓等前輩，憑一人豐富學識寫成洋洋多冊，詳盡細說千年教會通史者，已難復見。這些著作雖多少載有現代部分，但基於篇幅所限，只能提綱挈領地敘述普世教會的整體發展；未能對個別國家地區的獨特情況，作針對性的論述。華人牧者所熟悉並有中文譯本的基督教通史著作，包括華爾克（Williston Walker）的《基督教會史》（*A History of the Christian Church*），比爾奧斯汀（Bill R. Austin）

的《基督教發展史》(*Austin's Topical History of Christianity*)，以及樂馬可(Mark A. Noll)的《轉捩點：基督教會歷史里程碑》(*Turning Points: Decisive Moments in the History of Christianity*)，皆屬此類。基於個人身處的地區或著作出版的對象，有些史家在撰寫通史時，會在現代教會部分加插所屬地區或國家的歷史。早年移居北美的祁伯爾(Barend K. Kuiper)，在撰寫《歷史的軌迹：二千年教會史》(*The Church in History*)時，特別加入「新大陸的教會」部分，詳論北美的基督教發展。

作者	書名	初版年份	中譯	現代史	地區史述
August Neander	*General History of the Christian Religion and Church*	1825～1852	×	×	0%
Philip Schaff	*History of the Christian Church*	1858～1890	×	×	0%
Henry C. Sheldon	*History of the Christian Church*	1895	×	✓	0%
Williston Walker	*A History of the Christian Church*	1919	✓	✓	0%
Lars P. Qualben	*A History of the Christian Church*	1936	✓	✓	英版 0% 中譯 10%
Robert A. Baker	*A Summary of Christian History*	1959	✓	✓	2%
Barend K. Kuiper	*The Church in History*	1964	✓	✓	0%
Bill R. Austin	*Austin's Topical History of Christianity*	1983	✓	✓	0%
Mark A. Noll	*Turning Points: Decisive Moments in the History of Christianity*	1997	✓	✓	0%

此外，有些較具普世觸覺、顧及各地差異的史家，在撰寫通史時嘗試在現代教會部分加入分區分國的個別論述；惟因各處教會發展迥異，書籍篇幅有限，這

些個別論述皆相當簡短，無法深入。例如培克爾（Robert A. Baker）的《基督教史略》（*A Summary of Christian History*），就在書末附有全球各大洲的基督教發展概述；惟全書共四百六十五頁，此部分只佔八頁，簡略程度可想而知。谷勒本（Lars P. Qualben）的《教會歷史》（*A History of the Christian Church*），原本英文版也像上一段所記的各史家那樣，只專注詳論北美教會的情況；只是翻譯為中文時，出版社特意在書末加上附編，論述美、亞、非三洲的基督教史略；除中國部分略為詳細外，其餘各地的歷史敍述仍非常簡短。

1.1.2. 合力撰寫的通史

隨著教會歷史資料日益豐富，相關研究不斷深化，涉及範圍也持續擴闊；愈來愈多史家體會到個人史研範圍的限制，難憑一己之力寫成令人滿意的通史。加上現代專業化潮流的驅使，近年愈來愈多通史著作改由不同專長的史家合力編寫；這些通史著作有集成一冊，也有分成洋洋多冊。

編者	書名	初版年份	中譯	現代史	地區史述
Tim Dowley	*The History of Christianity*	1977	✓	✓	英版 0% 中譯 2%
John McManners	*The Oxford Illustrated History of Christianity*	1990	✓	✓	31%
Adrian Hastings	*A World History of Christianity*	1999	✓	✓	55%

由多人合力研寫又有中文翻譯的基督教通史著作，有陶理（Tim Dowley）編的《基督教二千年史》（*The History of Christianity*）、約翰麥克曼勒斯（John McManners）編的《牛津基督教史》（*The Oxford Illustrated History of Christianity*），及亞德良赫斯定（Adrian Hastings）編的《基督教世界史》（*A World History of Christianity*），分別於1977年、1990年及1999年發行英文初版。隨著後現代對個別性的重視加增，這幾本通史對各地教會的獨立論述也隨出版日期不

斷強化。最早出版的《基督教二千年史》，除中文版特別就中國教會發展稍有論述外，現代教會部分只見普世教會整體發展的概要論述，鮮見各地教會的針對性探討。《牛津基督教史》分三大部分共十九章，其中現代教會史佔兩部分共十章，當中六章為各大洲的專論。《基督教世界史》全書共分十三章，當中七章可歸類為地區性的史述，佔全書逾半篇幅。

至於分成多冊的教會通史，也許由於華人市場需求偏低，至今仍未有中文譯著流通，故只能舉出幾個具代表性的英文出版作為範例，以反映近代史研概況（參後頁表列）。要將二千年教會歷史分成數冊出版，最便捷的方法無疑是按時段劃分，由不同史家按本身專長各撰一書；阿賓登出版社（Abingdon Press）的三本教會歷史系列是此類組合的典型例子。這三本書分別為軒爾遜（E. Glenn Hinson）的《早期教會：緣起至中世紀的起始》（*The Early Church: Origins to the Dawn of the Middle Ages*）、沃爾茨（Carl A. Volz）的《中世紀教會：中世紀的起始至宗教改革前夕》（*The Medieval Church: From the Dawn of the Middle Ages to the Eve of the Reformation*），及米勒（Glenn T. Miller）的《現代教會：從宗教改革的起始至第三個千禧年前夕》（*The Modern Church: The Dawn of the Reformation to the Eve of the Third Millennium*），皆於 1996 至 1997 年間出版；從書名可見內容是彼此相連，現代教會史部分只有全球基督教發展的整體概述，沒有地區性的獨立評論。

近年具分量的教會通史巨著，是同於本世紀初出版，要塞出版社（Fortress Press）共七冊的《民眾基督教歷史》（*A People's History of Christianity*），及劍橋大學出版社（Cambridge University Press）共九冊的《劍橋基督教史》（*The Cambridge History of Christianity*）。與上段阿賓登出版社的三本書不同，這兩系列通史著述裏，每本書均由多位學者合力編寫，各就個人專長貢獻文章，分工細緻。前者以普羅信眾為對象，內容相對淺白，參與學者近百；後者以成為學術參考作定位，討論深入詳盡，參與史家達三百之眾。宗教改革後的現代教會史部分，前者佔七冊中的二冊，其中一冊專論各地區的教會發展；後者佔九冊中的三冊，其中二冊為各地區基督教的針對性論述。

出版社	系列名稱	初版年份	共冊數	現代史	地區史述
Abingdon Press	-	1996～1997	3 冊	1 冊	0%
Fortress Press	*A People's History of Christianity*	2005～2009	7 冊	2 冊	14%
Cambridge University Press	*The Cambridge History of Christianity*	2006～2009	9 冊	3 冊	22%

1.1.3. 本書的寫作取向

從上述的通史著作概覽可見，現代教會史的研寫取向頗為複雜分歧，惟仍可歸納為以下數個特色：（1）早年的教會史大師雖獨力編寫洋洋多冊的通史巨著，但現代基督教部分的討論皆顯得貧乏；（2）二十世紀出版由個別史家獨力編寫的教會通史，現代教會部分絕大多數均只流於普世教會的整體概述，甚少地區性的專論；（3）隨著史料日益豐富、史研範圍擴張，加上專業化流行，愈來愈多教會通史改由多人合力撰寫；（4）即使多人合著，較早期的出版也未必會就個別地區的基督教發展作針對性的討論；（5）一般來說，愈近期的合著式通史出版，分地分區的獨立史述所佔的篇幅比例就愈高。

雖然廣泛論述不同地區的教會發展已成學界趨勢，惟本書作者為筆者一人，讀者對象為華人信眾；考慮到分區獨立研寫的效益，及目標讀者的普遍興趣，本書不會像近年多人合著的通史那樣，花大量篇幅個別講論如非洲、南美等遙遠國家的教會實況，卻會：（1）綜合概述普世教會在宣教、思想、體制等等各方面的整體發展；（2）在適當地方特別加入現代華人教會歷史的相關資料；（3）在第五章「宣教擴展」部分，非常簡要地概論基督教於各國各地的發展情況。由於篇幅所限，期望本書能在可讀性、實用性與整全性之間取得平衡。

1.2. 溯源追本的意義

相對於早期、中世紀和宗教改革的基督宗教歷史，現代教會史普遍較為廣大華人信眾所關懷和熟悉；就如改教後眾新教宗派的產生、基督新教初入中華的歷史、華人信徒親身經歷的當代變遷，皆屬現代教會史範圍。無可否認，現代教會很大程度上是從前各階段基督宗教發展而來的成果，延續著往昔許多教義和傳統，包括初期教會對聖經正典和三一神論的理解，中世紀教會對教權擺脱政權轄制的執著、宗教改革對信徒皆祭司的強調等等。然而，現代教會也有不少獨特的演變，乃是各地信徒羣體在社會文化與時代潮流衝擊下，互動生發既統一、又多元的結果。對當代華人基督徒來説，現代教會史的研讀有以下幾個較主要的意義。

1.2.1. 認識自我

現代教會史是在時間上最接近現今的史實，對華人基督徒認識自我關係最為密切。若説初期教會是孩童時代的成長，中世紀是青少年期求學和反叛的經歷，宗教改革是長大後悔改成熟的轉變，現代教會就標示著今日的人生狀況，包括：居住地址、婚姻狀況、子女數目、公司職位、年薪收入、擁有資產、健康病歷等等各方面。雖説童年成長是塑造個性品格最關鍵的時期，青少年的學習往往對學歷和事業的成就具深遠影響，而悔改成熟的轉變也決定為人處世、待人接物的態度，但最能表達個人特色的，始終是今日的現況。同樣，基督教會雖是過往不同時期歷史的延續，深受往昔經歷所影響，但最能反映今日教會特質的、最能幫助信眾認識自身羣體的，肯定是現代教會的歷史。不論是基督宗教整體的擴展，個別宗派的產生和特質，地方堂會的創立和發展，以致神學思想、屬靈傳統、政教關係等等各方面，皆無可避免地深受這段歷史所影響（參下表）。

認識自我範圍	具體實際例子
神學思潮	基督新教為何會有偏離傳統的自由神學？原因是啟蒙運動後，基督信仰受到嚴重挑戰，宗教被指為不符合科學的迷信；自由神學實質是要在世俗文化中為信仰重尋存在價值的嘗試，原意並非破壞傳統。
宗派特質	究竟何來現今各宗教改革後產生的宗派？這些宗派有源自宣教的成果如宣道會，有因不滿原有教會而分裂如平安福音堂，也有由地區堂會聯合產生如中華基督教會。因著經歷不同而有各自的宗派特質。

信仰組織	基督新教因何有這麼多機構組織？基督新教沒有羅馬公教那樣強大的中央體制，為集中資料能力，就逐漸出現許多超宗派、跨堂會組織。當中有國際性的如基督教青年會，也有許多地區性的如明光社。
地方堂會	對許多現代華人基督徒來説，最切身的關注是自身所屬的堂會。為何堂會有如今的優點和缺點？為何有這麼多傳統規範？細心考究，除人事關係外，大都與往昔歷史有關；這一切都屬現代教會史範圍。

1.2.2. 鑑古知今

近年香港政府為鼓勵市民自我增值，提出「終身學習」的口號；事實上，即或沒有刻意上課，人實際上也自然不斷從生活經驗中學習，正所謂「做到老、學到老」。當然，孩童時家庭的培育，青少年期學校的教導，初職時職場的訓練，新婚期夫妻的相處，都對處世為人、學問知識影響巨大；然而，成長後面對日新月異的社會變遷，身處環境的年歲更替，生老病死的無奈流轉，持續不斷的經歷與學習，始終無法避免。現代的成年人，要懂得使用不斷推陳出新的電子產品，要領略如何與價值觀迴異的年輕一代相處，要調節心情面對子女離家、親友移民或離世的空虛感受；這一切都不是單靠從前書本裏的知識可以充分應對的，必須不斷從經驗中學習。同樣，基督教會也要持續從現代教會的歷史中學習，鑑古知今，好能從前人的經驗汲取教訓，能更有智慧地面對時代的挑戰（參下表）。

鑑古知今類別	具體實際例子
屬靈追求	基督新教自宗教改革後，為何相繼出現如敬虔主義、大覺醒等運動？原因是許多新教羣體隨時間變得僵化，且無力回應啟蒙運動等社會挑戰，而需一再更新；這正提醒教會要避免僵化，保持信仰活力。
牧養智慧	懷特腓德的宣講佈道比約翰衛斯理優越，因何前者成就不及後者？原因是約翰建立了良好的體制，以十二人一班給歸信者妥善栽培訓練；這提醒現代教會不能單重佈道而欠缺後續跟進，否則徒勞無功。

異端興起	因何基督新教在近代有這麼多異端湧現？回顧歷史，普遍被正統教會指為異端的，絕大部分是在教會興盛時期產生的，例如十九世紀的美國、二十世紀的韓國和中國；這提醒教會在復興時要謹慎防避。
社會參與	中世紀教會與政權互相結連，現代教會應否延續這種關係？歷史經驗提示，政教合一有許多潛在問題，教會很容易被政權操控而失去對信仰的忠誠，希特拉時期的德國教會便是一例，故必須小心處理。

1.2.3. 啟示真神

神是歷史的主宰，祂的恩手持續不斷在祂的子民中間工作；這些工作有顯在個人身上，也有在教會整體，甚或社會變遷之上。在聖經中，其中一卷較具爭議的是以斯帖記，全書沒有一處直接論及神的介入；然而，王后要求書珊城所有猶大人為她禁食三天（斯四 16），成功後又命令猶大人守普珥日時要「禁食呼求」（斯九 31），這都和應著猶太傳統的信念，就是當日的奇妙獲救、反敗為勝是出自神的保守。事實上，從希伯來正典以書、士、撒、王四卷歷史書為前先知的編排可見，以色列人一貫視歷史為神啟示的媒介；同一道理，教會羣體透過檢視歷史發展領悟神的心意，也屬理所當然。除初期教會、中世紀教會和宗教改革外，現代教會歷史也有許多能彰顯神大能、啟示主心意的事迹，可作為後世信眾在行走天路上的啟迪和參考（參下表）。

啟示神的屬性	具體實際例子
神的引領	宗教改革時期曾出現許多宗派間的互相對立：信義宗與改革宗因聖餐觀分歧而鬧翻，改革宗打壓信洗派反嬰兒水禮的言論，聖公宗不滿清教徒徹底改革的主張，惟各新教羣體最終都在神的引領下重尋合一。
神的更新	隨著各新教宗派穩定發展，原初的改革精神和信仰動力日漸失去；在如此境況裏，神又在不同地區和時代興起祂的僕人使女領導復興，當中包括英國的循道運動、美國的大覺醒等，彰顯祂重振教會的恩典。

神的大能	基督新教原來只集中在歐美等西方世界，十八世紀末普世宣教運動爆發後，大批宣教士因著復興運動的感染，抱著事主心志遠赴重洋；結果使福音迅速遍傳世界各地，非西方信眾激增，見證神大能的作為。
神的保守	因著基督宗教的遍傳，與各地原有宗教和意識形態無可避免地存在張力和衝突，基督徒在伊斯蘭世界和共產政權下持續受到壓迫，便是典型事例。教會在如文化大革命這等逼迫中堅忍成長，印證神的保守。

1.3. 研習本書的建議

本書跟同系列的前書《奠基立柱：初期教會縱橫談》、《築樓蓋頂：中世紀教會縱橫談》和《拆壁重修：宗教改革縱橫談》有相同的編排；考慮到或有讀者未曾讀過任何一本前書，幾經掙扎思量，筆者仍得在此不厭其煩地簡要解釋本系列書籍的編排特色，並簡介研習歷史的基本竅門，以提升讀者的研讀果效。曾經研讀前書的讀者，可跳過下述部分，按先前的經驗繼續進行研習。

1.3.1. 研究模式

在一片爭議聲中，香港高鐵列車終在 2018 年 9 月開通；這高鐵列車在中國全長達一萬二千公里的網絡，原來就有四縱四橫之規劃。當中四條南北向的縱行鐵路，有從北京到上海的京滬高速鐵路、北京到香港的京廣深港高速鐵路、北京到哈爾濱的京哈客運專線，和杭州到深圳的杭福深客運專線。四條東西向的橫行鐵路，則有青島到太原的青太客運專線，徐州到蘭州的徐蘭高速鐵路，上海到成都的滬漢蓉客運專線，及上海到昆明的滬昆高速鐵路。這原初規劃後來又於 2016 年 7 月增擴為八縱八橫。

教會歷史研究與旅行各處遊歷類同，可循不同路線遊走；或縱向由南向北，或橫向從東去西，也可直達一城一鄉進行深度體驗。若以高鐵旅遊為例，可選乘京廣深港高速鐵路（後稱「京港澳通道」），由南向北從香港經深圳、廣州、長沙、武漢、鄭州、石家莊，逐處遊玩到北京。也可選乘滬昆高速鐵路（後稱「滬昆通道」），由東向西從上海經杭州、南昌、長沙、貴陽，逐城觀光到昆明。當然，遊客也可選擇不在中途下車，直達北京、昆明等城市深入體驗當地風土人情。現代教會史研究也有類似的三種模式，有按時序從早到晚縱向回溯，有橫向廣泛論述某一時期的種種要事，也有集中探索個別人物或主題。

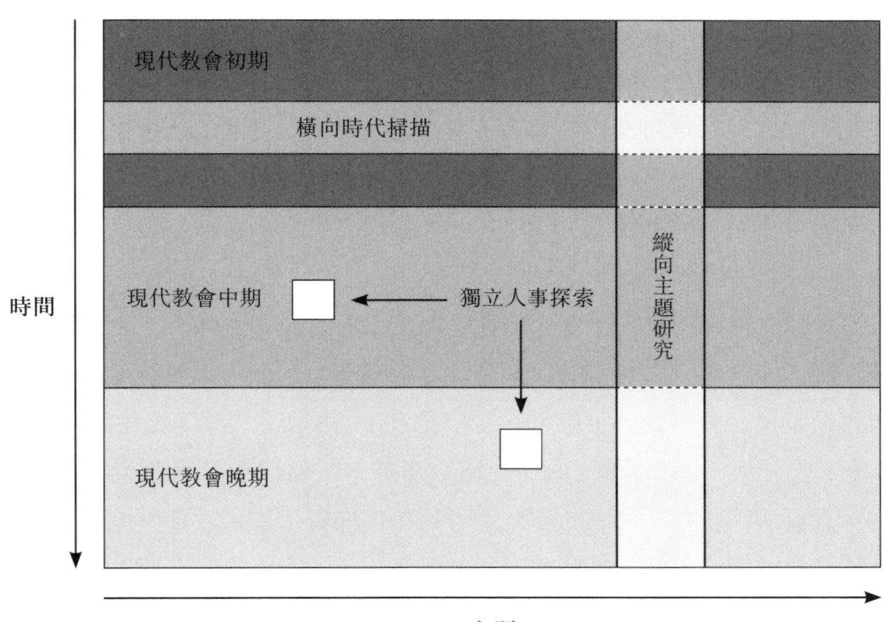

a. 橫向時代掃描：專注研究某一歷史時段，探討該時期基督教的主要發展，如啟蒙運動時期、殖民擴張時期等。若能由遠至近逐一時段探討，即能宏觀整個歷史；坊間常見的現代教會史概論書籍多採此法。

b. 縱向主題研究：研究某一主題的歷史發展，橫跨整個宗教改革後的現代教會時期；這類研究對追索事件、思想、現象的來龍去脈甚有幫助。若能廣泛結合多方主題的討論，就能呈現整個現代教會歷史的形貌。

c. 獨立人事探索：專注研究個別人物或事件，涵蓋時段和範圍一般較窄，如莫拉維弟兄會的宣教、靈恩運動的緣起、潘霍華的教會觀、洛桑會議的意義等。這種研究的優點是深入詳盡，學術專文多屬此類。

1.3.2. 研習建議

回顧過往多年的教學生涯，曾遇到不少學生，表明自小怕讀歷史。事實上，筆者當年也屬這類學生，故升上高中以後就選讀理科，並以工程為大學階段的專修科目。是故，筆者深明對讀歷史的恐懼，身同感受；追溯原因，大部分學生不喜愛、甚或懼怕修讀歷史，是由於內容沉悶，且有大量人名、年份、事件要生吞死記。為何要如此痛苦地研讀一些陳年舊事？當然，明白讀歷史的價值和意義是重要動力之一；除此以外，改善研讀的經驗也不可忽略。曾有自小抗拒歷史的學生分享，讀過筆者教導的教會歷史課程後，才發現自己已不再懼怕歷史，反而對教會歷史的興趣日益濃厚。

為何會有如此轉變？投入學習、培養興趣是主要關鍵。實際上，研讀歷史跟追看經典小說、長篇電視劇相當類似，可以非常有趣，甚至回味無窮。近年香港喜愛睇電視的市民已日漸減少，但也有些較受追捧的劇集，就如《深宮計》、《溏心風暴》等；曾經與一些「煲劇」的朋友同桌用膳，當話題談及這些流行劇集，他們很多都講得眉飛色舞，興致勃勃。筆者這些年來事奉繁忙，甚少追劇；眼看友人如此津津樂道講述劇情，也曾嘗試觀看劇集一二；由於不知來龍去脈，很快便感覺乏味，停止收看。同一道理，研讀歷史著作的最佳方法是好像追劇那樣一氣呵成，投入閱讀，甚至幻想當中的人物表情、事件情境；若隨意跳讀，偶閱數頁就放下不顧，就很難培養興趣，讀史勢必成為苦差。

為方便香港忙碌的基督徒能一氣呵成地專心閱讀，本書繼續採用本系列前書的編排模式，將內容如下圖分成兩大部分。讀者可先在「橫向時代掃描」的三章中，快速概覽現代教會的主要發展；然後有時間時，再於「縱向主題研究」部分深入研讀個別專題，這些專題彼此獨立，讀者可按個人時間和能力自由挑讀。

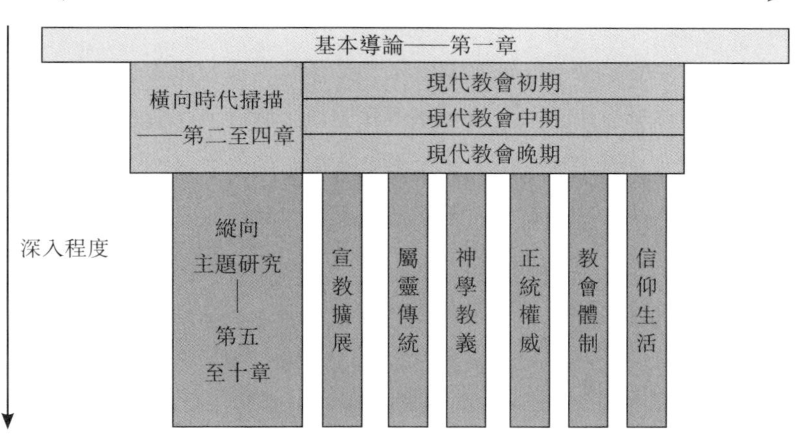

歷史研習的困難與出路

常聽見有初信者學習讀經，在研讀摩西五經時，總是出了埃及卻入不到迦南。就是從創世記讀到出埃及記中段以色列人到達西奈山後，隨即被連串內容冗長、用詞艱澀、意義難明的敘述所困擾，當中包括會幕構造的詳細描繪、潔淨禮儀的諸般規條、守節獻祭的繁瑣要求、摩西臨終的重複勸勉等；初信者既不能理解，就漸失興趣，結果放棄讀經，無法逐章熬到約書亞記進入迦南。為幫助初信者突破困境，坊間有許多輔助材料和建議，如鼓勵跳過艱澀經文先讀故事、提供會幕和各種聖器的繪圖、借助靈修書籍或解經工具、給予五祭七節的概要對照等。同樣，研讀教會歷史也有許多方法和途徑，可協助初讀者減輕困難，提升學習興趣。以下為筆者累積多年經驗後的數項建議：

一、圖像化事件情節：要牢記雍正和乾隆的后妃名單及其相互關係，相信普遍都會視為苦差；但喜好《甄嬛傳》和《延禧攻略》的人，則隨時可按劇情詳細訴說；雖然這些劇集與真實歷史存在相當差異，但至少能引發觀眾興趣。事實上，教會歷史也有許多相關影片，如敘述尼祿王縱火焚城故事的《帝皇密令：信徒受難曲》、記載十字軍艱苦爭戰的《天國驕雄》、反映宗教改革爆發初期辛酸困難的《路德傳》等等。筆者在教導歷史課程時，有時也會播放部分精選片段，效果不俗。除影片外，坊間還有《基督教歷史輕鬆讀》、《圖解世界史》等漫畫繪本，也對加深印象、提升趣味甚有幫助。當然，不是每個教會歷史事件都有影片或漫畫；學習像閱讀金庸武俠小說般，在腦中幻化想像往昔情境，是研讀歷史最廣泛可用也確切有效的學習途徑。

二、製作圖表或大綱：讀到有關會幕建造、支派分地、冗長家譜等經文，許多信徒都難免因感覺沉悶而放棄；部分有經驗的導師會建議，一邊察看會幕描述，一邊嘗試繪畫圖樣；一邊閱覽支派分地，一邊在地圖上找出分界；一邊細讀家譜名字，一邊製作宗族發展圖。同樣，研讀教會歷史也有許多類似途徑，有助整理資料。例如以人物關係圖，將各教父、改教家或宗派領袖的相互關係，以圖表概要表達；以時序發展圖，將重大歷史事件如修道運動、宗教改革、普世合一等，按時序將主要發展簡要表列；又如以特色對比表，將不同宗派羣體的體制、神學思想家的理念，或復興運動的特點，以列表形式逐項對照。事實上，坊間已有不少此類圖表，如《教會歷史背景與年代圖表》、《基督教神學與教義圖表》等，可供讀者對照參考。

三、同伴研讀或上課：傳道書四章12節提示：「有人攻勝孤身一人，若有二人便能敵擋他；三股合成的繩子不容易折斷。」許多日常活動包括遠足、遊戲、打球、購物，甚至用膳等，都是與伴同行比較理想。期間不單可閒聊分享，暢談大江南北；或合作配搭，互補長短，交流意見；遇上個人困難或情緒低落時，還可彼此扶持，化危為機。同樣，研習歷史的路途有時也會感到孤單，若有同窗相伴，往往能互相砥礪，大大降低半途而廢的機會。故此，初學教會歷史者宜先選擇報讀適合自身程度、配合作息時間的課程，如教會的主日學、神學院的晚間課程；這類課程不單能提供機會與志同道合的人一齊學習，互相激勵，遇到困難時也有導師從旁指導，減少困擾。若然沒有合適課程或導師，與同具心志的朋輩組織讀書會，也是可行的選擇。

四、以遊戲加增趣味：在多年的教學經驗中，偶然發現有些同學對某些時代的歷史特別熟悉，如西方中世紀的軍備、二次大戰的陣營、中國三國時代的將帥、明朝年間的名人；究其原因，大都表示曾經投入玩過相關的電子遊戲，是確切的因由。當然，遊戲中反映的歷史是否真實？承載的事件是否全面詳盡？期望不宜太高，但遊戲能誘發興趣，卻是不爭的事實。雖然坊間鮮有關於教會歷史的電子遊戲，但自製遊樂活動也能在一定程度上，產生提升興趣的果效；筆者就曾在課堂上帶領同學玩過許多遊戲，例如以教會歷史為問答範圍的「百萬富翁」，以歷史人物或事件為迷底的「大電視」，都有不俗的反應。筆者腦海中還有許多遊戲設計概念，如以五十二位教會歷史人物製作的樸克，甚或內容豐富的電子遊戲，期望將來有資源可將概念化為現實。

當然，不論困難大小，最重要還是研習者具內在動力。若然動力足夠，就如上進者要完成博士論文，即使面對困難重重、過程沉悶，也能憑個人毅力奮勇渡過；若然動力不足，就如反叛的小學生要完成課堂習作，即使容易應付，耗時不多，也會找諸般借口遲遲不肯面對。故此，讓學員深刻認知研讀教會歷史對基督徒的重要意義，是筆者每次教學必先努力的方向；也因這緣故，本系列每冊書籍，筆者均不厭其煩地概述研讀的意義。

溫習及思考問題

1. 「現代」最早於何時開始？最遲又到何時終結？

   最早開始：__________

   最遲終結：__________

2. 對教會史家來說，現代教會始於何時？又終於何時？

   開始：__________

   結束：__________

3. 綜合近代出版的通史著作，學者對現代教會史的研寫有哪些特色？

   a. __________

   b. __________

   c. __________

d. ______________________________

e. ______________________________

4. 在字數有限的情況下，本書如何平衡可讀性、實用性和整全性？

 a. ______________________________

 b. ______________________________

 c. ______________________________

5. 對現代基督徒來說，研讀現代教會歷史有哪三重意義？

 a. ______________________________

 b. ______________________________

 c. ______________________________

6. 本章對研習歷史著述提出了甚麼建議？

 ____

 ____

7. 請為自己編排一個研讀本書的時間表，計劃何時閱讀各章內容。

 第二至四章：______________________________

 第五章：______________________________

 第六章：______________________________

 第七章：______________________________

 第八章：______________________________

 第九章：______________________________

 第十章：______________________________

進深閱讀書目

吳國傑：《真貌重尋：教會歷史研究導引》。香港：基道，2005。

吳國傑編：《鑑古知今：教會歷史的提醒》。《山道期刊》卷六第一期。香港：浸神，2003。

Bradley, James E., and Richard A. Muller. *Church History: An Introduction to Research, Reference Works, and Methods*. 2nd edition. Grand Rapids: Eerdmans, 2016.

Comby, Jean, and Diarmaid MacCulloch. *How to Read Church History*. 2 vols. New York: Crossroad, 2000.

第二部分

橫向時代掃描

第二部分

第二部分

此部分橫向時代掃描，是指以歷史時段為分界，按時序概覽基督教會於各時期的特殊處境和主要發展。現代教會涵蓋宗教改革結束至今天長達三百七十年的歷史，期間基督教會的外在社會環境與內在信仰體制，均經歷空前的巨大變化。當中社會由專制君權，逐步愈來愈重視民主權益；工業由勞工手作，快速變成機械化、自動化；西方哲學從強調屬神啟示，變成以人為本；科學發展更一日千里，有學者評論，單是過去一世紀的科技發展程度，已遠遠超越過去數千年人類文明發展的總和。在這期間，基督信仰從羣眾生活的核心，被外推至社會的邊緣；教會卻從集中歐美西方地區，迅速擴展至世界不同國家，且出現許多各具特色的新興堂會或宗派。

為準確論述現代教會各階段的特色，本書承襲同系列前書的原則，將現代教會歷史再細分為初期、中期和晚期三個階段。這三個階段前後連接，聯合而成整個現代教會歷史的全貌。如前所述，雖然外界史家對「現代」有許多不同理解，但教會史家的立場卻相對一致；現代教會始於三十年宗教戰爭結束，並延續至今。由於基督宗教在這時期已逐步擴展至世界各地，而各地教會的發展又存在甚大分歧，要清晰地將之分割為三個階段並不容易；速覽坊間已出版的西方書籍，就不難發現彼此分歧甚大。例如共分九冊的《劍橋基督教史》，最後三冊屬現代教會部分，分別涵蓋 1660 至 1815 年、1815 至 1914 年及 1914 至 2000 年；而分成七冊的《民眾基督教歷史》，只有最末兩冊屬現代部分，以 1900 年為分界線。至於單冊式的教會歷史通論，《基督教二千年史》全書分八部分，最後三部分屬現代，分別為「理性、復興與革命（公元 1650 ～ 1789）」、「城市與帝國（公元 1789 ～ 1914）」及「現在與未來」。《牛津基督教史》和《基督教世界史》更沒有特別區分「現代教會」；前書只分三部分，分別題為「從起源到 1800 年」、「1800 年以後的基督教」及「基督教的今天和明天」；後書共十三章，自第三章開始已按地區論述，前後各章沒有時序先後關係。

本書以教會發展為焦點，選擇的兩條分界線，分別為 1793 年普世宣教運動的開始，以及 1914 年第一次世界大戰爆發，如此就將整個現代教會歷史分割成三段。在 1648 至 1793 年的「理性啟蒙時期」，基督教會基本上仍以歐美為主，她們受著日益強化的啟蒙運動思潮所衝擊，惟信徒羣體普遍仍可專注在敬虔追求和信仰踐行之上。到 1793 至 1914 年的「普世宣教時期」，教會已逐步擴展至世界各地，海外宣教成為廣大信眾的異象和方向；與此同時，以人為本的世俗化衝擊也日益嚴峻，社會主流思想逐漸遠離傳統的基督信仰。在 1914 至今天之「本色整固時期」，兩次世界大戰將人性的醜惡充分突顯，教會自此從將世界福音化的樂觀夢想中給喚醒起來；另一邊廂，在基督宗教於西方社會逐漸被邊緣化的同時，亞洲、非洲、南美洲等地的教會卻蓬勃擴展，她們漸漸無須再倚賴西方宣教組織的支援，能獨立本色化地自主發展，且不斷穩固強大。然而，由於各地教會的歷史發展往往沒有明確的時間分界，許多事件會延續多個時段；為使討論連貫，本部分有些內容會無可避免地跨越其所屬章節原來設定的年期。

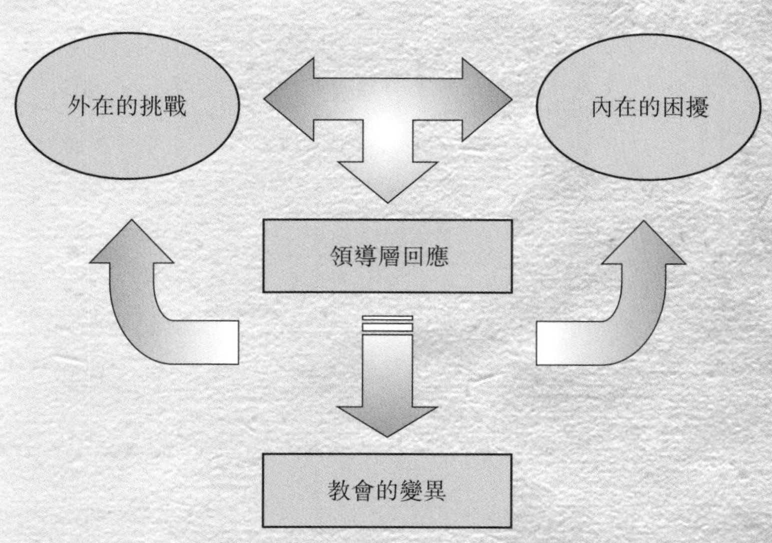

跟先前各時代的教會類同，現代的新教羣體不論在何地區，都要在其處身的社會文化和政治處境中掙扎求存。他們要應對種種外在的挑戰，如各地政治勢力的壓迫、世俗思潮的衝擊等；同時又要處理各類內在的困擾，如不同派系的衝突、異端邪說的迷惑等。在這複雜多變的處境裏，各教會領袖的回應，是引導和幫助教會成長發展的關鍵。本書保持同系列三本前書的內容風格，此部分三章雖有不同分題，但均可順序歸屬為上表「外在的挑戰」、「內在的困擾」、「領導層回應」和「教會的變異」四類；這些元素彼此關聯、互相影響，結合而成現代教會歷史發展的整全面貌。

理性啟蒙時期

「理性啟蒙時期」指 1648 年三十年宗教戰爭結束，至 1793 年普世宣教運動開始前，長約一百五十年的基督教歷史。在這段時期裏，雖有敬虔主義者零星的宣教行動，但基督教會基本上仍以西方歐美為主要發展的根據地。受著文藝復興、人文主義與宗教改革所激發，加上笛卡兒（René Descartes, 1596 ～ 1650）等哲學家對傳統真理立場的批判，羣眾此時開始以懷疑態度面對信仰權威。當啟蒙運動思潮日益流行，基督信仰更逐漸從社會核心向外推移，受重視程度持續下降。雖然如此，此時的歐美西方社會基本上仍以基督徒為主，教會羣體普遍可專注在敬虔追求和信仰踐行之上，受世俗潮流的衝擊相對輕微。可以說，「更新醒覺」是這時期教會內外信徒羣體和社會大眾的共通特點，當中包含教會外遠洋經貿、科學探索、哲學思維的改革，以及教會內敬虔追求、神學教義、信仰表達的更新。

啟蒙運動（Enlightenment）為十八世紀廣泛流行於歐洲社會的文化思潮，注重理性推論、科學研究和哲學反思，主張個人自由和宗教包容，否定羅馬教廷的強權；影響後世不少解放運動。

2.1. 科學民主的覺醒

在長達千年的中世紀教會歷史裏，人民受著羅馬教廷的傳統立場所規限；就是大學教育也只講求牢記「正統」答案，不鼓勵推理分析，羣眾大多缺乏獨立思考。宗教改革奪回這由教廷壟斷的思想空間，為打破傳統框架提供有利條件；一石激起千重浪，人民在思想信念上的覺醒，也造就近代科學研究和世界視域上的突破性發展。

2.1.1. 科學研究的肯定

在中世紀，羅馬教廷不單是宗教上的權威，其霸權且廣泛影響著科學、教育、政治等各日常生活領域；任何有違其視為正統的立場，皆有機會遭到嚴厲壓迫及懲罰。在歷史上較著名的例子，是因對地心說（Geocentric Theory）的堅持而造成的冤案；地心說乃由希羅時代的天文學家托勒密（Claudius Ptolemy，約100～170）所提倡，主張地球乃宇宙的中心，日、月、星皆圍繞地球回轉；羅馬教廷認為此學說與其公教神學吻合，遂將之立為正統。率先以有力證據挑戰這學說的，是文藝復興時期的天文學家哥白尼（Nicolaus Copernicus, 1473～1543），他於1532年寫成巨著《天體運行論》（*De Revolutionibus Orbium Coelestium*），提出地球及其他行星皆環繞太陽運轉的日心說（Heliocentric Theory）；惟因懼怕與教廷發生衝突，著作到1543年他離世時才正式公開出版。

> i 哥白尼為波蘭天文學家、經濟學家兼數學家，同時擁有教會法規博士學位。他提出的日心說挑戰著當時羅馬教廷的「正統」信念，對推動科學革命有巨大貢獻。

雖然只低調於學術界發表，哥白尼的日心說結果也遭當時的羅馬教廷封殺，《天體運行論》被列為禁書。以天文望遠鏡肯定哥白尼天文學說的伽利略（Galileo Galilei, 1564～1642），更因此於1633年被判「有強烈異端嫌疑」，終身要在家中軟禁。日心說一直受到打壓，直到開普勒（Johannes Kepler, 1571～1630）和牛頓（Issac Newton, 1643～1727）相繼提出有力佐證，日心說才真正獲得學術界廣泛接受。惟直到1980年，羅馬教廷才正式承認對伽利略的宗教裁判為錯誤。此事除反映羅馬教廷的霸道無理外，也提升了客觀科學研究在探求真理上的價值；教廷並非至高無誤，科學不單要獨立於宗教，有時且要挑戰甚或批判信仰。

由此引發的科學革命（Scientific Revolution），為近代的科技和工業發展奠定基礎。這時期的突破性研究，有吉爾伯特（William Gilbert, 1544～1603）於1600年發表的磁學理論、培根（Francis Bacon, 1561～1626）倡議透過歸納法進行科研的新工具論、牛頓於1687年力證的萬有引力定律等。因著物理學的發現，薩弗里（Thomas Savery，約1650～1715）於1689年率先製成原始的蒸汽水泵，稱為

「礦工之友」(Miner's Friend);此後,紐科文(Thomas Newcomen, 1664～1729)於1712年設計出正式的蒸汽機、瓦特(James Watt, 1736～1819)於1776年建成首個工業用蒸汽機,並於1788年進一步設計出調速器(Centrifugal Governor)。自此以後,撒種機、打穀機、壓破機等相繼在這基礎上製成,為日後英國的工業革命開路。

2.1.2. 海上霸權的競爭

先後由狄亞士(Bartolomeu Dias,約1451～1500)、哥倫布(Christopher Columbus,約1451～1506)、達伽瑪(Vasco da Gama,約1460～1524)和麥哲倫(Ferdinand Magellan,約1480～1521)等航海家引進的海上大發現,不單給羅馬公教開啟海外宣教的大門,同時也引發了歐洲列強的海上霸權之爭。因著葡萄牙和西班牙擁有當時最好的航海技術,上述的早期航海家皆從這兩國派遣而出,其海外領土和國際商貿因之不斷擴大,礦產資源、農業收成、珍貴動物等大量從外地輸入,兩國因之變得日益富強。為免出現海上衝突,在教宗亞歷山大六世(Alexander VI,在位於1492～1503)的協調下,西葡兩國且於1494年私下簽訂〈托德西利亞斯條約〉(Treaty of Tordesillas),共同壟斷並瓜分歐洲以外的世界。1580至1640年,西班牙吞併王室血裔斷絕的葡萄牙,獨佔世上所有殖民地,被率先諭為「日不落帝國」。

> 〈托德西利亞斯條約〉規定西葡兩國可共同壟斷歐洲以外的世界,以西經約46°(今巴西中間)為分界,界線以西歸西班牙,以東歸葡萄牙。後來當證實地球為圓形後,兩國再於1529年簽訂〈薩拉戈薩條約〉,於東經約144°(今澳洲中間)再劃一線。這兩條條約漠視其他歐洲列強權益,故當荷蘭、英格蘭和法國相繼崛起,條約便遭到抵制。

眼見航海事業可以帶來豐厚利潤,令國家強大,歐洲列強也相繼加入。荷蘭在英格蘭政權的暗中支援下,於1581年開始脱離西班牙轄制;該國採取宗教自由政策,很快便成為世界自由貿易的中心;於1602年以印尼雅加達為亞洲據點,設立東印度公司獨佔東南亞和日本的貿易權。1588年英格蘭打敗前來入侵的西班牙無敵艦隊，成為海上霸權轉移的重要里程碑；加上英格蘭先後於 1652 至 1654 年、1665 至 1667 年及 1672 至 1674 年的三次英荷戰爭（Anglo-Dutch Wars）中打敗荷蘭，世界商貿的主導權從此落入英格蘭手中。英格蘭於世界各地建立殖民地，成為最為現代華人熟悉的另一個「日不落帝國」。這時期仍努力與英格蘭抗衡的，是曾與之經歷無數戰爭的宿敵法國；1664 年法國的東印度公司成立，成為英格蘭在海外貿易上的主要競爭對手。除東方的商貿外，英法兩國亦在爭取北美領土的控制權上屢起衝突。

需要在此補充，歐洲列強相繼佔領美洲大陸，並大量殖民後，曾為私利犯下兩大罪行。首先，歐洲移民不單以武力手段強佔印第安人的土地，殘殺妨礙其霸權暴政的部族；他們且強迫奴役這些原住民，在其栽種菸草、稻米、薯仔、蕃茄、棉花的農業生產上當苦工；可惜這些印第安人對歐洲傳入的疾病，特別是天花和麻疹全無免疫力，結果大量死亡。其次，為補充勞動力，歐洲列強遂於西非大量販賣黑奴到美洲；這些黑奴有屬囚犯或戰俘，也有不少是透過誘拐、欺哄等手段獲得。而奴隸商販有來自歐洲各國，包括葡萄牙、西班牙、荷蘭、英國、法國，以及獨立後的美國；據學者估計，到十九世紀解放黑奴為止，被誘捕到美洲的黑奴達九百六十萬之眾。

2.2. 質疑傳統的提問

中世紀西方社會以羅馬教廷為真理的代言人，隨著傳統的地心說遭到否定，科學研究帶來人民生活和工業生產上的革命進步，並歐洲列強海上擴張引入多元的文化和思想；有識之士開始拒絕盲從宗教領袖的教導，嘗試就如何認識和確立真理作出反思。這批近代的思想家，原初並沒有否定宗教的意圖，相反嘗試藉著哲學思維給宗教尋找合乎科學的立足點；他們包括啟蒙運動的哲學家，也有被後世稱為自由派的神學家。

2.2.1. 哲學思潮的衝擊

歷史學家差不多一致公認，引發近代思想革命的，是被後世譽為「近代哲學之父」的笛卡兒；他原為法國數學家，以坐標系統將幾何公式化。在哲學思想上，他提出普遍懷疑的主張，認為就是個人真實的感官經驗也並非絕對可靠；在這之上，惟一不能被懷疑的是「我正在懷疑」，由此推論出著名的哲學命題「我思故我在」（*cogito ergo sum*）。笛卡兒再以此為基礎，按著人所共有完美實體的觀念，推論完美上帝的存在；從思考心靈和完美上帝存在這兩大支柱出發，笛卡兒進一步推論世界的存在與特質。雖然笛卡兒自稱是虔誠的公教徒，其論證結果也肯定神的真實與存在，但他的哲學放棄中世紀強調的啟示權威，轉為以個人理性為思考論證的基礎，真理的判準從此便由神轉向人，為日後對基督信仰的批判埋下伏筆。

受到笛卡兒所啟發，史賓諾沙（Baruch de Spinoza, 1632 ～ 1677）以理性來推論神；他視神為宇宙間的最高實體，就是宇宙一切的存在。一切存在的都在神裏面，沒有神就不能有任何存在。他認為人所認知的思想和物質都屬這最高實體的組成部分，神不單主宰物質世界，也掌管精神世界，是每一事件的內在因由，是藉著自然法則而達成。在神的絕對主宰下，人永遠不能從必然性中逃脫，故此沒有真正的自由；人要追求的是自覺地順應自然，好能保存自我。雖然史賓諾沙有不少猶太教、公教和新教好友，他也肯定神的存在，但他所論到的神顯然已不再是兩約聖經所啟示的神，而是以自然萬物為依歸的泛神論。

相對於歐陸哲學家以理性為尋索真理的基礎，英國的哲學家認為經驗才是知識的來源。當中的代表人物洛克（John Locke, 1632 ～ 1704）認為，神賜予人類的不是天賦的觀念，而是獲取知識的能力；剛剛出生的人類心靈就像一張白紙，這心靈需要接受外在經驗刺激才能產生觀念，然而心靈本身自發的反省也是必不可少。因此對洛克來説，一切知識都要透過後天經驗累積，再配合心靈的內在反思而獲取。對於信仰，洛克將宗教論述分為三類：配合、違反和超越理性經驗；配合的如神的存在理當接受，違反的如巫術存在應當拒絕，至於第三類超越的如三位一體，就只有在不違反理性經驗的情況下才應接納。雖然洛克本人仍認同大部分基督教教義，但卻明確將之放在人類的判準底下。

同樣屬英國經驗主義學派的休謨（David Hume, 1711 ～ 1776），則以懷疑態度來判斷一切非經驗可知的事物。他認為知識既由感官經驗而得，那麼無法經驗的觀念就當受到質疑；當中包括科學界深信不疑的因果律。休謨認為因果律的知識並不能藉由經驗獲得，雖然人類能觀察到一件事物往往隨著另一事物發生，如太陽出現和水溫上升，但並不能憑感官經驗確立彼此的關係；這類科學界所公認的因果律，實際只是一種習慣和推測而已。休謨以同樣的懷疑態度，來質疑等同於神的最高實體；因為從宇宙萬物的存在來推論神的創造與設計，同樣是一種無法證實的因果律推論。雖然休謨並未有否定神存在的可能，但卻強調這是無法證實的迷信；基督教啟示的權威於此進一步備受挑戰。

哲學家	生死年份	國籍	學派	主要思想
笛卡兒	1596～1650	法國	理性主義	以思考的心靈和完美神的存在為基礎，推論世界的存在和特質。
史賓諾沙	1632～1677	荷蘭	理性主義	一切存在都在神這實體裏面，神主宰一切，人要追求順應自然。
洛克	1632～1704	英國	經驗主義	心靈像張白紙，要透過後天經驗累積，配合內在反思才有知識。
休謨	1711～1776	英國	經驗主義	質疑一切無法經驗的觀念，包括科學界的因果律，及神的存在。

2.2.2. 多元兩極的回應

面對啟蒙運動的挑戰，這時期的基督宗教有兩極的應對取態。有視之為世俗異見的追求，認為無須多加理會，代表宗派有信洗派、浸信宗，和稍後介紹各追求活出真道的信徒羣體；他們主要關注的，是聖經真理的研習與持守，並教會羣眾的牧養及教導。此外，也有關注科學研究和哲學思潮的發展，嘗試積極與之對話、適應、融合，以求在維護傳統教義之餘，也能使基督信仰合乎時代潮流的，代表宗派有聖公宗、信義宗、改革宗等國家或地區教會。由於前者將在本章下段詳述，筆者在此段先論後者。

面對持續不斷對基督宗教的挑戰，有近代的護教士嘗試以哲理進路提出支持基督信仰的理據，例如聖公會杜倫主教（Bishop of Durham）巴特勒（Joseph Butler, 1692～1752），於1736年著成《自然與啟示宗教的類比》（*The Analogy of Religion, Natural and Revealed*），嘗試以類比和或然率，來論證基督信仰的可信性；而勞威廉（William Law, 1688～1761）則指出，聖經中的神是超越時間和空間的存有，並不能透過地上現象來歸納推論，認識神的惟一方法是透過祂所啟示的真理。然而，這類護教辯道的努力，在啟蒙時期始終寥寥可數。

此時教會應對啟蒙運動的另一轉變，是嘗試以相對學術的態度來探討宗教，意圖將神學的研究分析，跟個人的信仰委身分割出來。當中具體的表現，是將神學研究劃分為不同學科，如舊約研究、新約研究、教會歷史、教義神學、教會牧養等；在學術界中，這些科目跟科學與哲學可以各自發展，即使彼此存在矛盾也沒有必要互相協調遷就。與改教家馬丁路德（Martin Luther, 1483～1546）和加爾文（John Calvin, 1509～1564）等一人獨撰釋經、神學、牧養多類著作不同，此時出現不少巨著，是由不同學科的專家撰寫的，例如教會史家莫書恩（Johann Lorenz von Mosheim, 1673～1755）合共四巨冊的《教會歷史要義》（*Institutes of Ecclesiastical History*）、歐內斯帖（Johann August Ernesti, 1707～1781）不斷再版的《新約詮釋要義》（*Institutes of New Testament Interpretation*），成為後世基督教學術研究的雛型範本。

此外，這時也有基督徒學者領袖起來，以較獲哲學界認同的方式，重新詮釋神學教義。當中可分為兩個主要進路，第一個是將信仰道德化，代表人物有斯波爾丁（Johann Spalding, 1714～1804），以及被譽為啟蒙運動最後一位大哲學家的康德（Immanuel Kant,

> **i** 康德為德意志哲學家，他嘗試協調歐陸的理性主義和英國的經驗主義，提倡知識是後天經驗和主體先驗條件的綜合產物。他的名言是：「沒有內容的思想是空洞的，沒有概念的直觀是盲目的。」他解釋人類主體的條件決定了自身能夠認知到的對象，而知識是通過感性、悟性和理性三種能力而獲得：感性使人能從外在刺激觀察現象；悟性助人藉概念掌握感知到的現象；而理性要藉邏輯思維進行推理分析。由於人類的認知過程涉及人類主體的消化整理，故此所體會的只是物自身的表象，而非對物自身的真實認知。

1724～1804）。斯波爾丁認為，宗教最主要的目的是培養品德，要建立合乎道德的生活，提升社會人民的素質。同樣，康德也關注道德倫理的追求，他雖承認無論是經驗或理性都無法證明神的存在，但為了維護道德的緣故，必須假設神和靈魂的存在；按此，康德描繪主耶穌為完美的道德典範，而他本人亦經常指斥教會道德低落的問題。

以哲學方式重塑神學的另一個進路是將信仰唯心化，代表人物是德意志神學家士萊馬赫（Friedrich D. Ernst Schleiermacher, 1768～1834）。雖然在他的神學體系中，也有提升道德品格的元素，但他堅持基督的救贖並非單純有道德價值，更重要的是有宗教意義。士萊馬赫認為信仰的本質是經驗性而非概念性，按此他提出「絕對倚賴感」（feeling of absolute dependence）作為信仰追求的核心；這種對超越自我者的倚賴，不是基督徒獨有，而是世人所共有的意識。然而，他強調耶穌是具備完全屬神意識的惟一理想榜樣，對神有絕對倚賴感，且能將這種屬神意識傳達到信徒裏面，故此在救贖行動中扮演重要的角色。士萊馬赫建構這自由神學（Liberal Theology）的目的，是要為宗教知識尋找另一個基礎，避免受啟蒙運動哲學所規限；惟他看似放輕聖經啟示和傳統權威的表達，卻惹來後世許多抨擊。

回應方法	主要特點	與哲學關係	代表人物
辯道護教	堅持教會傳統教義，嘗試為基督信仰的可信性，提供令外界也能接納的理據。	對抗拒絕	巴特勒 勞威廉
分科研究	嘗試以學術態度探討宗教，將神學研究分為不同學科，使之專業化、學術化。	各自發展	莫書恩 歐內斯帖
信仰道德化	以世俗社會普遍認同的道德倫理，為基督信仰提供意義，放輕其他無關教義。	整合共融	斯波爾丁 康德
信仰唯心化	以絕對倚賴感等唯心經驗，為宗教的價值意義提供解答，放輕其他無關教義。	整合共融	士萊馬赫

2.3. 活出信仰的重尋

宗教改革原來只為糾正中世紀羅馬公教在神學教義和濫權腐敗等錯謬，早期的改教家不論路德、慈運理（Ulrich Zwingli, 1484～1531）或加爾文，均很注重信徒的個人生命和道德踐行。然而，隨著主要的改教領袖相繼離世，各主流宗派又屢遭教義爭議的衝擊，如信義宗內強硬派與溫和派之爭，改革宗內加爾文主義與亞米紐斯主義之爭，改教神學思想逐步正統化、教條化、公式化，教會制度、禮儀聚會和講壇教導亦漸漸變得僵化，既欠缺屬靈洞見，也不要求生命改變。

與此同時，如前所述，在啟蒙運動理性化、人本化的挑戰下，有分參與歐洲大學發展的國家或地區宗派教會，都在相當程度上採取融合政策；他們有嘗試將基督教研究專業化、學術化，有將信仰教義道德化、唯心化，有些甚至採納自然神論（Deism）思想，高舉自然哲學而輕視聖經教導，拒絕接受任何神在現世的感動或作為。

然而，歷史發展證明任何時代的信徒羣體，總有內心敬虔的渴求和需要；如此就產生回應啟蒙運動的另一取態，就是不理外界環境變遷，專心追求與神親近、活出信仰。繼宗教改革時期已出現的清教徒、信洗派和浸信宗外，此時又有德意志的敬虔主義（Pietism）、英國的循道運動（Methodist Movement）和美國的大覺醒（Great Awakening）相繼興起，成為教會內部更新、抗衡外在挑戰的重要動力。

2.3.1. 敬虔主義的呼喚

十七世紀興起的敬虔主義，成因和源起均難以確定；然而，對當時教會欠缺生命動力的不滿，並對啟蒙運動過於世俗的反動，肯定是其中不可忽略的因素。學者普遍相信，敬虔主義吸納了不少較早期信仰羣體的屬靈洞見，其中有三個是特別突顯的形塑緣由：第一個是神祕主義（Mysticism），強調透過屬靈操練和默觀生活與神親近和聯合，這種神人密契的追求流行於中世紀的修道團體，卻於宗教改革時期的關閉修院行動中被連帶扼殺。第二個是清教主義（Puritanism），提倡透過日常生活操練以活出信仰，此乃英國清教徒所倡議，特別在本仁約翰（John Bunyan, 1628 ～ 1688）的《天路歷程》（*The Pilgrim's Progress*）廣泛流傳後，這種持守聖潔、恆心堅忍的追求就更為盛行。第三個是守法主義（Precisionism），要求謹守神在聖經中啟示的每一教導，甚至編訂個人靈修和屬靈操練手冊供信眾跟從，此思想間接受清教徒所影響，廣泛流行於荷蘭的新教羣體之中。

早於宗教改革晚期，已接連有信義宗的牧者領袖起來，呼籲教會重新追求敬虔，糾正流弊；當中較著名的領袖，有阿恩特（Johann Arndt, 1555 ～ 1621）和戴爾奴（John Tarnow, 1587 ～ 1629）。十七世紀初興起於德意志信義宗羣體的敬虔主義，承襲此種信仰更新的追求，強調放下多餘且僵化的神學思辯，主張直接查考聖經，從中尋找靈命成長和實踐應用的原則，並要藉著祈禱、靈修和分享，與神與人建立親密的關係，並努力活出合乎真道的道德見證；當中最著名的領導者有施本爾（Philipp Jakob Spener, 1635 ～ 1705）、佛朗克（August H. Francke, 1663 ～ 1727）和親岑多夫（Count von Zinzendorf, 1700 ～ 1760）。

史家普遍認同，真正引發這運動的是被譽為敬虔主義之父、法蘭克福聖彼得教堂的主任牧師施本爾。為糾正當時教會流弊，他於自己家中組織研經聚會，稱為「敬虔團契」（*collegia pietatis*），並於 1675 年將信仰理念化為文字，寫成暢銷的《敬虔願望》（*Pia Desideria*），由此引發廣泛信眾的屬靈追求。在深受施本爾培訓的後輩之中，有第二代的領袖佛朗克，他早年於萊比錫大學（Leipzig University）任教，組織「愛經團契」（*collegium philobiblicum*），以敬虔主義角度研讀聖經，吸引許多信眾參加。在施本爾的推動下，哈勒大學（Halle University）於 1694 年成立，佛朗克隨即應邀擔任教授；他在那裏同時教學兼牧會，並創立兒童院、收容所等多種機構，他的宣講、教導和見證吸引很多人跟從，使哈勒地區成為敬虔主義發揚光大的中心。

此後，有另一個敬虔主義培訓人才、壯大發展的中心興起，那就是親岑多夫領導的莫拉維弟兄會（Moravian Brethren）。親岑多夫自小認施本爾為教父，其祖母為敬虔團契的成員；他本人又曾於佛朗克設立的兒童院就讀，深受敬虔主義思想所薰陶。因著戰禍壓迫，一羣羣波希米亞和莫拉維亞的新教徒四處流亡，他們原來皆為改教先鋒約翰胡司（John Huss，約 1372～1415）思想的跟從者；為幫助這些難民，親岑多夫開放他的莊園成為收容所，並以敬虔主義思想牧養教導他們。在 1727 年的一次聖餐聚會中，他們正式成立莫拉維弟兄會，有本身的行政組織和牧養體制；親岑多夫原本不想脫離當時的信義宗國教，惟分離的張力愈來愈大。莫拉維弟兄會除強調查考聖經、禱告默想和生活見證外，還有很強的宣教動力，是基督新教在普世宣教運動前最有規模的宣教羣體。

因著敬虔主義乃為批判當時信義宗國教的低沉腐敗而生，後期又有分離獨立的傾向，故一直不為主流教會所認同，甚至不時備受抨擊。然而，因著認真的聖經查考、美好的屬靈關係、高尚的生活見證，認同這立場的人愈來愈多；他們追求敬虔的思想和對外宣教的努力，不單對全歐洲的教會帶來衝擊，且隨著普世宣教運動傳到世界各地，影響延續至今。

施本爾《敬虔願望》的六點改革建議

1. 在各信徒家中成立敬虔團契，齊心認真研讀全本聖經。
2. 實踐信徒皆祭司，增加平信徒在教會事工上的參與。
3. 勉勵在日常生活中實踐基督教的信仰教導。
4. 避免神學爭辯，要透過良好榜樣和恩慈勸導去挽回異端。
5. 改革神學教育，注入追求敬虔生活的元素。
6. 以培養靈命、塑造品格的證道，取代討人喜悅的修辭式宣講。

2.3.2. 循道運動的興起

雖有英格蘭教會曾經在清教徒的努力爭取下，成功於 1646 年通過《威斯敏斯特信條》（*Westminster Confession of Faith*），且於 1649 年將試圖以王權強硬劃一宗教的查理一世（Charles I, 1600～1649）當眾處決。但當英格蘭於 1660 年恢復君王統治時，聖公宗國教即將《威斯敏斯特信條》摒棄。此時先後執政的，是查理一世的兩位兒子查理二世（Charles II, 1630～1685）和雅各二世（James II, 1633～1701）；惟他們二人在流亡歐陸期間，都信奉了公教信仰，雅各更像他被處決的父親一樣，試圖以王權壓倒一切，要英格蘭復歸羅馬公教。結果，英格蘭敵對派邀請同具英格蘭王室血統、荷蘭奧朗日的威廉侯王（William III of Orange, 1650 ～ 1702）率軍奪位；雅各敗陣，威廉於 1688 年登基為英格蘭王。翌年，他頒佈《容忍法》（*Toleration Act*），允許凡否定教宗、變質說、彌撒，並承認《三十九條信綱》（*Thirty-Nine Articles*）者，可享自由崇拜之權利。雖然聖公宗的強權壟斷局面在一定程度上遭到打破，但英格蘭民眾信仰熱誠的情況未見延續。

當循道運動於十八世紀在英格蘭興起之時，當地社會和教會的沉寂情況，跟敬虔主義初期的德意志相若。由啟蒙運動產生的理性追求，使人懷疑傳統信仰，卻又無法滿足民眾的心靈需要；工業革命帶來的貧富懸殊，工人被自認為基督徒的商家剝削，教會對此卻視若無睹；相反，此時的聖公宗國教只關注禮儀的施行，講壇信息多是僵化的教義，欠缺屬靈深度。就在此種低落的光景下，加上受敬虔主義莫拉維弟兄會的見證所激勵，就催生了遍及英美兩地的循道運動；當中的主要領袖，有約翰衛斯理（John Wesley, 1703 ～ 1791）、查理衛斯理（Charles Wesley, 1707 ～ 1788）和懷特腓德（George Whitefield, 1714 ～ 1770）。

循道運動的開始，可追溯到 1729 年查理在牛津大學成立的聖潔會（Holy Club），當時他與一羣同窗定期聚集，一同追求敬虔與聖潔的生活。此時，約翰返回牛津大學進修研究院課程，隨即以大師兄身分成為聖潔會的領袖；當約翰和查理相繼畢業離去，接替領導角色的就是懷特腓德。可以說，牛津大學的聖潔會是孕育循道運動領袖的搖籃。1735 年，衛斯理兄弟前往北美喬治亞殖民區宣教，在船上深受莫拉維弟兄會教友的謙遜，及其在巨浪中的信心所感；當兄弟兩人因事奉不見成效，而相繼返回英格蘭時，便參加當地的莫拉維弟兄會聚會，從中得著不少啟發。

「循道」（Methodist）一詞原來帶有譏諷意味，指凡事循規蹈矩、墨守成規；後來成為專有名詞，指跟隨約翰衛斯理等領袖，追求悔改歸正、靈命奮興的羣體，他們在十八世紀末脫離聖公宗國教，自立成獨立自治的宗派組織。

1738 年 5 月查理在大病中獲得靈生的特殊經歷，三日後約翰也同樣得著心靈突變的經歷；在約翰的《衛斯理日記》（*Wesley's Diary*）中有如此記述：「神在人心裏所施行的那種改變，我覺得心裏異樣溫暖，覺得自己確已信靠基督，惟靠基督得救；並且得到一個保證，祂已經洗清我一切的罪，且已拯救我脱離罪與死之律。」自此衞斯理兄弟便以這種靈生經歷為基督徒成聖追求所需的。翌月，約翰親往德意志親岑多夫那裏觀察數月，雖覺得有許多地方值得欽佩，但亦覺信仰許多時過於主觀，開始逐漸遠離。

1739 年，懷特腓德開始在各地舉行露天佈道會，並邀請約翰加入同工事奉；約翰初時對這種教堂以外的聚會有所保留，但見聚會甚具成效、多人悔改，遂積極投入參與。他們將決志者組織起來加以牧養，卻沒有稱之為教會，而以會社（society）形式進行，顯示此時並無意脱離聖公宗國教。由於約翰與懷特腓德在預定論的立場上存在分歧，前者偏好亞米紐斯主義，後者堅持加爾文主義，結果兩人分道揚鑣，雖維持友好關係，卻各自發展事工。

懷特腓德在罕丁頓伯爵夫人色琳娜（Selina, Countess of Huntingdon, 1707～1791）的支持下，成立主要位於威爾斯的加爾文主義循道會，人稱「罕丁頓夫人系」（Countess of Huntingdon's Connexion）。衞斯理兄弟領導的團隊，亦透過努力不懈的傳道宣講，及有系統的牧養培訓而得以迅速擴展，逐漸組織成接受亞米紐斯主義的信仰羣體，就是今日的衞斯理循道宗（Wesleyan Methodist Church）。因著與英格蘭聖公宗的制度和傳統矛盾日增，加上急需按立聖職以牧養各地信眾，在 1689 年《容忍法》提供的信仰自由下，各派系的循道會最終都從聖公宗國教分離出來。

循道運動不單衍生了循道宗各教會組織，他們宣講佈道的熱誠，且帶動英格蘭和蘇格蘭各地教會的屬靈追求。因著懷特腓德於各地的奮興佈道，引發了美國的大覺醒，以及隨後的海外宣教運動。此外，衞斯理兄弟追求的靈生經歷，也為二十世紀的靈恩運動開路，約翰的成聖神學同時也為靈恩運動提供信仰基礎。

約翰《衛斯理日記》1736年1月有關莫拉維弟兄會的經歷

午間，第三個大風暴開始，到四時風暴比前更烈。……整條船不但劇烈地前後擺動，且是毫無定向地傾軋震撼，一個人即使捉住可以憑藉的東西還是站立不住。每十分鐘就有一次大震動，風浪猛擊船尾或船邊，好像要把船板撞碎。……我在七時去看那些日耳曼人〔即莫拉維弟兄會信徒〕，我久已觀察到他們極嚴肅的行為。他們處處表現出謙卑，替同船的旅客做低賤的工作，是英格蘭人絕不肯做的；他們這樣做卻不接受任何報酬，卻說這有益於矯正他們的驕傲，又說愛他們的救主曾為他們做比這更大的事。每天都有機會讓他們表現一種不計羞辱的謙遜；他們若是被人推撞、擊打或衝倒，他們站起來、走出去，口中沒有一句怨言。現在有一個機會，看看他們是否排除了恐懼，像他們排除驕傲、憤怒、報復等態度一樣。他們的崇拜以聖詩開始，當詩歌剛唱到一半，浪濤衝擊，把船帆撕裂得粉碎，水覆蓋全船，淹浸甲板之間，好似大海已把我們吞沒了。在英格蘭人當中發出很可怕的喊聲，日耳曼人卻鎮靜地繼續歌唱。事後我問他們當中一位：「你那時不害怕麼？」他答說：「感謝神，我不怕。」我又問：「但是你們當中的女人與小孩也不怕麼？」他很溫和地答說：「不，我們的女人和小孩都不怕死。」

2.3.3. 大覺醒的爆發

隨著航海大發現，美洲大陸逐漸被歐洲列強所瓜分；為鞏固新佔領的土地，大量人口被遷移至此。與此同時，歐洲的文化藝術、科技知識、政治體制、宗教思想等，也隨之傳到美洲。這時，不同新教宗派均力圖在這新大陸建立傳教基地，當中包括聖公宗、信義宗、改革宗、長老宗、公理宗、浸信宗等；如前所述，衛斯理兄弟也曾到北美的喬治亞殖民區宣教事奉，可見兩洲人口往來不絕。當德、英兩國先後受敬虔主義和循道運動奮興時，北美殖民區也隨受影響領袖和信眾的流徙，而興起持續近二個世紀的大覺醒。

學者對大覺醒的定義、分界和年期意見不一，惟大多數將之分為三波，年期約為1720至1760年代、1790至1830年代、1880至1920年代，分別由美國獨立戰爭和美國南北內戰所分隔；此復興運動遍及各州郡，也延及各主要宗派。在信仰變得低沉之時，大覺醒強調認罪悔改、罪裏釋放、靈裏重生、得救確據的深刻屬靈體會；鼓吹嚴格的道德踐行和敬虔追求，激發信眾認真脫離罪過黑暗，活出信仰，持守聖潔，在這基礎之上，大批信眾受到激勵，立志一生獻己於神，不少更在這運動中決志獻身事主，投身海外宣教的事奉之中。

第一波大覺醒爆發初期，復興現象只零星在北美個別宗派堂會中出現。使大覺醒追求更新復興的精神廣泛傳播的，有三個主要因素：第一個是威廉騰能特（William Tennent, 1673～1746）於 1727 年創立的木屋學院（Log College），此學院為當代著名普林斯頓大學（Princeton University）的前身，此學院激發學員的信仰熱誠，為大覺醒運動裝備牧者領袖。第二個是英國循道運動領袖懷特腓德的越洋事奉，他曾七次到北美主領奮興佈道聚會，吸引大量靈命低落的信眾重新振奮，又協助各地堂會牧者更新教會，將復興火焰於各地燃點。最後一個因素是有力領袖的貢獻，當中包括新澤西州荷蘭改革教會（Dutch Reformed Church）的富瑞林浩生（Theodorus J. Frelinghuysen，約 1691～約 1747）、賓夕凡尼亞州費城長老會（Presbyterian Church, Philadelphia）的吉伯騰能達（Gilbert Tennent, 1703～1764），以及廣泛影響新西格蘭各地公理宗羣體的愛德華滋（Jonathan Edwards, 1703～1758）。

因著美國獨立革命的影響，第一波大覺醒於十八世紀中葉開始沉寂；惟當戰爭結束，美國聯邦政府體制逐步確立，教會信眾的目光又逐漸回到宗教敬虔之上，由此產生第二波大覺醒的復興浪潮。不滿於啟蒙運動的理性主義，此時期的大覺醒高舉宗教熱誠、全情投入，注重神超自然的動工。這時期的主要領袖，有循道宗的亞斯伯利（Francis Asbury, 1745～1816），他於 1784 年獲授任為北美循道會主教，騎馬到各州各城奮興佈道，成功引領大量羣眾悔改歸主。愛德華滋的外孫德威特（Timothy Dwight, 1752～1817）是耶魯大學第八任校長，大力推動校園的福音工作，對北美的宗教和教會政策甚具影響。畢察（Lyman Beecher, 1775～1863）是這時期其中一位最著名的學者兼牧者，不單幫助北美的長老宗和公理宗發展，且關注社會上的道德改革運動。查理芬尼（Charles G. Finney, 1792～1875）可說是第二波大覺醒最具代表性也最具爭議的人物，他成功帶領北美多個州郡復興；惟他強調的社會改革，特別是反奴隸制度的激烈立場，同時引起多個宗派的分裂。

第三波大覺醒發生於十九世紀，將留待下一章介紹。惟大覺醒對北美教會和社會的影響非常具大，也相當深遠。首先，這運動使北美教會人數迅速增長，不論架構、體制、神學、出版均有顯著發展；其中受惠最大的是循道宗和浸信宗，大覺醒使她們搖身變為北美最大兩個宗派。其次，因著種種分歧的立場，這運動同時又造成許多教派分裂；原因包括加爾文主義和亞米紐斯主義的神學差異、傳統舊派和開放新派的矛盾衝突、傳教策略和植堂模式的不同見解，以及解放黑奴等社會問題上的兩極訴求等。最後，大覺醒的靈命復興浪潮，引發許多信徒立志委身事主；他們除積極投入教會事奉，以生命見證基督外，還有不少投身宣教行列，為日後的普世宣教運動奠定基礎。

愛德華滋《忠實記述神的奇妙工作》對北美大覺醒現象的敘述

鎮上幾乎沒有一個人，不論男女老少，不對永生的大事關心。過去最虛榮和最放蕩的，還有那些最輕視、不屑談論靈命活力與信仰的人，現在都向大覺醒運動臣服。促人悔改歸信的工作進行得最為驚人，一天強大過一天，人們成羣地接受耶穌基督。一天接一天，一連好幾個月，我們可以清清楚楚看到，罪人從黑暗中被帶出來，進入奇妙的光明之中；從可怕的深坑裏，從泥濘的泥潭裏，被拯救出來，安放在磐石上，他們嘴裏唱著頌讚神的新歌。……神的工作繼續進行的時候，真正聖徒的數目成倍增加，不久鎮上發生了輝煌的變化；因之在繼 1735 年而來的春季和夏季，神似乎親自來到鎮上：人們從來沒有像那時那樣充滿愛心，也沒有像那時那樣充滿快樂，可是又充滿痛苦。幾乎在每間屋子裏都可以見到神在那裏作工。許多家庭因為得到了救恩而充滿了喜樂；父母為他們的兒女歡喜，因為他們獲得了新生；丈夫為他們的妻子歡喜，妻子也為她們的丈夫獲得新生命而歡喜雀躍。

2.4. 兩極走向的教會

面對科技革命帶來的嶄新環境、海上擴張造成的普世視野、哲學思潮引發的批判精神，以及連串復興運動激起的敬虔追求，各宗派領袖和羣體均有不同取態。有擁抱世界最新發展，盡力調節信仰內涵和表達，以期與外界有效接軌；有堅守教會往昔傳統，以忠於聖經真道的精神，拒絕受俗世潮流所污染；有堅持留守舊有宗派，在傳統規範的框架下，努力牧養信眾羣體；有創建新的教會組織，以延續宗教改革的精神，按本身對真確信仰和教會運作的獨特體會實踐信仰。這都使基督新教羣體更多元，也更分裂。

2.4.1. 宗派內部的分裂

雖然基督信仰講求合一，但面對著時代潮流的衝擊，加上宗教改革已蘊藏那種寧缺裂、不妥協的精神，使立場相異的羣體容易變得各持己見，互不相讓，最終導致分裂。正當擁有地區領導地位的禮儀教會，多因受宗派傳統所規限而變得低沉；又或因欲與社會的主流科學和哲學接軌，而逐漸走向世俗化；許多有心追求敬虔的信眾便日感不滿。遇上具魅力的屬靈領袖高聲疾呼，有教會奮興的消息廣泛流傳，或有具爭議性的議題彼此僵持，宗派內部的分裂便一觸即發。這情況尤以美國大覺醒期間最為嚴重，由於每一波運動均在一定程度上，就當時教會潛藏的問題作出反省、提出挑戰，支持運動的信眾又迅速增長、數目龐大，結果使美國各主要的宗派均受到嚴重影響，帶來巨大衝擊，甚或造成分裂。

雖然美國史上最大的教會分裂，是在第二波大覺醒晚期的解放黑奴之爭，這部分內容屬十九世紀時期，將留待下一課接續討論；惟第一波大覺醒所造成的教會分化，也非常嚴重，絕對不能忽略。跟近代靈恩運動出現時的情況類似，即使在同一新教宗派中，信眾羣體對運動可以有相當迥異的立場；有部分信徒對之趨之若鶩，視之為神大能工作的彰顯，是信徒尋求靈命復興的珍貴良機；同時又有部分羣體對之甚有保留，批評運動過於主觀和情緒化，欠缺聖經與傳統的基礎，有導入迷途的危險。

因著對大覺醒的不同反應，北美殖民區的長老宗率先分裂成舊方派（Old Side）和新方派（New Side），前者不認同大覺醒，後者則擁抱支持。當時該處的長老宗已聯合成立費城議會（Synod of Philadelphia），其下分費城（Philadelphia）、紐約（New York）和紐卡素（New Castle）三個長老會（Presbytery）。1730 年代，由舊方派領袖控制的議會，通過連串議案，規限事奉者必須先取得認可的文憑資格，才可在講壇上分享信息；這些議案矛頭明顯直指培訓大量新方派同工、卻未獲議會認許的木屋學院。新方派牧者遂大力反擊，指斥舊方派人士不肯悔改，且極力阻撓議會懲處未獲認證，卻在講壇宣講的新方派人士。經歷多次衝突，新方派的牧者領袖終在 1741 年，正式脫離舊方派控制的費城議會，在紐約長老會於 1746 年的加盟下，組成紐約議會（Synod of New York）。隨著第一波大覺醒熱潮逐漸沉寂，兩派於 1751 年開始和談；惟巨大的立場分歧，使和談進展緩慢，直到 1758 年才達成協議，聯合成立紐約及費城議會（Synod of New York and Philadelphia）。

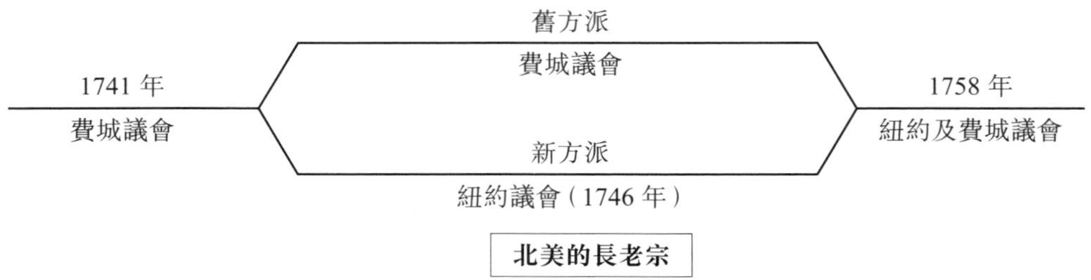

北美的長老宗

同樣的分裂情況也見於新英格蘭的公理宗。當時抗拒大覺醒的一方稱為「舊光派」（Old Lights）；當中較著名的領袖有卡倫達爾（John Calendar, 1706～1748）和厄珀姆（Edward Upham, 1710～1797）。而擁抱大覺醒的羣體稱為「新光派」（New Lights），他們受懷特腓德等有力講員的奮興宣講所啟發，轉向追求屬靈事物，強調悔改重生的經歷；當中著名的領袖，有巴克斯（Isaac Backus, 1724～1806）、愛爾蘭（James Ireland, 1748～1806）和利蘭（John Leland, 1754～1841）。在 1740 年代，新光派愈發體會到嬰兒水禮欠缺聖經根據，遂轉投浸信宗的信仰立場，接受信而受浸的原則；他們自稱為分離派浸信宗（Separate Baptists），以示與走自由神學路線的公理宗教會劃清界線；他們後來在十八世紀末與傳統的浸信宗羣體聯合，且逐漸向南部州郡遷移。至於留下的新光派，他們與舊光派的分歧也非常嚴重，兩派且於 1770 年代正式分裂；直到該世紀末，兩派分歧才稍見緩和。

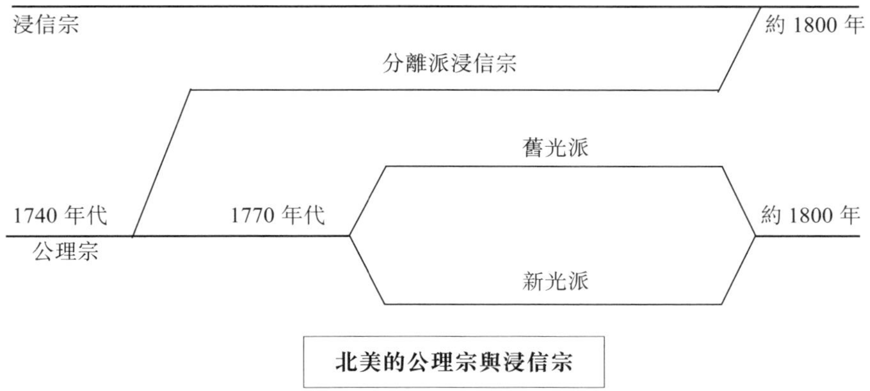

北美的公理宗與浸信宗

2.4.2. 新興宗派的產生

上述從原有新教宗派分裂出來的羣體，雖分屬不同組織，但仍屬同一宗派。長老宗分離出來的，不論舊方派還是新方派，仍屬始於改教時期的長老宗；同樣，不論舊光派還是新光派，又或分離派浸信宗，都仍屬公理宗或浸信宗。然而，三十年宗教戰爭後的理性啟蒙時期，也有一些新興的宗派羣體，是完全獨立於原有新教宗派的；這些獨立自主的宗派組織，較著名的有貴格會（Quakers）、莫拉維弟兄會和循道會。

貴格會正式名稱「公誼會」（Society of Friends），起源於十七世紀的英格蘭；創始人弗克斯（George Fox, 1624 ~ 1691）對當時國教那種強調聖職人員的傳統感到不滿，認為每一位基督徒都可以且應當透過主耶穌直接親近神，從祂領受教導、得著啟發。他將此信念四處傳講，追隨者不斷加增；惟由於他們對聖公宗抱持不妥協態度，自創立開始即持續遭受英格蘭政權的壓迫，直到 1689 年頒佈《容忍法》，他們才能安然合法聚集。除於英格蘭和威爾斯等地發展，貴格會也隨移民潮傳到北美，且在那裏生根擴展。在新教宗派中，貴格會可說是最強調信徒皆祭司的羣體；他們拒絕任何階級組織，就是崇拜聚會許多時也沒有預先安排程序，而是任由信眾安靜默禱，按感動起來分享領受。

如前所述，莫拉維弟兄會源自德意志的敬虔主義。自 1722 年開始，多個因戰亂迫害而逃離家園的新教徒家庭，從波希米亞和莫拉維亞抵達德意志，年輕的伯爵親岑多夫收容接待他們，且以敬虔主義思想加以薰陶。在1727年的一次聖餐聚會中，他們共同簽訂〈基督徒生活協約〉(The Covenant for Christian Living)，強調合一互愛；不久羣體經歷五旬節般的奮興，此為莫拉維弟兄會的更新。經歷復興不久，親岑多夫即提出海外宣教的計劃；二十六位肢體即時立約，為獻身宣教禱告。1732年，首批兩位弟兄會宣教士，帶著簡陋裝備，出發前赴西印度羣島(West Indies)，向當地的黑奴傳福音，成千上萬人悔改歸主。到1740年，該會已差出六十八位宣教士，再二十年後宣教士數目增至二百二十六位，足迹遍佈世界各地；可以說莫拉維弟兄會是在基督新教中，最早實踐普世宣教的羣體。

循道會創始於約翰衛斯理、查理衛斯理和懷特腓德所領導，源於英國的循道運動。1739年開始，懷特腓德開始在各地舉行露天佈道會，多人歸信；衛斯理兄弟後來相繼加入，強大傳道團隊。他們將決志者組織起來，以會社形式加以牧養。後來懷特腓德與衛斯理兄弟因預定論的神學分歧而分道揚鑣；懷特腓德建立罕丁頓夫人系，而衛斯理兄弟則創立衛斯理循道宗。循道會有很強的傳道使命，很快便擴展至北美殖民區；在第二波大覺醒裏，因著亞斯伯利不辭勞苦於各州各地的奮興佈道，北美的循道會人數急速增長。跟親岑多夫原來無意使莫拉維弟兄會脫離信義宗一樣，懷特腓德與衛斯理兄弟原來也無意脫離聖公宗；惟由於分歧日增，加上要按立聖職以牧養各地信眾，各派系的循道會結果都相繼分離開來，成為教義與體制皆具自身特色的獨立宗派。

	貴格會	莫拉維弟兄會	循道會
創立者	弗克斯	親岑多夫	衛斯理兄弟、懷特腓德
開創年份	1648	1727	1795
活躍地域	英國、北美	德意志	英國、北美
主要特色	權力機構的否定 內在經驗的注重 聖靈引導的敬拜	教義論述的放輕 敬虔生活的實踐 普世宣教的熱誠	嚴格的道德操守 真誠的悔改歸信 廣泛的奮興佈道

科學與信仰的相互關係

因著中世紀羅馬教廷對科學發現的否定，並對科學家如哥白尼、伽利略的逼迫，宗教常被批評為反科學。然而，回顧往昔歷史，不難發現絕大部分科學家都有宗教信仰，且許多是敬虔的基督徒。有關科學與信仰彼此衝突的想法，許多時是出於對兩者權威範圍的誤解、隱藏前設的迷思，以及錯謬推論的結果。

一、科學：科學強調客觀驗證事物真相，要求可藉重複實驗得出相同結果；其探究範圍在於描述現況，指出事物如何（how）發生。例如在萬有引力的影響下，成熟脱落的蘋果會向下墮；碳在充足的氧氣中燃燒，會產生二氧化碳。理論上，科學的世界觀是開放的，接受任何可以合理解釋現實數據的假設，然後加以驗證；同時，科學不能作出任何沒有充分理據的主觀推論，否則就違反客觀分析的科學精神。

1. 權威範圍的誤解：就是將科學的應用，強行擴大至非科學的範疇，意圖在沒有充分理據下，解釋為何（why）這類問題。典型例子，是將專研現世物質的科學研究，推論到屬靈世界的層面；甚至如霍金（Stephen Hawking, 1942～2018）所著的《大設計》（*The Grand Design*）那樣，強稱宇宙的生成並不需要任何創造主。既然科學無法解釋為何存在萬有引力這物理定律，為何碳和氧會有這樣的分子結構，那又如何能在宇宙創造方面下定論？霍金所做的，實是違反科學精神的臆測；故此，嚴謹的科學家多對霍金在書中的結論不肯苟同。

2. 隱藏前設的迷思：科學探索過程不應對任何能夠合理解釋現實數據的理論，作出不合理的規限。然而，正如詹腓力（Philip Johnson）在《審判達爾文》（*Darwin on Trial*）一書指出，現今的科學界是由無神論信仰和自然主義哲學統治著；就如美國國家科學院（National Academy of Science）在最高法院作證時表示，科學的最基本特點是單單倚靠自然性解釋（naturalistic explanations），不能靠賴超自然方法（supernatural means）。這本身已不合理地埋藏了無神論的前設，如此宗教信仰不論如何比無神論合理，也會被理解為不科學。

3. 錯謬推論的結果：關於宗教與科學的爭議，最關鍵的是宇宙創造的問題。事實上，科學有分運作科學和起源科學。前者以常規重複方式，研究一再發生的正常事件，如燃燒炭能產生二氧化碳，是能重複實驗，結果非常肯定；後者研究過去某單一事件的真相和緣由，如檢驗某人的死因，是不能重演，結果無法絕對。正如死因有分自然死亡和人為謀殺，物件可自然生成或人為塑造，起源科學也承認有智慧主因存在的可能性；認為創造論有違科學的人士，普遍犯了推論上的錯謬，他們錯用運作科學，來理解宇宙創造這起源科學的問題。

二、信仰：基督教信仰強調神透過聖經啟示，惟聖經的功用早已列明在提摩太後書三章16至17節內，就是要使人歸正，教導人學義，叫屬神的人得以完全，預備行各樣的善事。換言之，聖經教導是生命性、道德性的，當中包含寫作的時代背景，考慮到讀者的處境和限制。錯誤將聖經教導無限放大，視之為一切真理的化身，會無可避免地與其他探求真相的學科造成衝突；這也是中世紀教會錯誤壓制科學的緣由。

1. 權威範圍的誤解：聖經是神向人啟示的媒介，要將神的心意顯明；當中所教導的，是神要人認知的屬靈真理，而非讓人從其中找到一切所想所知的百科全書。近代不少有關宗教與科學的衝突，是源於對聖經本質的錯誤理解，意圖將之視為一切學問包括科學的標準。然而如前所述，聖經啟示是具時代背景，顧及讀者的領悟程度；就如律法書中的奴隸法規，是要在當時流行的奴隸制度中給予受壓者適切的保障，若以此來推斷蓄奴合神心意，那就極不恰當。同樣，聖經是以古時普遍認知的觀念來描述世界，若以之為科學依據，也是不恰當。

2. 隱藏前設的迷思：潛藏在以聖經為一切學問標準的信念背後，是對聖經絕對無謬觀念的迷思。無疑，聖經是神的話語，是基督信仰的權威，但當中要堅持的無誤是屬靈知識及信仰追求等方面，基督徒不應將自己期望的無誤，強加在聖經書卷之上。例如現代的歷史敘事要求時序清晰，然而古時的著作往往只求藉歷史重述帶出信息；故此，以賽亞書三十八至三十九章的事件，發生在三十六至三十七章之前，馬太福音四章 1 至 10 節和路加福音四章 1 至 12 節，對耶穌受試探的次序有不同的記述，皆配合作者的信息，不算為謬誤。科學方面也當如此！

3. 錯謬推論的結果：既然聖經書卷有時代的考慮，又有不同的文學手法，基督徒就要按上文下理小心解讀，切勿隨意抽一、二節出來斷章取義，過分發揮。就如有靈恩派引據詩篇一百一十九篇 105 節，強調神的話語是腳前的燈、路上的光，故此要時刻聆聽神每時每刻的聲音；然而，全詩實質是講論耶和華的律法，又怎會在這節突然變成神隨時的感動？同樣，約書亞記十章 12 至 13 節和哈巴谷書三章 11 節有關日月停住的禱求，詩篇十九篇 5 至 6 節對太陽奔跑的描述，都只反映當時世人對世界現象的理解，並非經文信息的重點；讀者不宜過分解讀。

若能正確理解科學和信仰各自的特質和限制，去除不當的迷思與誤解，留意避免錯謬的推論，兩者是絕對可以共融，且互相補足的。科學家相信耶穌絕非不理性，基督徒研究科學也沒有與信仰相違，歷史現實足可為此作證！

溫習及思考問題

1. 「理性啟蒙時期」教會內外的信徒羣體有何共通特點？當中包含甚麼？

   共通特點：__________

   教會外：__________

   教會內：__________

2. 羅馬教廷錯判伽利略這事件，對日後宗教與科學的關係帶來甚麼影響？

3. 下列歐洲列強在海上霸權擴張上，各自做了甚麼壞事？

   a. 葡萄牙：__________

   b. 西班牙：__________

c. 荷蘭：______

d. 英國：______

e. 法國：______

4. 下列哲學家所提出的思想，各對基督信仰帶來甚麼挑戰？

a. 笛卡兒：______

b. 史賓諾沙：______

c. 洛克：______

d. 休謨：______

5. 對於啟蒙運動的挑戰，基督宗教有哪兩極的應對？他們各自作出哪些體制、思想或信仰追求上的轉變？

漠視態度：

a. 應對態度：______

b. 產生轉變：______

關注態度：

a. 應對態度：______

b. 產生轉變：______

6 試完成下表，比較敬虔主義、循道運動和大覺醒的異同。

	敬虔主義	循道運動	大覺醒
起源地區			
開始年代			
主要領袖	______ ______ ______	______ ______ ______	______ ______ ______
培訓學院			
主要特色	______ ______ ______	______ ______ ______	______ ______ ______

7. 面對科技革命、海上擴張、哲學思潮和復興運動的衝擊，各宗派羣體有哪些不同取態？試從本章中找出相應的例子。

a. 取態：__________

例子：__________

b. 取態：__________

例子：__________

c. 取態：__________

例子：__________

d. 取態：__________

例子：__________

8. 面對啟蒙時期科技和哲學上的種種挑戰，教會羣體有不同回應；就著教會內部的復興運動，信徒羣體又因意見不合而分裂。這歷史對你個人或你教會應對現代教會與社會上的分歧有何提醒？

進深閱讀書目

章文新編：《衞斯理約翰日記》。許碧端譯。香港：文藝，2003 七版。

章文新編：《愛德華滋選集》。謝秉德譯。香港：文藝，1995 三版。

Barnett, S. J. *The Enlightenment and Religion: The Myths of Modernity*. Manchester: Manchester University Press, 2003.

Brown, Stewart J., and Timothy Tackett, eds. *Enlightenment, Reawakening, and Revolution, 1660 ~ 1815*. Cambridge: Cambridge University Press, 2006.

Ward, W. Reginald. *Christianity under the Ancien Régime, 1648 ~ 1789*. Cambridge: Cambridge University Press, 1999.

普世宣教時期

本章以「普世宣教時期」為講論焦點，專注探討1793至1914年間基督宗教的主要發展。這期間西方歐美的政治和經濟均出現巨大變化，世俗人本思潮對宗教的挑戰日益嚴峻，即使基督教神學家也對教會傳統信念大加批判；然而與此同時，教會內部又出現許多追求敬虔的羣體，奮興佈道事工不斷擴展，許多信眾受感而委身普世宣教事奉之中。「多元分歧」可說是這時期的時代標記，當中涉及社會體制民主化、工業生產機械化、哲學思潮人本化等外在衝擊，以及教會內部新派與舊派的神學分歧、美南與美北的宗派分裂、本地佈道與海外宣教的原則轉化、正統與異端的矛盾衝突等不同困擾。

在「普世宣教時期」，基督宗教已不再停留歐美等地，而是不斷向世界各地擴展。然而，由於此時各宣教地域的教會幼嫩，普遍由西教士領導，而這些西教士又深受歐美神學思潮與教會傳統影響，故有關這時段歷史發展的討論，仍以西方為主。

3.1. 時代巨輪的推進

宗教改革後人民對獨立思想和科學研究的覺醒，造就工業上的革命性發展；機械的運用不單大大提升生產的能力，且突破許多從前沒法超越的限制。與此同時，思想的覺醒也帶來社會體制的轉變；有識之士不再滿足於專制政權的操控，一波又一波的革命和獨立事件，一再於西方歐美地區湧現。這都成為普世宣教時期基督教會要認真面對的處境，也深深影響著她歷史發展的進程。

3.1.1. 科技工業的發展

這段時期的科技突破相當多，由此衍生的工業生產成果，對人類生活的影響也相當巨大。其中較具代表性的，有沃爾塔（Alessandro Volta, 1745～1827）於 1800 年發明的電池，將化學能量轉化為電能；法拉第（Michael Faraday, 1791～1867）於 1821 年發現的電磁效應，引發出電馬達及發電機兩項重要發明；貝克蘭（Leo Henricus Arthur Baekeland, 1863～1944）於 1909 年開始塑膠生產，不同種類的塑膠製品由此應運而生。倘若沒有這些發明，今日世界將會完全不一樣。

除上述基礎科技的突破，此時期還有許多對人類生活具深遠影響的發明。當中包括特維西克（Richard Trevithick, 1771～1833）經歷多次挫敗，才於 1804 年建成能長途行走的貨運蒸汽火車；史提芬遜（George Stephenson, 1781～1848）於 1829 年建成，能大量載客的高速火車；平治（Karl Benz, 1844～1929）於 1885 年發明汽車引擎，並於翌年製成首部汽車，超脱路軌的限制。此後，韋特兄弟（Wilbur Wright, 1867～1912 和 Orville Wright, 1871～1948）在前人多次失敗的經驗上，於 1903 年建成首部能長途航行的飛機。這些交通工具的發明，一步步打破地域距離的限制，使遠途旅程變得愈來愈方便。

此外，尼布斯（Joseph Nicéphore Niépce, 1765～1833）於 1826 年製成的照相機，對長久保存影像和歷史記錄甚有幫助；摩爾斯（Samuel Morse, 1791～1872）於 1837 年製成的電報機，及標爾（Alexander Graham Bell, 1847～1922）於 1876 年發明的電話，為人類通訊提供簡捷便利的途徑。還有愛迪生（Thomas Edison, 1847～1931）於 1877 年研製的電燈泡，和開利（Willis Haviland Carrier, 1876～1950）於 1911 年發明的冷氣機，都為人類面對黑暗或炎熱的逆境提供出路。這些近代的發明，絕大部分仍是現代都市人不可或缺的生活所需，也深深影響著人類的生活習慣。

這些科學發明和工業生產，對這時期的教會發展有許多正面和反面的影響。正面來説，交通工具和通訊設備的現代化，讓奮興家、傳道者、宣教士能更便捷地往返各地，大大有利於福音傳播的工作。電報機和電話等通訊設備的應用，讓教會間的聯合事工得到更有效的聯繫，也讓牧者可以更快速、更頻密地關心個別會友的需要。此外，電燈和冷氣的發明，也加增了教會聚會的彈性；從前不宜聚會的時段或環境，如今變得可行。然而反面來說，這些發明同時亦進一步提升科研的地位，人類理性逐漸取代宗教信仰，成為許多人信靠追求的對象；就是繼續留在教會聚會的信眾，也常會以個人理性來批判聖經，使基督信仰要面對的世俗化挑戰愈來愈大。

普世宣教時期主要科技與工業發明			
年份	發明者	中譯名	發明品
1800	Alessandro Volta	沃爾塔	電池
1804	Richard Trevithick	特維西克	貨運蒸汽火車
1807	Robert Fulton	富爾頓	蒸汽船
1821	Michael Faraday	法拉第	電磁效應
1826	Joseph N. Niépce	尼布斯	照相機
1829	George Stephenson	史提芬遜	高速客運火車
1837	Samuel Morse	摩爾斯	電報機
1866	Alfred B. Nobel	諾貝爾	炸藥
1876	Alexander G. Bell	標爾	電話
1877	Thomas Edison	愛迪生	鎢絲電燈泡
1885	Karl Benz	平治	汽車引擎
1903	Wilbur & Orville Wright	韋特兄弟	飛機
1909	Leo H. A. Baekeland	貝克蘭	塑膠
1911	Willis H. Carrier	開利	冷氣機

3.1.2. 自主爭取的世局

隨著宗教改革帶來的醒覺，民眾不再盲目附從於權威之下，被視為宗教信仰權威的羅馬教廷如是，對擁有政治軍事權威的國家君王也如是。這時期初的十八世紀末，可以說是風起雲湧的時代，先後有1775至1783年的美國獨立戰爭（American War of Independence）和1789至1799年的法國大革命；前者為北美殖民區人民反抗宗主國英國的無理轄制，經歷多場攻守戰役，最終成功爭取獨立；後者為法國民眾反抗君主路易十六（Louis XVI, 1754～1793）的專權，結果成功取消封建制度，路易十六被公開處決。這都標誌著民眾合力爭取的成功，個人的地位獲得提升；人民醒覺到要獨立批判性地思考，不再盲目順從於權威之下。

法國大革命之後，國家變得混亂，多次出現政權更替；與此同時，改革者在鄰國民間推動革命，結果遭到歐洲聯軍圍攻。在動盪混亂的時局中，一位曾領軍戰勝多國的將領拿破崙（Napoléon Bonaparte, 1769～1821），於1799年的霧月政變（Coup of 18 Brumaire）中取得政權，成為法國政權新的獨裁君主。拿破崙軍事才幹出眾，曾先後擊敗奧地利、埃及、普魯士（Prussia）、俄國等強國，入侵比利時（Belgium）、意大利、德意志、瑞士、那不列斯、荷蘭、西班牙等地。1812年拿破崙入侵俄國，俄國採取焦土政策，法軍在嚴寒的冬天裏損失慘重；翌年，英國、俄國、普魯士和奧地利組成聯軍對抗，經歷多番激戰，法國終被擊潰。1814年拿破崙被迫退位，被流放到地中海的艾爾巴島（Isola d'Elba）；惟一年後，拿破崙自行潛返法國重掌政權，歐洲聯軍隨即再次出動攻擊，結果拿破崙的軍隊於滑鐵盧戰役（Battle of Waterloo）中遭徹底擊敗，全軍覆沒；拿破崙被軟禁在大西洋的聖凱倫娜島（Saint Helena）上，在那裏孤獨渡過餘生。拿破崙的事件不單觸發歐洲列強的分裂衝突，同時也促使各國將關注焦點放在民族情感和國土安全之上，對信仰的敬虔追求漸漸被許多民眾所遺忘。

受著美國獨立戰爭和法國大革命的精神及環境影響，歐美各地紛紛出現獨立、革新的浪潮。首先，歷史延續近千年的神聖羅馬帝國（Holy Roman Empire），在拿破崙的威脅下，被迫瓦解；1789年爆發的法國大革命，將路易十六的政權推翻，路易原是神聖羅馬兼奧地利皇帝利奧波德二世（Leopold II, 1747 ～ 1792）的妹夫；為保帝制穩定，利奧波德聯合歐洲各國君主意圖以武力壓制法國人民，惜他此時突然暴斃，其子法蘭西斯二世（Francis II, 1768 ～ 1835）接任為皇，並延續他的政策。惟幾次聯合進攻，均一一被拿破崙擊敗；1806 年 7 月，在拿破崙的威逼利誘下，十六個神聖羅馬帝國成員簽訂〈萊茵聯邦條約〉（Rheinbundakte），脫離帝國，加入拿破崙領導的萊茵聯邦（Confédération du Rhin）。不單如此，拿破崙且對法蘭西斯發出最後通牒，要他解散神聖羅馬帝國；在重重壓力下，法蘭西斯終在 1806 年 8 月放棄神聖羅馬帝國帝號，僅保留奧地利帝國皇位，神聖羅馬帝國也於此正式滅亡。

在歐洲各地混亂之秋，普魯士乘機崛起；1740 年腓勒德力大帝（Frederick II, 1712 ～ 1786）登基，經歷多場艱苦戰役，成功奪走神聖羅馬帝國內西里西亞（Silesia）的廣大領土，這地區資源豐富，普魯士因而勢力大增。繼承腓勒德力大帝皇位的，順序是威廉二世（Frederick William II, 1744 ～ 1797）和威廉三世（Frederick William III, 1770 ～ 1840）。在跟法國拿破崙的多場戰役中，普魯士經常在多國聯軍中處身領導地位。雖然曾經因敗仗而受壓制，但當法國在俄國戰敗後，普魯士很快便加入與法國對抗的聯軍行列；1815 年徹底擊敗拿破崙軍隊的滑鐵盧戰役中，普魯士扮演著非常重要的角色。法國戰敗投降，普魯士獲賠償大片德意志領土。此後，普魯士因打敗奧地利和法國而再度擴充；承接神聖羅馬帝國的瓦解，當德意志各城邦於 1871 年再度聯合而成立德國時，時為普魯士國王的威廉（William I, 1797 ～ 1888）隨即成為首任德國君主。

除此以外，這時期還有許多獨立或分離出來的國家或羣體。因著與拿破崙的艱苦對戰，西班牙和葡萄牙軍事力量大減；原本由她們佔領統治的南美地區紛紛爭取獨立，經過十多年抗爭，巴西（Brazil）率先於 1822 年宣告獨立。到 1830 年，所有南美國家均相繼獨立自治。與此同時，信奉東正教的希臘（Greece），經歷長久抗爭，終在 1827 年成功擺脫信奉伊斯蘭教的鄂圖曼帝國（Ottoman Empire）的轄制，獨立成國。信奉羅馬公教的荷蘭南部，亦於 1830 年成功從信奉基督新教的荷蘭政權中爭取自治，成立比利時。意大利半島原來分有許多城邦小國，當中不少均由歐洲列強所控制；經歷四十多年爭取，意大利終在 1861 年聯合而成獨立國家。最後不得不提的，是剛剛爭取獨立不久的美國，曾在十九世紀中葉因聯邦政府政策傾斜和廢止黑奴問題而出現嚴重分裂，由此爆發南北內戰。雖然南部聯盟在戰略和經濟上均處於劣勢，最終於 1865 年正式投降，但全國均飽受撕裂和戰火的傷痛，久久未能痊愈。

<table>
<tr><th colspan="6">普世宣教時期法國、普魯士（德國）、神聖羅馬帝國（奧地利）在位君王年表</th></tr>
<tr><th colspan="2">法國</th><th colspan="2">普魯士（德國）[1]</th><th colspan="2">神聖羅馬帝國（奧地利）[2]</th></tr>
<tr><th>君王</th><th>在位年份</th><th>君王</th><th>在位年份</th><th>君王</th><th>在位年份</th></tr>
<tr><td>路易十六世</td><td>1774～1792</td><td>腓勒德力二世</td><td>1740～1786</td><td>法蘭西斯一世</td><td>1740～1765</td></tr>
<tr><td rowspan="2">路易十七世</td><td rowspan="2">1793～1795</td><td rowspan="2">腓勒德力
威廉二世</td><td rowspan="2">1786～1797</td><td>約瑟二世</td><td>1765～1790</td></tr>
<tr><td>利奧波德二世</td><td>1790～1792</td></tr>
<tr><td>拿破崙一世</td><td>1804～1814</td><td rowspan="6">腓勒德力
威廉三世</td><td rowspan="6">1797～1840</td><td>法蘭西斯二世</td><td>1792～1804</td></tr>
<tr><td>路易十八世</td><td>1814～1815</td><td rowspan="5">法蘭西斯一世</td><td rowspan="5">1804～1835</td></tr>
<tr><td>拿破崙一世</td><td>3～6/1815</td></tr>
<tr><td>拿破崙二世</td><td>6～7/1815</td></tr>
<tr><td>路易十八世</td><td>1815～1824</td></tr>
<tr><td>查理十世</td><td>1824～1830</td></tr>
<tr><td>路易腓力一世</td><td>1830～1848</td><td>腓勒德力
威廉四世</td><td>1840～1861</td><td>斐迪南一世</td><td>1835～1848</td></tr>
<tr><td>拿破崙三世</td><td>1852～1870</td><td>威廉一世</td><td>1861～1888</td><td rowspan="3">法蘭西斯
約瑟一世</td><td rowspan="3">1948～1916</td></tr>
<tr><td rowspan="2"></td><td rowspan="2"></td><td>腓勒德力三世</td><td>3～6/1888</td></tr>
<tr><td>威廉二世</td><td>1888～1918</td></tr>
</table>

1 上方為普魯士君王，下方為聯合後的德國君王。

2 上方為神聖羅馬帝國君王，下方為帝國瓦解後的奧地利君王。

3.2. 批判傳統的氛圍

延續理性啟蒙時期笛卡兒、史賓諾沙、洛克、休謨等哲學家的人本精神，配合著這時期的科技革命，並美國獨立戰爭和法國大革命等反權威的潮流；代表著傳統體制和信念的基督教會，在這時期所面對的挑戰日益嚴峻。跟先前類同，教會領袖們對這些挑戰的回應態度迥異，有意圖反駁、努力護教，有嘗試對話、共融整合，也有專注教務、不加理會。

3.2.1. 無神哲學的衝擊

當歐陸哲學家如笛卡兒和史賓諾沙以理性尋索真理之時，英國哲學家包括洛克和休謨則從經驗向度思考知識的本源。當兩派爭議不休，康德指出在哲學的尋問中，純經驗和純理性同有限制，他在《純理性的批判》(*The Critique of Pure Reason*)中強調「沒有內容的思想是空洞的，沒有概念的直觀是盲目的」，由此產生知識是由個人經驗印象和天生理性思維綜合而成的見解。

這從純理性、純經驗變為理性配合經驗的哲學發展，引發德意志哲學家黑格爾(Georg Wilhelm Friedrich Hegel, 1770 ~ 1831)反思真理尋索的本質，由此提出著名的辯證唯心主義(Dialectical Idealism)。黑格爾認為，真理尋索的哲學思考並不會有一個絕對結論，也不會有一個終極的判斷，因為真理是在辯證發展中不斷呈現；就如在過往歷史裏，當有哲學家提出一套哲學理論，不久又會被另一位哲學家所修正或推翻。他認為每個哲學理論都包括部分真理，因為一切事物包括宗教、哲學、倫理、歷史、自然、藝術等等，實際上都是真理自我顯現的媒介，能讓人可以在一定程度上藉以認識真理。黑格爾本身擁有神學學位，他的哲學思想原來為要認真尋索屬神的真理啟示；惟他對真理不斷發展的見解，卻對強調啟示權威的教會傳統帶來衝擊，為後世種種強調歷史演進的無神思想舖路，當中包括進化論(Evolutionism)和共產主義(Communism)。

近代的進化論是由達爾文(Charles Robert Darwin, 1809 ~ 1882)所提出；早在古希臘時期，已有哲學家如赫拉克利特(Heraclitus，約主前 535 ~ 473)和亞里士多德(Aristotle，主前 384 ~ 322)提出生物演進的概念，惟達爾文卻率先對進化的原因提供看似科學的解釋，就是物競天擇、適者生存。達爾文主義者認為，宇宙的生成完全是出於偶然的機緣，沒有任何超自然力量來創造或設計；他們同時相信只要時間足夠，任何事物都有可能自然發生，包括第一個生命的出現；藉著物競天擇的突變，生命由原初的單細胞簡單結構，進化成為各式各樣複雜構造的生物，當中包括由靈長類原猴進化生成的人類。一直以來，宇宙、物種與人類的起源，是科學界無法完全擺脱宗教解說的難題；達爾文的進化論為這難題提供創造論以外的另一選擇，讓反宗教人士更振振有詞地提倡無神思想。

至於馬克思（Karl Marx, 1818～1883）提出的共產主義，以辯證唯物主義（Dialectical Materialism）為理論基礎，實為人本主義、革命浪潮和辯證觀念結合而成的產物。馬克思認為人類世界會不斷向前邁進，經歷原始社會、奴隸社會、封建社會、資本主義社會、社會主義社會，最終達至各盡所能、各取所需的共產主義社會。過程中生產力和生產關係會按照辯證原則，在正反衝突中不斷發展，期間生產方式自然地決定社會結構、政治和家庭制度；當經濟組織變化，上層結構也會相應改變。而共產主義者的終極目標，是透過貧民階級的鬥爭努力，廢除貧富不均，促進共產社會早日獲得建立。值得留意，共產主義者抱持無神思想，認為神只是人類將內心的渴望外在化、客觀化，宗教實質是人民的鴉片，使人接受現世的不公，將盼望寄情於來世的天堂；隨著共產社會降臨，宗教便會失去價值，自動消亡。

和應著共產主義的宗教觀，這時期還有一個對基督信仰作出嚴厲批判的哲學家，就是身為信義宗牧師之子的尼采（Friedrich Wilhelm Nietzsche, 1844～1900）。尼采早年渴望學效父親成為教會牧師；後來卻背離基督信仰、專攻哲學，且出版不少人本主義的著作；晚年卻因發瘋而被送進精神病院。尼采的名句是宣告「上帝已死」，他認為基督教所教導的是一種奴隸的道德觀，強調人本性的罪惡，否定人今世的權利和享受，轉而成為神的奴隸以追求永生。尼采認為這違背了人類的自我，是非顛倒；他主張要追求主人的道德，就是要透過不斷超越自我，擺脱舊有束縛，好能成為創造新我的超人。

普世宣教時期主要哲學家				
英文名稱	中文譯名	生死年份	主要哲學	對基督教挑戰
Georg W. F. Hegel	黑格爾	1770～1831	辯證唯心主義	認為真理不斷發展，啟示權威受到質疑。
Charles R. Darwin	達爾文	1809～1882	進化論	以無神理論解釋宇宙、物種、人類的起源。
Karl Marx	馬克思	1818～1883	共產主義	以無神思想解釋世界發展，視宗教為鴉片。
Friedrich W. Nietzsche	尼采	1844～1900	主人道德	評基督教為奴隸道德，主張憑己力超越自我。

3.2.2. 取向迥異的回應

在西方反權威、反傳統的潮流裏，面對世俗哲學對聖經真理和基督信仰的批判，此時期的教會領袖顯得有點兒無力招架。延續先前的走向，這時期的教會羣體繼續對外間挑戰抱持兩極化的取態：有專注於教會牧養、聖經教導和奮興佈道，並這時期興起的普世宣教，他們視社會文化挑戰為世俗不虔的攻擊，因此無須多加理會；也有嘗試積極對話，意圖透過合乎外界期望的表達，重新詮釋基督信仰的內涵，好能獲取社會各界的認同和接納。前者將在本章下段詳論，後者則在此扼要論述。

繼巴特勒以或然率來辯證基督信仰合理性的經驗主義辯道法，以及康德以耶穌基督為道德典範的道德主義辯道法，此時期較突出的護教努力，是丹麥哲學家祁克果（Søren Kierkegaard, 1813～1855）提出的實存主義辯道法。祁克果成長於以信義宗為國教的丹麥，當時教會只專注教義的純正，卻不多談論信徒個人與神的關係；祁克果早年喪母，年青時生活放蕩，後來卻因特殊的信仰經歷回轉過來，靈性復興，重新振奮。是故，他強調要以親身經歷神作為辯道的策略：他認為信仰不是一堆關於神的教義，人不能透過客觀的經驗或理性來認識神；真正能認識神的方法，是個別與神相遇，當人親身經歷神，就自然會知道基督信仰的可信。如此，他將信仰真理私人化，以此免除當時代世俗學界的抨擊。

另一位嘗試回應這時期哲學挑戰的，是德國信義宗神學家立敕爾（Albrecht Ritschl, 1822 ～ 1889）。立敕爾不認同士萊馬赫對絕對倚賴感的強調，認為過於主觀和個人化；他跟隨康德的路線，拒絕形上學對神的哲學推論，強調宗教上的道德實踐。他認為人不能直接認識神的本質，只有從祂在世上的工作和職事來認識，特別是透過稱義、復和及天國來彰顯；基督徒必須透過實踐福音來為耶穌作見證，就是要藉著組成彼此相愛的羣體，來向世界宏揚福音。他反對原罪這等傳統教義，認為與道德實踐無關；相反，他注重主耶穌的道德典範，由此引發社會福音的追求。相對於祁克果將真理私人化，立敕爾嘗識將福音道德化，以這容易為當時社會認同的取向來與外界進行對話。

受著立敕爾所影響，同屬德國信義宗的神學兼歷史學家哈納克（Adolf von Harnack, 1851 ～ 1930），除倡議社會福音外，還提出用歷史評鑑法來重新詮釋聖經。他認為早期的基督教著作，特別是保羅的書信，深受希臘文化思想影響，因而扭曲了耶穌的事蹟；是故，他以相當批判的眼光來檢視聖經。他否定耶穌是神的宣稱，不接受任何神蹟，主張去除新約中的神話外殼，好能重尋真正的歷史耶穌（historical Jesus）；這見解引發後世許多學者，對聖經進行非神話化的研究。此外，他亦以同樣的批判態度，來評論如《使徒信經》等教會文獻；強調不要受傳統教會立場所束縛，基督徒只應在社會中活出敬虔的宗教生活。

普世宣教時期主要神學家

英文名稱	中文譯名	生死年份	主要思想立場	回應世俗方式
Søren Kierkegaard	祁克果	1813 ～ 1855	信仰不能透過客觀經驗或理性，而是要個別與神相遇。	將信仰私人化
Albrecht Ritschl	立敕爾	1822 ～ 1889	拒絕形上學對信仰的哲學推論，強調宗教的道德實踐。	將真理道德化
Adolf von Harnack	哈納克	1851 ～ 1930	否定耶穌是神的宣稱，主張去除新舊約中的神話外殼。	聖經非神話化

3.3. 宣教奮興的追求

雖然基督信仰在西方思想界受著嚴峻挑戰，但教會此時卻有令人興奮的發展。隨著敬虔主義、循道運動和兩波大覺醒於各地擴展，真心信主、願意委身的信眾數目大增；許多地方堂會均展現強大活力，信徒不單積極在鄰舍中見證基督，且有不少獻身遠赴重洋到異鄉宣教傳道。與此同時，多位奮興佈道家亦相繼興起、到處領會，激發一批又一批羣眾起來委身事主。

3.3.1. 海外宣教的開展

要數這時期基督新教的主要發展與特色，普世宣教運動必為其中之一。在此以前的海外宣教，都是由羅馬公教的修道團體派遣教士進行；基督新教這時雖也有宣教佈道工作，但明顯相對零散和局部。究其原因，是宗教改革後的基督新教普遍抱持偏差的宣教觀；威登堡大學廣受敬重的神學教授，在 1651 年就如何實踐大使命作出聯合聲明，這聲明後來成為信義宗教會，以至許多改革宗教會，在隨後百多年的主流方案。聲明強調三個要點：(1)只有使徒們才有權完成大使命，因此宣教並非教會的職責；(2)使徒們已在新約時代遍傳福音，如今未信的是拒絕基督，神沒有責任再次給予機會，歐洲基督徒無須為異教徒的失落負責；(3)統治者只有責任在其管轄範圍內傳揚福音。

基於這種偏差理解，基督新教早期的主流宗派只專注在已劃定為新教範圍的地方，教導信仰，建立教會。例如他們以美洲新大陸的殖民區為傳福音範圍，於是就在 1649 年設立新英格蘭廣傳福音會(Society for the Propagaton of the Gospel in New England)，並有約翰艾略特(John Eliot, 1604～1690)等著名宣教士參與。然而，對於其他民族、地域的福音需要，他們不單漠視不理，對有意推動宣教的，他們還加以斥責及攔阻。上一章提及的敬虔主義者，特別是莫拉維弟兄會的宣教，就是在這種備受抨擊的環境下開展；因著缺乏教會支援，莫拉維弟兄會的傳道都是以帶職宣教為主，他們為傳揚福音而舉家移居，在宣教工場落地生根、自食其力，以減輕弟兄會社羣的負擔。

被後世譽為近代宣教之父的威廉克理(William Carey, 1761～1834)，原為擁抱加爾文主義之特定救恩浸信會（Particular Baptists）的牧者。在主流宗派那種抗拒宣教的氛圍下，當年輕的威廉克理在北安普敦的牧者交流會上，提出要按照主耶穌的吩咐傳福音給萬民聽時，立即惹起會中眾人憤怒；主席賴蘭（John Collett Ryland, 1723～1792）大聲回應說：「青年人，坐下！若神喜歡使異教徒歸信，祂無需你或我的幫助都能成就。」會中另一位牧者補充說：「你提出這種問題，實在是可憐的狂熱派；要實現你的理想，我們勢必要再有另一次五旬節，賜下包括說方言等奇妙恩賜才行。在阿拉伯人、波斯人、印度人和孟加拉人中間，你能夠向他們講甚麼道，以致你認為自己有責任傳福音給異教徒？」在這些主流宗派的牧者領袖眼中，對外宣教簡直是不可思議的荒謬行動，是狂妄自大者才會提出如上訴求。

雖然面對冷嘲熱諷、困難重重，威廉克理的宣教心志依然未有冷却；他且於 1791 年發表了著名的《基督徒有責任設法引領異教徒歸信》（*An Enquiry into the Obligations of Christians, to Use Means for the Conversion of the Heathens*），當中除重申引領異教徒歸信的大使命外，還概述了世界各國的宗教實況，並就海外宣教提出可行建議。在威廉克理的呼籲和感動下，特定救恩浸信會終在 1792 年通過成立「特定救恩浸信會對異教徒廣傳福音會」（Particular Baptist Society for the Propagation of the Gospel Amongst the Heathen），就是後來的「浸信會傳道會」（Baptist Misssionary Society）；威廉克理且於翌年成為傳道會首位差出宣教士，到印度傳揚福音、翻譯聖經、建立教會。

因著威廉克理及其伙伴們的推動和見證，愈來愈多人願意投身宣教行列，世界各地的未得之民也逐漸得聞福音。這時期較著名的宣教士，有首位將福音傳到中國的馬禮遜（Robert Morrison, 1782～1834），他於 1807 年受倫敦傳道會（London Missionary Society）差派來華，譯成中文聖經《神天聖書》，編訂《華英字典》，又於馬六甲創立英華書院，為接續來華的福音使者奠定傳教基礎。被譽為「緬甸使徒」的耶德遜（Adoniram Judson, 1788～1850），他於 1810 年創辦美國公理宗國外傳道會（American Board of Commissioners for Foreign Missions），1813 年抵達緬甸仰光，將全本聖經翻譯成當地土語，忠心事奉直到離世，成功帶領逾千人歸主。在這時代的西方人眼中，非洲是原始而神祕的危險地域；蘇格蘭的摩法特（Robert Moffat, 1795～1883）是首位勇敢前赴非洲的宣教士，在倫敦傳道會的差派下，他於 1817 年抵達南非好望角，此後在非洲內陸建立多個宣教站，將聖經譯成南非茨瓦納語（Tswana），忠心服事直到 1870 年因健康太差才回鄉休養。

普世宣教時期著名宣教士				
英文名稱	中文譯名	生死年份	所屬差會	宣教地域
William Carey	威廉．克理	1761～1834	浸信會傳道會	印度
Robert Morrison	馬禮遜	1782～1834	倫敦傳道會	中國
Adoniram Judson	耶德遜	1788～1850	美國公理宗國外傳道會	緬甸
Robert Moffat	摩法特	1795～1883	倫敦傳道會	南非

3.3.2. 奮興宣教的熱潮

正當西方思想界不斷挑戰基督信仰，教會羣體此時卻廣泛出現復興現象。承襲著敬虔主義、循道運動與大覺醒的浪潮，此時又有多位奮興佈道家相繼湧現；他們遍佈歐美各地，前赴各城各鄉主領奮興佈道聚會，使真誠悔改、熱心追求、委身事主的信眾大幅加增。

在英國，被籲為十九世紀蘇格蘭最偉大牧者的查麥士（Thomas Chalmers, 1780～1847），領導「反入侵主義」（Non-intrusionism），堅持教會屬靈自主，拒絕世俗權柄的入侵。創設弟兄會的達祕（John Nelson Darby, 1800～1882），大力批判當時聖公宗的腐敗；按照其前千禧時代論立場，勉勵信眾過敬虔聖潔的生活，好好等候主來。與此同時，紐曼（John Henry Newman, 1801～1890）透過有力的宣講和著述，批判當時教會的種種問題，更新改革英格蘭聖公會，由此掀起牛津運動（Oxford Movement）。此外，還有卜維廉（William Booth, 1829～1912）於 1878 年創立救世軍（The Salvation Army），以免費派餐等社會服務扶助貧病老弱，見證基督，組織迅速擴展至歐美各處。

至於北美，第二次大覺醒橫跨至這普世宣教時期，運動後期的領袖如畢察、查理芬尼等，對此時的教會影響深遠。踏進第三次大覺醒時代，北美的基教教會更加興旺發展；當中被譽為「講道王子」（Prince of Preachers）的司布真（Charles Spurgeon, 1834～1892），堅守聖經教導，反對自由神學，藉深具洞見的釋經宣講和著作，更新廣大信眾。被籲為十九世紀最偉大的佈道家的慕迪（Dwight L. Moody, 1837～1899），自1872年開始在英美各地主領大型奮興佈道會，激勵數以萬計信眾，即使非英語國家如瑞典等地也大受鼓舞，出現「慕迪熱潮」（Moody fever）。此外還有查普門（John Wilbur Chapman, 1859～1918）跟隨慕迪的事奉路線，於1893年開始到處主領奮興佈道會，足迹遍佈歐美各處，甚至遠達澳紐和亞洲。

在西歐瑞士、法國、荷蘭和德意志等地，有由昂佩塔（Henri-Louis Empaytaz, 1790～1853）、馬倫（César Malan, 1787～1864）、莫諾（Adolphe Monod, 1802～1856）等人合成的復興運動（Le Réveil），他們延續敬虔主義精神，特別是莫拉維弟兄會的委身理想，成為堅拒歐陸世俗理性主義，維護傳統福音立場的重要力量。因著這些奮興領袖的事奉和影響，北歐、中歐、澳紐等地的基督徒羣體也大得振奮，教會興旺。

慕迪《神祕力量》〈導言〉對事奉能力的見解

一個人有「熱誠卻無知識」，另一個人有知識卻無熱誠；若果我只能二選其一，我相信我會選擇前者。然而，沒有一個擁有並打開聖經的人，會無知於神的心意和目的。本書的目的是要幫助讀者認知真正力量的源頭，就是在作主工作事奉中，熱誠和知識都會同步加增。

因著先輩宣教士的事奉見證，加上眾奮興佈道家的勸勉激勵，愈來愈多信徒願意委身奉獻，投入宣教行列。當中較著名的，有歐洲大陸首位來華的宣教士郭實臘（Karl F. A. Gützlaff, 1803～1851），他於1826年來華，在中國沿海傳教，創立福漢會培訓華人傳道，其事奉帶動巴色、巴冕、巴陵會相繼來華。蘇格蘭探險家李文斯敦（David Livingstone, 1813～1873），1840年起程前赴非洲宣教，遊遍三分之一個非洲，從好望角到赤道，從大西洋到印度洋，繪製極有價值的地圖，為日後非洲宣教奠定基礎。華人教會熟悉的戴德生（James Hudson Taylor, 1832～1905），於 1853 年來華，1865 年創立中國內地會（China Inland Mission），成功將福音遍傳中國各地，為影響中國福音工作最重要宣教士之一。原為劍橋七子之一的施達德（Charles T. Studd, 1860～1931），於 1885 年加入中國內地會來華，後於 1910 年轉到非洲，創立非洲傳道之心會（the Heart of Africa Mission），將福音帶到非洲內陸各處。

普世宣教時期著名宣教士				
英文名稱	中文譯名	生死年份	所屬差會	宣教地域
Karl F. A. Gützlaff	郭實臘	1803～1851	-	中國
David Livingstone	李文斯敦	1813～1873	倫敦傳道會	非洲
J. Hudson Taylor	戴德生	1832～1905	中國內地會	中國
Charles T. Studd	施達德	1860～1931	非洲傳道之心會	非洲

3.4. 多元分散的教會

基督新教的興起，早在宗教改革時期已存在多元分立局面。除地域教派如信義宗、改革宗和聖公宗外，還有自由教會如信洗派、清教徒、浸信宗等。伴隨著科技工業、社會政治、哲學思潮等多元層面的轉變，加上信徒羣體對自由神學、海外宣教、屬靈奮興的相異反應，基督教會逐漸分裂成許許多多的宗派組織。她們有繼續持守改教先輩們奠下的宗派傳統，也有完全獨立分離、教義體制迥異的；由此組合而成今日多元分散的新教羣體。

3.4.1. 教派內部的分裂

這時期造成教派內部分裂的原因很多，有地域性、有教義性，也有制度性。在地域性分裂中，影響最廣泛的典型例子，是因解放黑奴問題而引發的美國南北內戰。當時美國南部盛行棉花業，此行業需求大量黑奴，惟卻能為當地民眾帶來豐厚利潤、促進經濟。自 1830 年開始，第二次大覺醒晚期的著名奮興家查理．芬尼，使成千上萬人悔改；在芬尼的大力呼籲下，許多人加入解放黑奴行列，指斥蓄奴行為有違信仰。此時反對黑奴的，是以美國北部信徒為主，需求大量黑奴的南部民眾對此本就甚有保留。1831 年維珍尼亞州一名黑奴屯拿（Nat Turner, 1800～1831）發起暴動，約五十七名白人被殺；使南部白人對解放圍繞他們身邊數以百萬計黑奴深感恐懼。與此同時，由迦利遜（William Lloyd Garrison, 1805～1879）創辦的週報《解放者》（*Liberator*），不斷以尖銳文筆猛烈抨擊奴隸制度，使南部民眾更為反感。日積不滿，1837 年整個南部的反奴隸組織遭到解散；為保安全，南部的反奴隸分子逃到北部；南部的教會領袖更嘗試以聖經經文支持奴隸制度。自此，美南、美北對解放黑奴的立場已變得非常對立。

面對教內日益激烈的分歧衝突，多個宗派均嘗試逃避不談論黑奴這難題；惟經過八年爭議，共佔南部信徒人數 94%的三大宗派均出現分裂。浸信宗方面，海外傳道部（Foreign Missions Board）原於 1839 年宣佈在奴隸問題上保持中立，意圖藉此避免教內分裂；惟美國浸信宗反奴役聯會（American Anti-Slavery Convention）於翌年成立，將問題帶出來公開討論，雙方衝突愈演愈烈；1845 年，由北部羣體控制的本土傳道部（Home Missions Board）和海外傳道部，相繼通過禁止奴隸主人擔任宣教士的議案。南部的浸信會非常憤怒，立即終止一切給聯會的奉獻，且於同年自組美南浸信會聯會（Southern Baptist Convention）；剩下的北部浸信會則維持原來的合作關係，並於 1907 年組合而成美北浸信會聯會（Northern Baptist Convention）。類似避無可避的情況，亦見於其餘兩大宗派循道宗和長老宗之中；前者終在 1844 年分裂為南部的監理會（Methodist Episcopal Church, South）和北部的美以美會（Methodist Episcopal Church），後者則在 1861 年分裂而成南部的美國聯邦長老會（Presbyterian Church in the Confederate States of America）和北部的美國長老會（Presbyterian Church, U.S.A.）。

教義性分裂方面，爭議的論題相當多元。例如美國的長老會，就在 1837 年分裂成舊學派（Old School）和新學派（New School）。前者堅守傳統加爾文神學，對大覺醒運動採保留態度，代表人物有格蘭（Ashbel Green, 1762～1848）和賀智

（Charles Hodge, 1797～1878），與普林斯頓神學院（Princeton Divinity School）密切聯繫。後者以開放態度重新詮釋加爾文思想，接納大覺醒帶來的復興，代表人物有泰萊（Nathaniel William Taylor, 1786～1858）和查理芬尼，以耶魯神學院（Yale Divinity School）為訓練基地。兩派分裂共二十年，到 1857 年才復合。另一例子是羅馬公教的內部分裂；因著種種歷史原因，公教內早於宗教改革期間已有羣體不滿教宗獨權，特別是在違背地方教會意願下任命主要聖職。於 1869 至 1870 年舉行的第一次梵蒂岡會議（First Vatican Council），強行通過教宗無謬論（Papal infallibility）；使這羣公教徒更感不滿，相繼脱離以教宗為首的羅馬公教，自組教會；他們自稱為古舊公教派（Old Catholic Church），遍佈歐洲各國。

這段期間浸信宗也出現分裂；正當自由神學和復興運動於全美各處流行，部分浸信宗羣體逐漸放下過往的傳統立場，開放接納其他宗派的思想和禮儀。1850 年代，格雷夫（James R. Graves, 1820～1893）等傳道者開始藉寫作和宣講，大力呼籲浸信宗羣體回歸「本源」；他們強調要堅守自視為古老的原則，拒絕任何妥協，由此產生所謂的「地界主義」（Lankmarkism）。地界主義原意是要抗拒世俗主義入侵教會，但卻走到自以為是、過分保守的極端；他們自許具有真正的使徒統緒，是真正的教會。地界主義者不單與其他新教宗派劃清界線，甚至連不認同他們的浸信會羣體也拒絕接納。按這原則，他們逐漸疏遠其他浸信會，包括早已成立的聯會；並自 1900 年開始於美國各州自組聯合組織，1905 年成立的浸信會總協會（General Association of Baptist Churches），標誌著地界主義浸信會的正式分離；此協會於 1924 年改名為美國浸信會協會（American Baptist Association）。

制度性分裂的原因，大部分是由於屬下羣體不想繼續受控而脱離當權機關，要藉此獲得羣體想望的自主和自由；過程可以和平演進，也可以激烈衝突。前者的典型例子是各地正教羣體的獨立；早在 451 年的迦克墩會議（Council of Chalcedon），已承認羅馬、君士坦丁堡、亞歷山太、安提阿和耶路撒冷五大牧首區（Patriarchate；或譯宗主教區、主教長區）並立，她們各自獨立、互不從屬。此後，有俄羅斯牧首區和塞浦路斯總主教區相繼獨立為自主教會（autocephalous）。在普世宣教時期，續有塞爾維亞、羅馬尼亞和希臘升格為自主的牧首區和總主教區（Archbishopric；或譯大主教區），可全權主理國內正教會事務，不受任何干涉。

至於衝突下的制度性分裂，典型例子是蘇格蘭自由長老會（Free Church of Scotland）的分離自立。自宗教改革中期，蘇格蘭一直以長老宗為地區宗教，稱為蘇格蘭長老會（Church of Scotland）；即使十七世紀初期遭併入以聖公宗為國教的英國聯邦，蘇格蘭的地區宗教依然維持不變。然而，英格蘭的聖公會素來以君主為教會最高領袖，有權管轄教會大小事宜；在同一君主的執政下，蘇格蘭政權也嘗試逐漸掌控教會。十九世紀查麥士等奮興家大力呼籲信眾持守信仰、忠心於主；經歷近十年的矛盾衝突，四百五十名牧者終在 1843 年分離出來，自組蘇格蘭自由長老會；他們拒絕政權的入侵，堅持教會屬靈自主，有全權處理教內如牧者任命等事宜，不受政權干預。順帶一提，因著管理層的傲慢心態和不成熟的宣教理念，這時期還有許多宣教士建立的海外教會，最終脫離母會、差會的例子；基督新教首位宣教士威廉克理，晚年也因差會新任總幹事的官僚政令，而選擇脫離自己一手創立的浸信會傳道會。

普世宣教時期的代表性教派內部分裂

分裂類別	分裂年份	國家	教派	相關組織	另一方組織
地域性分裂	1845	美國	浸信宗	美南浸信會聯會	美北浸信會聯會
	1844	美國	循道宗	監理會	美以美會
	1861	美國	長老宗	美國聯邦長老會	美國長老會
教義性分裂	1837	美國	長老宗	舊學派	新學派
	1870	普世	天主教	羅馬公教	古舊公教派
	1905	美國	浸信宗	美南浸信會聯會	浸信會總協會
制度性分裂	1833, 1872	普世	東正教	希臘總主教區	羅馬尼亞牧首區
	1843	蘇格蘭	長老宗	蘇格蘭長老會	蘇格蘭自由長老會

3.4.2. 新興教派的出現

除宗派內部的分裂外，此時還有一些羣體，完全脫離原有的宗派，甚至連教義、體制和禮儀也全面改變，由此產生全新的獨立教派。這些新興的教派中，最著名和影響最大的，有普利茅斯弟兄會（Plymouth Brethren）、救世軍和基督教宣道會（Christian and Missionary Alliance Church）；此外，中國基督教播道會（Evangelical Free Church of China）的根源也可追溯到這時期。

普利茅斯弟兄會起源自十九世紀初的英國，當時一羣追求敬虔的信徒，不滿於聖公宗國教過於世俗，認為她們偏離真道，遂於 1831 年於普利茅斯聚集，一起團契、查經、守餐，共同追求聖潔的生活。他們強調堅守聖經，強調前千禧年觀，反對形式主義與宗派主義，包括禮儀教會普遍實行的聖職制度。主要領袖包括達祕和牛頓（Benjamin W. Newton, 1807 ~ 1899）等；弟兄會很快擴散到全英各地，且伸延到歐洲大陸，惟也因領袖們的立場分歧而分裂成多個派系。弟兄會對華人教會影響甚大，早代華人教會領袖倪柝聲（1903 ~ 1972）建立的小羣教會（或稱「基督徒聚會所」），原則上是根據弟兄會的信念而建立；香港的平安福音堂，也是弟兄會與浸信會的結合。

救世軍在 1878 年創始於英國倫敦。創立人卜維廉原屬循道宗，1852 年成為傳道人，1865 年創立東倫敦基督教宣教會（East London Christian Misson）；1878 年卜維廉將組織改名為「救世軍」，並制定軍規條例，以傳揚福音和社會關懷為立會宗旨，透過幫助窮乏困苦者，來「將這些沒有崇拜習慣的人帶到福音之下」。神學教義上，救世軍與傳統福音派相近，抱持亞米紐斯主義思想，卻拒絕任何聖禮。相比一般新教羣體，救世軍的最大特色是其軍階制度，有軍隊般的軍徽、軍旗和軍禮；他們以軍團而非堂會為聚會基礎，當中有國際總部領導各國事工，每個國家均設軍區總部作為指揮中心，且有區總部領導各城市工作，於社區敬拜服事的羣體則稱為部隊。二十世紀初，救世軍開始在中國各地提供服務。

基督教宣道會創辦人為宣信（Albert B. Simpson, 1843 ~ 1919），他原屬蘇格蘭長老會；因著個人特殊的成聖經歷，他於 1881 年辭別事奉多年的長老會，在美國各處開始不同福音事工，出版宣教書籍，建立宣教士訓練學院，成立信心治療之家等。1887 年，他成立基督徒聯盟（Christian Alliance），團結力量推展北美傳道及醫治工作；隨後又創立福音主義宣教聯盟（Evangelical Missionary Alliance），藉出版刊物及成立組織推動普世宣教，該聯盟於 1889 年改組成為國際宣教聯盟（International Missionary Alliance）。1897 年，基督徒聯盟與國際宣教聯盟合併，由此產生今日的宣道會；這時期的宣道會只是一個差傳組織，惟當她們於各地包括中國和香港建立教會，就逐漸形成獨立的宗派。

中國基督教播道會的歷史始於十九世紀北歐一帶，當時這些國家以信義宗為國教，屬靈比較低落。於是一些熱心追求信仰的人，開始在家中查經，生命得著復興。十九世紀後期，一些受復興影響的北歐信徒移居北美；他們周遊各地傳道，引領多人歸主。1884 年，范嵐生（Fredrik Franson, 1852 ～ 1908）等來自瑞典移民羣體的教會領袖召開會議，決定自組瑞典自由福音教會（Swedish Evangelical Free Church）；隨後，來自挪威和丹麥的移民羣體，亦於 1912 年共同建立挪威丹麥自由福音教會協會（Norwegian-Danish Evangelical Free Church Association）。差派宣教士來華創立中國基督教播道會的美國自由福音教會（Evangelical Free Church of America），乃是 1950 年由上述兩個來自北歐移民的自由福音教會合併而成。

宗派	普利茅斯弟兄會	救世軍	基督教宣道會	中國基督教播道會
創立者	達祕	卜維廉	宣信	范嵐生
開創年份	1831	1878	1897	1950
創始地域	英國普利茅斯	英國倫敦	美國	美國
主要特色	強調堅守聖經 信前千禧年觀 反對宗派主義	採用軍階制度 拒絕任何聖禮 注重社會關懷	追求離罪成聖 相信全人醫治 致力廣傳福音	主張政教分離 堂會自主自治 堅持聖經無誤

除正統宗派外，此時還興起多個被正統教會視為極端或異端的教派組織，當中有四個較為著名。1830 年由斯密約瑟（Joseph Smith, 1805 ～ 1844）創立的摩門教（Mormons），此教往時全名「耶穌基督末世聖徒教會」，現改稱「耶穌

基督後期聖徒教會」(The Church of Jesus Christ of Latter-Day Saints);她們除聖經以外,還接受《摩門經》、《教義與聖約》、《無價珍珠》等書籍為權威。威廉米勒(William Miller, 1781～1849)創立的安息日會,起始於1830年提出,提出有關基督將於1844年再臨的預言;預言失敗後,跟隨者分別於1860年和1863年組合而成復臨基督教會(Advent Christian Church)和基督復臨安息日會(Seventh-Day Adventists),他們認為基督徒要守安息日,並特定舊約的律法規條。瑪麗艾娣(Mary Baker Eddy, 1821～1910)於1879年創立的基督徒科學會(Christian Science),以《科學與真理為開啟聖經之鑰》(*Science and Truth with Key to the Scripture*)為權威,他們認為靈與物是對立的,心靈是真實,物質是假象,受苦、疾病和死亡都屬錯誤的思想;耶穌只是科學治療師的典範而已。至於拉塞爾(Charles T. Russell, 1852～1916)於1884年創立的耶和華見證人會(Jehovah's Witnesses),又名「守望台聖經書社」;立場跟初期教會的亞流主義(Arianism)相近,認為耶穌基督只是首先被造的受造存在,不是完全的神,其神性與自有永有的耶和華有別;除此以外,他們還相信基督即將復臨,信徒要專注信仰,避免參與世事。

教派	摩門教	安息日會	基督徒科學會	耶和華見證人會
創立者	斯密約瑟	威廉米勒	瑪麗艾娣	拉塞爾
開創年份	1830	1860, 1863	1879	1884
主要特色	聖經外另有權威 摩門教是真教會 人人皆可成為神	基督即將再降臨 信徒要守安息日 信徒仍要守律法	靈魂與身體對立 物質經驗屬誤解 耶穌只是治療師	基督乃首先被造 基督與真神有別 要避免參與世事

理性與敬虔的平衡考慮

在普世宣教時期,正當神學家們努力在無神哲學的挑戰下,嘗試以理性學術解釋基督信仰;一批又一批的奮興佈道家卻起來呼籲信眾悔改委身,一代又一代宣教士也相繼起來承擔福音使命。前者經常批評後者迷信,後者卻指斥前者不信。與之類同，現代基督徒有兩種常見極端：有事事講求理性，部分甚至會大力指斥他人神學錯謬，但生命卻毫無敬虔特質；也有事事講求敬虔，每時每刻追求自信是從神而來的啟示，卻常常顯得違反理性常識。究竟理性與敬虔是否必然互相排斥、不能共融？筆者得在此指出，任何偏側一方的表現都存在問題，容易帶來危機。不幸這兩極走向的情況，在兩約聖經、教會歷史和現代基督徒羣體中，皆隨處可見。

一、有理性缺敬虔的例子：在新約時代的哥林多教會中，正有一批自命具有神學知識的信徒，聲稱神只有一位，偶像算不得甚麼（林前八 4），於是就隨意食祭偶像之物；使徒保羅卻提醒他們「知識是叫人自高自大，惟有愛心能造就人」（林前八 1）。宗教改革前的羅馬公教，教廷不斷警告信眾要驚懼神的憤怒和審判，惟主教聖品上下卻腐敗不堪，淫亂敗壞、聖職賣買、玩弄權力、濫售贖罪券等情況處處皆是。一次筆者到一堂會講道，當天有弟兄分享自己公司來了一位新上司，當初聽聞對方為基督徒，非常開心；惟當上司上任僅短短數月，差不多所有同事即發現他手段卑劣、欺壓下屬，這位弟兄反覺得有這樣一位上司為基督徒的恥辱。今時今日，虛有基督徒名義，滿口宗教術語，行事為人卻與信仰相違的，又何止千百？撫心自問，我們自己又會否有時是其中之一？

二、有敬虔缺理性的例子：在加拉太書，使徒保羅形容自己信主以前的狀況，是「在猶太教中，比我本國許多同歲的人更有長進，為我祖宗的遺傳更加熱心」；然而，他的長進和熱心，卻是展現在「極力逼迫殘害神的教會」這錯謬行動之上（加一 13～14）。中世紀羅馬教廷大肆宣傳神的憤怒，誇大煉獄的痛苦，卻同時推出以贖罪券減免刑罰的教理，要藉此獲取不義之財；惟此時卻有大批無知信眾，甘願傾盡家財購買贖罪券，以為這是真誠信仰的表現。時至今日，敬虔地努力踐行錯謬信仰的，絕不鮮見；多年前香港就有女學生手持聖經跳樓，有信眾飲雙氧水祈求病得醫治；新冠疫症肆虐，筆者早前就收過信息，聲稱疫苗乃魔鬼的六六六印記，呼籲信徒不要接種。以上種種只是比較明顯的錯謬，較細微卻廣泛流行於華人教會的偏差，其實非常之多，究竟我們能否正確分辨？

哲學家康德強調沒有內容的思想是空洞的，沒有概念的直觀是盲目的；同理，理性與敬虔是要平衡兼顧的；基督徒的信仰追求，沒有敬虔是虛假無益的，沒有理性則容易變得迷信。那麼，基督徒如何能同時兼顧理性與敬虔，避免偏側一方？茲有以下七項建議，當中首四項屬理性層面，要幫助建立堅實的信仰；後三項則屬敬虔層面，有助培養屬靈生命。

一、認真研讀聖經：聖經是神向人啟示的媒介，信徒可從中體會神的心意。雖然教會羣體對個別經文意思可有不同領受，但真理總能愈辯愈明；基督徒要認真研讀，避免以偏概全或斷章取義，這是正確理解信仰、避免迷信的基礎。

二、掌握教會歷史：兩約聖經、解經原則、主要教義都是在教會歷史裏訂定，惟有掌握教會歷史才能中肯評價各所謂信仰權威的位置，妥加取捨。中世紀信徒就是忽略歷史，誤以為羅馬主教自古已具信仰權威，才長久遭到誤導。

三、開放聆聽意見：異端邪教吸納新人的常見手法，是隔絕誤入教者的對外聯繫；她們或有頻密的聚會，或誘導新人勿與人分享教內經歷，以免被勸離去。避免信仰偏差的其中一個重要參考，是聆聽屬靈前輩、良師益友的意見。

四、對比不同傳統：就筆者所見，受偏差思想迷惑的信徒，身邊往往圍繞著抱持類同信念的朋輩，如此就難達至互相提醒、彼此補足的功效。對比歷代教會的不同宗派傳統，可大大擴闊個人視野，避免受自身所處的傳統限制。

五、頭腦進到內心：這就是將信仰從頭腦領進內心的過程；這過程不能催迫，只能透過用心反覆思想、確切踐行、真實經歷來不斷深化。就如學習游泳、駕駛汽車，若不放膽跳進水中，手執軚盤前行，總不能真正成為一己所長。

六、禱告與神親近：信仰追求的，不是一堆神學知識，而是又真又活的三一神。就如男女相戀，不能單靠查找對方的個人資料，如學歷、住址、職位等來產生，必須二人好好相處；同樣，禱告親近神是培養敬虔心態必不可少的。

七、經常檢視反省：身處世俗洪流的基督徒，很容易因世務纏身而迷失；觀察歷代屬靈偉人如摩西、大衛、彼得等，不也有失腳跌倒的時刻嗎？因此經常檢視反省個人所言所行非常重要，遇有做得不妥就當立即悔改，尋求改善。

溫習及思考問題

1. 「普世宣教時期」的標記為何？當中涉及甚麼教外的衝擊與教內的困擾？

   標記：______

   教外衝擊：______

   ______

   教內困擾：______

   ______

2. 科學發明和工業生產，對這時期的教會發展有何正面和反面的影響？

   正面影響：______

   ______

   反面影響：______

   ______

3. 美國獨立戰爭和法國大革命，對下列國家或地區帶來甚麼影響？

   a. 神聖羅馬帝國：______

   ______

   b. 普魯士：______

   ______

   c. 南美：______

   ______

   d. 希臘：______

   ______

   e. 荷蘭：______

   ______

4. 哲學發展是一個持續演變的過程，後來者往往受前人所啟發。試扼要講述下列哲學家如何影響後來者？

   a. 康德對黑格爾的影響：______

   ______

b. 黑格爾對達爾文的影響：

c. 黑格爾對馬克思的影響：

d. 達爾文對馬克思的影響：

e. 馬克思對尼采的影響：

5. 威登堡的大學教授在 1651 年發表了如何實踐大使命的聯合聲明，這聲明有哪三個重點？這三項重點如何影響主流教會在威廉克理以前的宣教實踐？

a. 要點一：

b. 要點二：

c. 要點三：

聲明的影響：

6. 試扼要講述下列奮興家的貢獻？

a. 紐　曼：

b. 司布真：

c. 慕　迪：

d. 查普門：

7. 試扼要講述下列奮興家的貢獻和影響？

a. 查麥士：

b. 達　祕：

c.　卜維廉：______________________________

____

8. 在眾多質疑神存在的聲音中，為何祁克果可以獨倡神的超越，主張實存地經歷神？這對你有何提醒？

____

____

9. 教會須持守真理，避免受世俗主義所入侵；但過分堅持，卻容易像地界主義那樣，變得自以為是、過分保守。你認為在開放與堅持之間當如何平衡？有何原則？

____

____

10. 要宗教完全自由，就無可避免地會出現異端？你認為信仰自由與清除異端哪樣重要？何解？

____

____

進深閱讀書目

苗柏斯：《克理威廉：近代宣教之父》。徐成德譯。香港：大使命基督徒團契，1995。

提摩太．耶茨：《基督教擴展故事》。馮紹聰譯。香港：宗教教育中心，2012。

Blocher, J. A. and J. Blandenier. *The Evangelization of the World: A History of Christian Mission*. Translated by M. Parker. Pasadena: William Carey Library, 2013.

Gilley, S., and B. Stanley, eds. *World Christianities, c. 1815 ～ 1914*. Cambridge: Cambridge University Press, 2006.

Knight, F. *The Church in the Nineteenth Century*. London: I.B. Tauris, 2008.

第四章

本色整固時期

「本色整固時期」是指 1914 年第一次世界大戰正式爆發至今的百多年歷史。經歷兩次的世界大戰，並隨之而來歐美西方與共產國家的長久冷戰，此時全球各國不論在意識形態或民眾追求上，均出現巨大轉變。從前世界日益美好的樂觀思想不再，軍事、政治、經濟成為國家強弱的指標，自由、民主取代宗教敬虔成為大部分民眾致力追求的方向，基督信仰也愈發被邊緣化。與此同時，普世宣教運動已開展愈百年，隨著眾多宣教士的不斷努力，世界各地、不同種族的教會持續增長，且逐步變得成熟，有足夠的信眾人數、財富資源、牧者領袖、神學培訓、宗教著作等，可以本色化地自主發展；普世的基督宗教由此變得更多元化、更地域化。隨之而來，教內不同羣體的張力日益突顯，如自由神學與基要主義、福音派與靈恩派、白人教會與黑人羣體等，為能在這日趨世俗化的世界有效見證基督，此時又出現普世合一的追求，以團結力量應對時代的挑戰。綜合而言，「挑戰不絕」可以說是這時代的標記；當中涉及的挑戰，社會上有科技工業的飛躍發展，國際政局的風雲變遷，地緣政治的時刻更替；思想上有共產思想的無神哲學，後現代的相對主義，高舉人權的解放心態；教會內則有對靈恩運動的對立見解，神學派系的混亂爭議，及異端邪說的到處湧現等。

4.1. 社會環境的巨變

在前一世紀的基礎上，人類於二十世紀在科學研究、工業生產、社會體制上均有飛躍發展。有研究指出，這世紀的科學發現和技術發明，比過去十九個世紀加起來還要多出好幾倍。兩次世界大戰使深受戰禍影響的傳統歐洲強國變得貧乏，相反遠離戰亂中心的美國和蘇聯卻一躍而成世界霸主；冷戰時期西方民主國家與共產獨裁政權的角力，並伊斯蘭勢力及第三世界國家的冒起，都影響著國際間的平衡互動。

4.1.1. 科研技術的飛躍

在上世紀的基礎上，這時期的科技和工業發展均可謂空前快速、突飛猛進；特別是最近三十年，轉變之急、影響之大更是前人無法想像。在眾多科技突破中，較值得關注的有石油化工；雖然十九世紀已有廣泛的石油開採，但此時的石油主要只用作油燈的燃料。隨著鑽探提煉技術的持續提升，石油才被廣泛應用；由此製成的產品眾多，除普遍認知的汽油、煤油、柴油、潤滑油外，還有煤氣、石油氣、石蠟、瀝青等。此外，許多化學用品如沐浴乳、清潔劑、油漆、染料、肥料、殺蟲劑、化學纖維等，都需要從石油中提取所需的化合物。因著石油價值逐漸獲得肯定，產油國從此變得富裕。與石油這類能源相關的是核子物理學（Nuclear Physics）的研究；早於 1905 年愛恩斯坦（Albert Einstein, 1879 ~ 1955）已提出質能方程式（mass-energy equivalence, $E=mc^2$），小小的質量可以轉化成巨大的能量。在這理論基礎上，核衰變（nuclear decay）、核分裂（nuclear fusion）和核融合（nuclear fission）的研究相繼出現突破性發展，由此人類對輻射、核能的應用均得以大幅提升；1945 年先後墜落日本廣島和長崎的原子彈，威力震驚全球各國，擁有核武也從此成為軍事強國的象徵。

這時期改變人類生活的另一重大科技突破，在於半導體（semiconductor），特別是矽（Silicon）的發現和使用。基於半導體的特性，科學家先後發明許多核心的電子零件，包括利林費爾德（Julius Edgar Lilenfeld, 1882 ~ 1963）於 1925 年製成的電晶體（transistor）、基爾比（Jack Clair Kilby, 1923 ~ 2005）於 1959 年開發的集成電路（integrated circuits），以及多國工程師於 1971 年聯合設計而成的微處理器（microprocessor）；這些發明大大縮小各種電子產品的體積，對促進科技普及化有不可抹殺的貢獻。最後不能不提的，是近期生物科技（biotechnology）的成就；自 1950 年代科學家發現去氧核糖核酸（deoxyribonucleic acid，簡稱 DNA）的結構以來，生物科技出現革命性的發展，例如利用基因移殖技術為一些遺傳性疾病帶來治療，以基因改造方法改善食物品質；近年新冠疫症肆虐，變種病毒的鑑別也是生物科技的研究成果。

本色整固時期主要科技發明		
類別	主要研發物質	主要製成產品／技術發展
石油化工	石油	汽油、柴油、潤滑油、石蠟、瀝青、清潔劑、染料
核子物理學	核子	核衰變、核分裂、核融合
電子科技	半導體	電晶體、集成電路、微處理器
生物科技	去氧核糖核酸	基因鑑別、基因移殖、基因重組、基因改造

科技上的發展必然帶來工業上的進步。許多石油化工的產物均早已成為民生的必需用品，核能發電解決了許多地域電力不足的問題，基因改造食品也早已充斥市場；然而對普羅大眾來說，最直接感受得到的生活改變是電子產品的流行。當中電視可說是上半世紀最具代表性的發明；電視科技最早可追溯到德國尼普科（Paul Gottlieb Nipkow, 1860～1940）於 1884 年發明的尼普科掃描圓盤，這是史上首次出現傳輸圖像的可行方案；惟真正的電視卻是由英國的貝德（John Logie Baird, 1888～1946）所製成，他於 1925 年首次進行發射和接收的公開實驗，翌年英國《泰晤士報》（*The Times*）宣告電視機的誕生。早期的電視機質素欠佳，影像暗淡模糊；惟隨著電視節目收發技術不斷改良，到 1940 年代電視已在西方先進國家普及。此後，電視科技不斷演進，1954 年彩色電視成功試播，1962 年開始出現衛星轉播，1982 年走進數碼電視年代；雖然在現今年輕一代眼中，電視的地位已大不如前，但其在大眾娛樂和資訊傳播的角色仍不容忽視。

相比電視，對現代人類生活影響更大的無疑是電腦。最早的電腦可追溯到 1946 年，由毛克萊（John Mauchly, 1907～1980）和埃盖特（John Presper Eckert, 1919～1995）領導小組所設計和製造的電子數據整合及計算機（The Electonic Numerical Integrator And Computer，簡稱 ENIAC）；這台電腦非常龐大，佔據幾個房間，重量達三十公噸，要二、三十人同時操作。隨著集成電路和微處理器相繼出現，電腦體積才大幅縮小，且日見普及。到 1972 年，首部個人電腦才真正面世；惟獲消費者普及採用的，卻是 1977 年的 Apple II，此產品很快便被 1981 年面世的 IBM PC 所取代，成為家居、學校、辦公室廣泛採用的標準；能稍為與之競爭的，是 1984 年推出的 Apple Macintosh。隨著科技發展，電腦的性能不斷提高，體積大幅縮減，價格持續下跌，成為現代人工作、溝通、娛樂的必需品。

與電腦相連的是手提電話。世上首部手提電話乃於 1973 年由米切爾（John Francis Mitchell, 1928 ～ 2009）和庫珀（Martin Cooper, 1928 ～）所設計和製造，重達二公斤。惟公開為民眾使用，卻始於 1979 年；這時期的第一代手提電話採用模擬技術，重約一公斤，且費用高昂。到 1991 年，第二代採用數碼技術的手提電話面世，除體積和重量大幅減少外，費用也持續下降，這才逐漸廣為普羅大眾使用。到 2000 年代中期，結合電腦和手提電話功能的智能電話（smartphone）開始普及，大大改變了人類的生活習性。最後必須一提的，是由柏內茲里（Timothy J. Berners-Lee, 1955 ～）於 1989 年創設的互聯網（internet）；隨著電腦和智能電話的普及，互聯網很快便成為人類社交通訊、資料搜尋、娛樂消費不可或缺的渠道，對人際往來、社會民生、教育資訊、潮流文化、民眾運動等均影響甚大。

本色整固時期主要工業發明			
年份	發明者	中譯名	發明品
1925	John Logie Baird	貝德	電視
1946	John Mauchly, J. Presper Eckert	毛克萊、埃蓋特	電腦
1973	John Francis Mitchell, Martin Cooper	米切爾、庫珀	手提電話
1989	Timothy J. Berners-Lee	柏內茲里	互聯網

4.1.2. 世界局勢的巨變

這段時期最令人震撼的，無疑是兩次世界大戰。第一次世界大戰乃於 1914 年正式爆發，事件起因相當複雜，包括斯拉夫和日耳曼兩大民族的對立，西方國際間的集體防禦結盟，以及貿易保護主義下的資源競爭等。而觸發點是奧匈帝國皇儲費迪南（Franz Ferdinand, 1863～1914）夫婦，在波斯尼亞的薩拉熱窩（Sarajeva）視察時，遭塞爾維亞極端民族主義分子刺殺；奧匈帝國向塞爾維亞發出通牒要求懲處肇事者，得知對方不允時，就向其正式宣戰。基於民族主義與同盟關係，歐洲列強於數週內紛紛加入戰爭。當中同盟國有德國、奧匈帝國、鄂圖曼帝國和保加利亞，協約國則以英國、法國、俄羅斯、塞爾維亞為主要代表；1917 年美國船隻遭德國潛艇擊沉，美國隨即加入協約國向德宣戰。此時，兩大聯盟進行軍備競賽，且分多條戰線進行激烈抗爭。雖然協約國的俄羅斯在 1917 年因國內革命而退出戰爭，但同盟國的保加利亞、鄂圖曼帝國和奧匈帝國也先後於 1918 年下旬因國內困擾而宣告停戰，剩下的德國最終也被迫在是年 11 月簽署停戰協議，國皇威廉二世（Wilhelm II，在位於 1888～1918）退位流亡。第一次世界大戰造成歐洲巨大破壞，近一千萬士兵、八百萬民眾身亡，傷者超過二千萬。

在美國、英國、法國和意大利的主導下，西方列強於 1919 至 1920 年間舉行巴黎和會（Paris Peace Conference），期間通過〈凡爾賽條約〉（Treaty of Versailles），同盟國要賠償巨款，德國領土被削減，海外殖民地被迫全部放棄，軍隊數量也被限制在十萬以內。條約使同盟國尤其是德國經濟崩潰，導致惡性通貨膨脹；加上 1929 年美國「華爾街風暴」（Wall Street Crash）造成金融危機，全球出現大蕭條。雖然巴黎和會通過建立國際聯盟（League of Nations），西方列強意圖藉此解決國際糾紛、維護和平；惟戰後各國矛盾持續惡化，加上經濟困局使列強不顧一切地搶奪資源，國際聯盟到 1930 年代已形同虛設、功能盡失。在列強爭奪資源之際，被稱為「法西斯主義」（Fascism）的政治信念開始抬頭；此主義認為可透過任何手段來獲取成功，包括紀律嚴明、堅定意志地控制學校、宗教、報章、科學等，甚至施加殘酷逼迫也在所不惜，要藉此帶領國家走出經濟衰敗的困局。當中最著名抱持這信念的，是意大利墨索里尼（Benito Mussolini, 1883～1945）的法西斯黨，以及德國希特勒（Adolf Hitler, 1889～1945）的納粹黨。

在通貨膨脹、高失業率的經濟困境下，乘著德國人民對巴黎和會所施加苛刻條款的強烈不滿，希特勒於 1934 年以救國者姿態獲取政權，且開始連串報復行動。他單方面廢除〈凡爾賽條約〉的規限，積極擴張軍力，且於 1936 年與同樣野心勃勃的意大利和日本結盟組成軸心國。二次大戰正式爆發前，軸心國已四出侵略鄰國，先後有意大利入侵東非埃塞俄比亞帝國，德國支持獨裁者佛朗哥（Francisco Franco, 1892 ～ 1975）奪取西班牙政權，日本以七七盧溝橋事件為借口入侵中國。連串入侵行動，西方列強都只口頭反對，未見採取任何實質回應，使得軸心國的擴張更加肆無忌憚；1938 至 1939 年初，德國先後佔領奧地利和捷克斯洛伐克等地。直到 1939 年 9 月德國進一步入侵波蘭，英國和法國才在忍無可忍的情況下組成同盟國向德宣戰，由此觸發第二次世界大戰正式爆發。

縱使一眾英聯邦國家紛紛加入同盟國抗戰，德國還繼續在 1940 年入侵丹麥、挪威、比利時和荷蘭，不久更擊敗法國而控制之。此時，意大利也往地中海方向擴張，先後入侵馬爾他、埃及等地；日本也加強對中國的封鎖，軍事進駐法屬印度支那多個基地，即今日越南（Vietnam）、寮國（Laos）、柬埔寨（Cambodia）一帶。礙於形勢，匈牙利、羅馬利亞和斯洛伐克相繼於 1940 年末加入軸心國。隨著歐洲大部分地區落入法西斯統治之下，英國成為此時歐洲少數仍能頑抗的軍事實力；軸心國的侵略行動，迫使受襲國的軍隊作出反抗，紛紛加入同盟國；當中包括比利時、荷蘭、挪威、南斯拉夫、希臘、墨西哥、巴西、埃塞俄比亞等，惟這些國家都軍力較弱。雖然同盟軍一直處於劣勢，但此時還贏得多場勝仗，使戰況拉鋸，減慢軸心國野心擴張的速度。

改變戰況的轉捩點在於 1941 年。原來軸心國與蘇聯早已私訂協議，各自侵略鄰國；按此，蘇聯趁亂吞併了愛沙尼亞（Estonia）、拉脫維亞和立陶宛等國家；惟被勝利沖昏頭腦的軸心國在是年 6 月決定撕毀協議，要聯合入侵蘇聯，由此爆發史上最大的地面軍事衝突。另一邊廂，遠在大西洋彼岸的美國，因國民普遍反戰緣故而未有加入同盟國，只在背後提供軍事支援；1941 年 12 日日本偷襲珍珠港美國海軍基地，迫使美國向軸心國宣戰。雖然中日戰爭早在 1937 年經已爆發，但中國一直只是孤軍作戰，到珍珠港事件後才正式加入同盟國，在緬甸戰場與英軍並肩作戰。蘇聯、美國和中國相繼加入，大大加強同盟國的實力，軸心國也從是年開始屢嘗敗戰，節節後退。隨著意大利於 1943 年 9 月戰敗投降，墨索里尼垮台；1945 年 4 至 5 月間同盟軍攻入柏林，希特勒自殺，德國投降；同年 8 月，美國先後在日本廣島和長崎投下原子彈，日本投降；大戰到此可謂告一段落。二次大戰造成的破壞比一戰更甚，逾二千萬士兵、四千萬民眾身亡，傷病者、被姦者無法估計。

戰爭雖結束，但影響卻深遠。第一，戰事勝敗造成國際地位的轉移，軸心國被迫接受同盟國的懲處，德國更被英、美、法、蘇四國瓜分；因著西方陣營與共產陣營的對立，前三國的佔領區後來合併成西德，而蘇聯的佔領區則組合成東德。第二，為化解日後的國際糾紛和軍事危機，聯合國於 1945 年 10 月宣告成立，以五個同盟國核心成員，就是中、英、美、法、蘇為常任理事國，主導日後的國際秩序。第三，大戰使傳統歐洲列強傷亡慘重、國土破損、經濟下滑，相反位處兩旁、損失輕微的美國和蘇聯，地位卻因此大大提升，成為惟一可彼此匹敵的兩大超級強國；為抗衡不斷擴散的共產主義，歐美國家於 1949 年組成北大西洋公約組織聯手防禦，以蘇聯為首的共產國家則於 1955 年組成華沙公約組織抗衡，由此產生長久的冷戰局面。第四，隨著歐洲列強國力減弱，原來被佔領於亞、非各地的殖民地相繼獨立，例如非洲就在 1950 至 1980 年間，有超過四十個國家相繼獨立。

大戰	第一次世界大戰		第二次世界大戰	
年期	1914～1918		1939～1945	
陣營	同盟國	協約國	軸心國	同盟國
主要國家	德國 奧匈帝國 鄂圖曼帝國 保加利亞	英國 法國 俄羅斯 塞爾維亞	德國 意大利 日本	英國 蘇聯 美國 中國
戰爭結果	戰敗	戰勝	戰敗	戰勝
死亡數目	士兵：約 900 萬；民眾：約 1200 萬		士兵：約 1900 萬；民眾：約 3800 萬	
國際組織	國際聯盟		聯合國	

此後尚有不少國際形勢的大事，例如 1947 年印度和巴基斯坦的獨立，1948 年以色列的復國，1949 年中華人民共和國的立國，1950 至 1953 年的兩韓戰爭，1955 至 1975 年的南北越戰爭，1980 至 1988 年的兩伊戰爭，1991 年的蘇聯解體等。惟這些都只屬地區性轉變，雖然部分也影響深遠廣大，但許多實質都是第二次世界大戰後的餘波，是其巨大影響的延續。

4.2. 多元包容的追求

因著基督信仰在這時期經已擴散到不同文化、不同處境的地土，各地教會面對的挑戰和衝擊也迥異，故很難一概而論。例如巴黎和會期間西方列強將德國在山東的權益轉歸日本，原由西教士創立的中國教會就要思考如何應對五四運動後國內的反西方潮流；二次大戰前夕希特拉要求教會擁護納粹黨的執政，德國教會就要面對如何取捨的掙扎；殖民體系瓦解後，拉丁美洲多國出現壓制人民的獨裁政權，教會當支持執政者還是與民眾同行？這些事件皆深深影響相關地區的教會發展，惟在別的國家卻較難體會。由於篇幅有限，本書只能概述較具普世特質的思潮轉變與回應取態；因著地區影響力及教會成熟度的緣故，這些思想理念多源自歐美西方。

4.2.1. 不斷批判的哲學

隨著教會被邊緣化，宗教信仰已不再是這時期西方哲學的主要針對對象；延續啟蒙運動反權威的意識形態，二十世紀的哲學家們開始將矛頭指向社會權威，批判種種傳統的權威信念。

出生於奧地利猶太人家庭的佛洛伊德（Sigmund Freud, 1856～1939）是現代心理學鼻祖，晚年因逃避納粹德軍迫害而移居英國。他早年發現人在幼年時遭受性侵犯的經歷，是後來患上強迫性神經症和歇斯底里症的重要因由；由此發展出潛意識的研究。他認為人格可分成三個主要部分：「本我」代表內心慾望，是由潛意識控制；「自我」專責決定現實的踐行方案，是用意識作出協調；而「超我」代表道德判斷，包含社會規範和內心良知的考量。佛洛伊德認為宗教雖在人類歷史上曾發揮積極角色，但已被科學所取代；他跟隨馬克思和尼采的路向，視神為人類自創的幻覺，一切宗教經歷實質都只是心理作用，並不真實。

德國哲學家胡塞爾（Edmund Husserl, 1859～1938）是當代現象學的代表人物，晚年亦曾因其猶太裔身分而遭納粹德軍壓迫。平常人都相信自己所經驗的世界為真實，但真的如此嗎？胡塞爾透過對現象產生的反思，批判時人這種對事物本質的理解。他強調每個人感知事物的方式和角度都不盡相同，就如十字架在基督徒眼中會體認為神聖標記，在羅馬兵丁看來是恥辱刑具，而古代華人則有機會視之為木柴。由此可見，物件在自我心中顯現的模樣並非單純的現實；人所感知的事物，不過是人們生活習慣所形塑的印象而已。要還原事物的真正本質，就必須對呈現在意識中的現象做深切的內省，排除一切先入為主的信念。

曾受教於胡塞爾的海德格（Martin Heidegger, 1889～1976），卻進深批判傳統理解事物的根源，嘗試運用現象學的方法於對人存在的理解之上。海德格認為傳統的哲學忽略了真正存在的本質，錯誤地將「存在的東西」當成「存在」本身。他強調人本身其實是一個自我呈現的過程，只有通過對人存在的理解，才能真正理解「存在」；就如將十字架視為神聖標記、恥辱刑具或生火木柴，最重要的關鍵其實是人本身。所以，哲學思考的焦點不是要還原事物，而是要分析人的存在，他如何在生活中、在世界裏呈現自己？海德格且認為，只有當人意識到死亡臨近時，才會在憂慮與不安中，真正領悟自我的實況，體會存在的真諦。

出生於巴黎的存在主義哲學家沙特（Jean-Paul Sartre, 1905～1980），也曾經受業於胡塞爾門下，並延續海德格的哲學路線，是個不折不扣的無神論者。沙特強調人是「存在先於本質」，這與人造的物品是截然不同的向度。一般而言，當人要造一件物品，不論是房屋、枱椅、汽車等，都是先有概念才做出成品，是先有物品的本質才有其存在；相反，人卻是先有個人的存在，才在後天慢慢形塑其本質。他強調個人所擁有的種種特質，都是人按自由意志抉擇的結果；換言之，人的本質是自己創造的產物，與上帝存在與否無關。人所要追求的是突破自我，超越他人眼中現在的自己，成為更美好的形態。

在個人本質乃後天自我創造的前提下，哲學界開始出現沒有所謂正常人格的思考，如此就為後現代主義提供理論基礎。當中關注流浪漢、精神病者、同性戀者等社會邊緣人士的精神病理學家傅柯（Michel Foucault, 1926～1984），就透過探討知識與權力間的關係，提出社會上存在著理性對所謂非理性的壓制。他認為現世的真正權力擁有者是「社會關係」，這種關係是由政權、家庭、學校、朋輩等等各方面相互影響下而衍生，其權力雖隱晦難見，卻存在於社會與人際間各層面；自啟蒙運動開始，理性便取代宗教而成為主宰是非對錯的權力核心，是排除異己的暴君。傅柯卻指出，精神病者、同性戀者這些邊緣人士，本身並無錯謬；問題關鍵只是偏離了當權的「社會關係」，要正視的不是邊緣人士，而是理性這權力暴君施加的規範。

延續傅柯的後現代取態，同樣出生於法國的德希達（Jacques Derrida, 1930～2004）也對昔日的社會權威和哲學方法提出批判。他指出傳統哲學一直要求以準確清晰的用詞思考和表達意念，且抱持善惡、對錯、真假、生死的二元對立，認為前者必定優於後者；他反問是否事事都必須如此？他認為語言可以有多重含意，文本可以有直述、詩詞、符號、暗喻、反諷等不同理解；作者原意並不重要，重要的是讀者在當前處境下的理解為何。同樣哲學也可以如同藝術一樣，沒有標準固定的意涵，哲學和文學實質並沒有明確的界線。他稱這種消解傳統要求明確清晰、二元對立框架的行動為「解構」。傅柯和德希達的見解，雖受不少哲學家所抨擊，卻為許多現代青少年人所信納。

本色整固時期主要哲學家

英文名稱	中文譯名	生死年份	對傳統的挑戰
Sigmund Freud	佛洛伊德	1856～1939	以人類的潛意識批判傳統對人格的理解
Edmund Husserl	胡塞爾	1859～1938	以人類的主觀性批判傳統對事物的理解
Martin Heidegger	海德格	1889～1976	以人的呈現過程批判傳統對存在的理解
Jean-Paul Sartre	沙特	1905～1980	以人自我創造批判本質先於存在的信念
Michel Foucault	傅柯	1926～1984	以社會權力關係批判對邊緣人士的貶抑
Jacques Derrida	德希達	1930～2004	以文本意義多重性批判明確表述的哲學

4.2.2. 本色多元的回應

因著科研技術的飛躍，社會急速發展，教會所面對的信仰與倫理挑戰也日益繁多，如貧富懸殊加劇、地球氣候暖化、基因改造倫理、傳媒潮流文化、網絡扭曲資訊等。兩次世界大戰及隨後的冷戰、獨立、戰爭等餘波，使昔日認為世界會愈來愈理想的無千禧年或後千禧年末世觀漸失支持；相反，認為現世會日益叛逆敗壞、戰爭災難增多的前千禧年觀則愈發普及。接連挑戰傳統信念的哲學思潮，迫使神學家們忙加應對，以使基督信仰更能與時代接軌，更能為廣大民眾所信納。

不難想像，二十世紀初許多神學家都選擇延續早期士萊馬赫、立敕爾、哈納克的路線，以合乎外界期望的方式，重新詮釋基督信仰。當中德國神學家兼新約學者布特曼（Rudolf Bultmann, 1884～1976），提出以非神話化的方式來詮釋聖經，由此掀起後世追尋歷史耶穌的熱潮。布特曼主張的非神話化，並非如部分極端學者那樣將聖經中的神話移除，只保留非神話部分，特別是耶穌的道德教訓。布特曼所倡議的非神話化，是透過文化轉換的方法重新理解聖經神話，藉此明白昔日人類面對自我、生存、信仰、未來的想望和理解。其目的是要將基督信仰與時人認為過時的超自然世界分別開來，藉以達到護教的效果。

美籍德國神學家田立克（Paul Tillich, 1896～1965），是另一位跟隨自由主義路線的著名學者。他融合士萊馬赫的唯心化神學、佛洛依德的心理分析，並胡塞爾和海德格的現象學反思，意圖使基督信仰與時代文化接軌。跟傳統講述準確的神學論述不同，田立克以神學為符號標記，能在人心中浮現不同層面的意義。他且強調神學思想永遠是一個進程，沒有最終不變的神學、如此才能使人避免墮入拜偶像的陷阱；因為若果人以為自己已準確找到神，就會將個人所信的變成偶像。他認為真正的神是終極的，就是其著述中所稱的「終極關懷」；這種終極關懷既包含關懷的態度，也指向終極的實體。

要數二十世紀最具影響力的神學家，當首推擺脫自由主義迷思，重新高舉啟示權威的新正統神學家巴特（Karl Barth, 1886～1968）。他嚴厲批判自由神學將信仰與文化、神與人混為一談的宗教理念，認為有限的人絕對不能跟超然的神相提並論；他又批判哈納克、布特曼等人的歷史批判法，認為他們根本忽視了聖經的啟示權威。巴特注重神的超越性，並在基督裏的啟示；與時人從受造世界推論神學的方向相反，他堅持神學思考必須植根於神在基督裏的自顯，這是歷代教會信仰的基礎。神學的任務，不是力圖與世俗文化接軌，而是幫助教會檢視自身對啟示的理解，並隨時加以修正。神的啟示不容挑戰，人只能不斷藉聖靈的光照揣摩認識、順服接受。

巴特對後世神學發展的影響相當巨大，自他以後許多著名神學家都對自由主義抱持懷疑態度，重新高舉啟示的權威；他們的神學關注雖各有不同，但都明確擺脫昔日將信仰給文化妥協的弊病。當中包括美國神學家賴荷尼布爾（Reinhold Niebuhr, 1892 ～ 1971），他按照聖經反思當如何在這不道德的墮落社會中實踐信仰，由此建立一套以公義作為基督徒回應社會問題的實踐理論。賴荷的弟弟李察尼布爾（Richard Niebuhr, 1894 ～ 1962），同樣關注基督徒在社會中的信仰踐行，他歸納出基督與文化的五種可能關係，呼籲以基督信仰改造社會文化。因反抗納粹德軍而殉道的潘霍華（Dietrich Bonhoeffer, 1906 ～ 1945），可說是最廣為近代華人教會熟悉的神學家。他譴斥思想自由的親納粹德國教會，冒險擔任認信教會的領袖，並開設地下神學院；其生命和著作都在激勵信徒要毫不妥協地堅守信仰，過著與神親近、彼此相顧、追隨基督的生活。蘇格蘭的多倫斯（Thomas F. Torrance, 1913 ～ 2007）是巴特的得意弟子。他批判當時教會許多時將神學與科學二分，強調真正的科學客觀性，不是從研究對象抽離開來，而是要與之聯合；神學反思必須建基於與神和好的關係，讓神在基督裏的自我啟示更新改變我們固有的思想，如此神學教義才能變得整合。德國神學家潘寧博（Wolfhart Pannenberg, 1928 ～ 2014）也曾受教於巴特門下；跟自由主義貶抑聖經歷史的取向相反，潘寧博非常重視歷史的真實性，特別是耶穌在世時的傳道、教訓、死亡和復活，這些歷史事實不單能助人真正認識神兒子的救贖身分，且預示著終末神的顯現。

在自由神學與新正統神學以外，二十世紀中後期又出現多個回應時代環境需要的神學見解。當中德國神學家莫特曼（Jürgen Moltmann, 1926 ～ 2024），年輕時曾在二次大戰期間被派到前線作戰，多次經歷死裏逃生；德國戰敗後被囚在戰俘營三年。1948 年返回德國後，他開始修讀神學，四年後獲得博士學位，先後在教會牧養及在不同大學任教。因應個人所經歷和體會二次大戰戰敗後德國民眾的痛苦與絕望，他提出盼望神學，並強調上帝被釘十架的意義。耶穌被釘十架表示神主動與受苦的世人認同，此舉不單是愛的彰顯，且能藉著復活將終末的應許賜下，為現世帶來盼望，這盼望可成為信徒應對苦難的力量。

本色整固時期主要神學家／神學派系			
神學取向	神學派系	神學家	主要特點
自由神學		布特曼	提出以非神話化的方式來詮釋聖經
		田立克	以「終極關懷」表達人的信仰追求
新正統神學		巴特	高舉神的超越性和在基督裏的啟示
		賴荷尼布爾	反思在缺德的墮落社會中實踐信仰
		李察尼布爾	探討基督教與社會文化的應有關係
		潘霍華	以生命和著作激勵信徒要堅守信仰
		多倫斯	神學反思須建基於與神和好的關係
		潘寧博	強調歷史事實在信仰追求的重要性
回應處境	盼望神學	莫特曼	注重神受苦與復活盼望的今日意義
	解放神學	薛君度、古鐵雷斯	強調從受壓者的角度理解基督信仰
	婦解神學	盧瑟、蕾亞、弗蘿倫莎	要從女性角度思考神學和理解聖經

二次大戰後非洲國家的相繼獨立，很大程度是當地民眾努力爭取的成果，要從西方列強的統治中解放出來；這種解放思想傳到南美，卻出現多元而豐富的變化。南美各國同樣曾為歐洲列強的殖民地，雖然普遍在十九世紀初已宣告獨立，但在不平等的貿易條件下，經濟上一直受到剝削而無法自立；作為南美地區宗教的天主教會，因著與歐洲列強的親密關係，對社會剝削視若無睹。1960 年

代末在拉丁美洲興起的解放神學（Liberation Theology），正是要回應這處境；他們強調從受壓者的角度理解基督信仰，認為教會當肩負解放使命，與受壓者同行。代表性神學家有烏拉圭的薛君度（Juan Luis Segundo, 1925～1996）和祕魯的古鐵雷斯（Gustavo Gutiérrez, 1928～）；此運動在南韓發展成民眾神學（Minjung Theology）。

解放神學強調要解放不同種類的受壓者，當中不單包括政治、種族和經濟，還涉及性別，如此就衍生要求解放婦女的婦解神學（Feminist Theology）。婦解神學同樣起源於 1960 年代末，與西方的婦女解放運動要求男女平等緊密結連。婦解神學認為千百年來，基督教的神學研究和聖經詮釋一直由男性主導，教會的領導角色也主要由男性擔任；他們強調要抗衡這種男尊女卑的偏差，要求從女性角度去思考神學和理解聖經，避免使用反映男性權力體制的用語。當中較著名的有盧瑟（Letty M. Russell, 1929～2007）、蕾亞（Rosemary R. Ruether, 1936～2022）和弗蘿倫莎（Elisabeth S. Fiorenza, 1938～），惟她們的婦女解放取向也存在相當差異。

4.3. 百花齊放的見解

面對生活環境急速變遷，國際形勢時刻幻變，世俗思潮不斷衝擊，各地基督教會所面對的挑戰既巨大又多元。由於各宗派、各地域的神學傳統與應對環境甚具差異，教會羣體在二十世紀出現百花齊放的現象，彼此有相當迥異的發展。惟在普世大環境的驅使下，也有一些較大規模的教會運動和較主流的發展趨勢，可以在此簡要論述。

4.3.1. 宣教佈道的轉移

原來的普世宣教運動，是西方歐美國家差派宣教士，到第三世界國家傳揚福音的大規模行動。然而，啟蒙運動後西方受到日益嚴峻無神哲學和世俗思潮的衝擊，民眾對宗教信仰的熱心漸漸減少，歐洲教會更持續萎縮；加上亞洲、非洲多處地區的教會隨歸信的年日不斷茁壯成長，人力資源也日漸豐富；普世宣教的力量在二十世紀末開始出現轉移。第三世界教會的宣教力量漸顯重要，亞裔、非裔宣教士與白人同工伙拍事奉變成常態；與此同時，因著歐洲教會低落，這時還有不少亞、非裔宣教士嘗試返回這些地區宣教。

早一代的宣教領袖，經常強調所謂的「10/40 之窗」；所指的是北緯十至四十度的北非、中東和亞洲地帶，呼籲要將宣教力量集中於此。背後有五個主要原因：(1) 人口密集：全球近三分之二人口居於此細小的範圍內，分佈在八千多個族羣當中；(2) 未聞福音：內中有 95%人口為非基督徒，逾 60%族羣完全未有福音傳入；(3) 全球最窮：範圍內超過 80%人口屬世上最窮乏的羣體，長期處於困苦邊緣；(4) 異教繁多：基督宗教以外的三大主流宗教，包括穆斯林、佛教和印度教，大多數皆聚居於此；(5) 堅實壁壘：窗內六十多個國家，絕大部分不容許宣教士進入，限制和攔阻人民歸信基督。

然而隨著時代轉變，這傳統對 10/40 之窗的理解，到二十世紀末已有很大修訂空間。自從文化大革命結束，中國教會獲准合法聚會，國內不論三自或家庭教會人數均快速增長，部分農村更出現信耶穌的熱潮；在 1980 至 2000 年這二十年間，中國成為全球基督徒人數增長最快的國家，是否仍可稱之為未聞福音之地？中國在鄧小平的領導下於 1978 年推行改革開放，經濟起飛，至今已成為世界第二大經濟體。與此同時，印度經濟也快速增長，這兩個世界人口最多的國家，連同俄羅斯和巴西，合稱「金磚四國」，反映其發展速度之快；如此仍可稱這窗範圍是全球最窮的嗎？近年中國內地教會更出現「傳回耶路撒冷運動」，主張由華人接棒將福音繼續向西傳揚，沿絲綢之路經印度 (India)、中東等地傳返耶路撒冷；雖然這運動所聲稱的聖經原則和歷史根據偏差錯謬，卻充分反映全球宣教形勢的轉移。如今 10/40 之窗的策略已較少在宣教圈子中受到重視。

10/40之窗包含國家及地區			
Afghanistan	阿富汗	Laos	寮國
Algeria	阿爾及利亞	Lebanon	黎巴嫩
Bahrain	巴林	Libya	利比亞
Bangladesh	孟加拉	Mali	馬里
Benin	貝南	Malta	馬爾他
Bhutan	不丹	Mauritania	毛里塔尼亞
Burkina Faso	布基納法索	Morocco	摩洛哥
Cambodia	柬埔寨	Myanmar	緬甸
Chad	乍得	Nepal	尼泊爾
China	中國	Niger	尼日爾
Cyprus	塞浦路斯	Oman	阿曼
Djibouti	吉布地	Pakistan	巴基斯坦
Egypt	埃及	Qatar	卡塔爾
Eritrea	厄立特里亞	Saudi Arabia	沙特阿拉伯
Ethiopia	埃塞俄比亞	Senegal	塞內加爾
Gambia	岡比亞	Sudan	蘇丹
Guinea	幾內亞	Syria	敍利亞
Guinea-Bissau	幾內亞比索	Taiwan	台灣
India	印度	Tajikistan	塔吉克
Iran	伊朗	Thailand	泰國
Iraq	伊拉克	Tunisia	突尼西亞
Israel	以色列	Turkey	土耳其
Japan	日本	Turkmenistan	土庫曼
Jordan	約旦	United Arab Emirates	阿聯酋
Korea (North)	北韓	Vietnam	越南
Korea (South)	南韓	Western Sahara	西撒哈拉
Kuwait	科威特	Yemen	也門

跟十九世紀慕迪和查普門等奮興佈道家不同，這時期已不再有能夠橫掃全球的明星級奮興家、主要原因是各地社會文化、地區需要、宗派理念均相當分歧多元，沒有任何長居異地的講員能為各處教會帶來令廣大信眾振奮的適時信息。因此，愈來愈多地區宗派或堂會自行舉辦培靈奮興聚會；偶然也有全地區性的，如香港的「港九培靈研經大會」，講員多選自本族、本區、本宗的牧者和學者，以期帶出最能回應當地聽眾當刻需要的奮興信息。雖然在佈道事工上，也有葛培理（Billy Graham, 1918～2018）和包樂（Luis Palau, 1934～2021）等著名佈道家於全球各地往來，舉辦大型佈道會，但都僅限基本的福音信息而已，且必須與當地教會配搭合作。有時，地區性的佈道家如中國的宋尚節、印尼的唐崇榮等，對所屬羣體和地域的教會，還能帶來更大的佈道果效。

> 「福音派」的信仰立場，1974 年洛桑世界宣教會議的信約可說是其概要歸納：傳福音就是將福音傳揚出來。這福音是照經上所記：耶穌為我們的罪而死，從死裏復活，掌權的主使我們的罪得赦，而且將釋放我們的聖靈賜給所有悔改相信的人。我們基督徒在世上的存在對於福音佈道是必須的，與非信徒對話也是必須的。因為要了解他們，我們就必須傾聽他們。但傳福音本身是傳揚聖經所記載的歷史裏基督是救主和主，勸導人們親自信靠主，並且與神和好。我們發出福音的邀請時，不能向人隱瞞作門徒的代價。基督依然在呼召所有跟隨祂的人要捨己，背起十字架，與教會認同。福音佈道的結果包括順服基督、融入教會和在世上負責地服事。

4.3.2. 信仰追求的轉變

世界急速轉變，哲學挑戰嚴峻，神學立場多元，各地宗派林立，使這時期信徒羣體的信仰追求變得百花齊放。當中有延續普利茅斯弟兄會的敬虔路向，抱持基要主義的神學立場，以拒絕世俗誘惑、共同追求聖潔為目標；二十世紀初由倪柝聲創立的小羣教會，及王明道的基督徒聚會所，皆屬此路向的典型例子。有延續救世軍的社會關懷精神，以自由主義神學為基礎，努力協助貧苦大眾，為受壓迫者爭取公義；以非暴力方式為黑人民權爭取的馬丁路德金（Martin Luther King, 1929～1968），中國教會領袖的趙紫宸、吳雷川等，都是其中的佼佼者。在基要派和自由派之間，這時期還出現一羣立場介乎兩者之間的福音派羣體；她們主張努力傳揚福音、領人歸主，堅守基督代贖、聖經權威、因信稱義等教義，拒絕來自教內或教外的極端思想。前述在世界各地廣開佈道會，呼籲聽眾決志歸主的葛培理和包樂，可說是這立場的代表性人物。

無可否認，二十世紀影響最廣泛、最為人關注的信仰追求，是一波接一波的靈恩運動（Charismatic Movement）。此運動特別強調聖靈的臨在和經歷，追求方言、醫治、先知宣講等神蹟性恩賜；當中大致可分為三波，雖然有學者聲稱還有第四波、第五波，但這些嚴格來說都只是第三波的餘波。第一波起始於二十世紀初；學界對準確發生時地沒有共識，惟較多認同可追溯到被譽為「靈恩之父」的柏含（Charles Parham, 1873 ～ 1929）。他於 1900 年在美國堪薩斯州托皮卡市（Topeka, Kansas）開辦伯特利聖經學院（Bethel Bible College），並將靈洗與方言結合，鼓勵學員積極追求；1901 年元旦，該學院一名學生奧斯文（Agnes Ozman, 1870 ～ 1937），經禱告後說出方言，是為靈恩運動開始的重要里程碑。此後，有曾為柏含學生的黑人傳道西默（William J. Seymour, 1870 ～ 1922），於 1906 年將追求靈洗方言的信念帶到洛杉磯艾蘇薩街（Azusa Street）的聚會裏；說方言的現象普遍臨到聚會眾人，歷時長達三年之久。正當西默在洛杉磯黑人羣體中工作，另一位五旬節運動的先驅竇依（John A. Dowie, 1847 ～ 1907），則在芝加哥白人羣體中以神蹟治病帶動靈恩追求，每星期前來聚會求醫者數以千計。兩處事件雖惹來爭議和嘲諷，但同時也吸引多人前來學效，將靈恩運動擴展各地；由此興起神召會和五旬節聖潔會（Pentacostal Holiness Church）等宗派組織。

第二波靈恩運動發生在二十世紀中葉。隨著第一波領袖相繼離世，靈恩運動開始沉寂；惟當新一代魅力領袖出現，運動又再次興起。這一波的主要領袖，有威爾斯的傑弗斯（George Jeffreys, 1889 ～ 1962），他透過宣講聚會和神蹟治病吸引大批信眾，成立英國最大靈恩團體之一的四方福音會，強調耶穌基督是救贖主、施洗者、醫治者、再來君王。同在英國的紀當奴（Donald H. F. Gee, 1891 ～ 1966），他主張靈恩教會要克制狂熱的宗教表現，努力與主流教會協調融合，被譽為「五旬節派君子」。此外還有庇利斯（David J. Du Plessis,

1905 ～ 1987），他先後在南非和美國領導靈恩羣體，曾任五旬宗世界議會（Pentecostal World Conference）總幹事，積極推動全球靈恩羣體的團結，並與羅馬公教和傳統新教宗派展開對話。

相對於前兩波，第三波靈恩運動的爆發經過比較清晰。運動可追溯自溫約翰（John Wimber, 1934 ～ 1997）於 1977 年在美國南加州興起的基督徒葡萄園團契（Vineyard Christian Fellowship），會眾廣泛經歷聖靈充滿後人數激增。受著溫約翰的啟發，富勒神學院（Fuller Theological Seminary）教會增長教授魏格納（C. Peter Wagner, 1930 ～ 2016）於 1982 年開辦「神蹟與教會增長課程」，將葡萄園團契信念引進課堂；課程雖因備受批評而於 1985 年被禁，惟學員卻將相關精神四處傳播，加上溫約翰和魏格納積極到世界各地主領研習班，使這波運動擴展全球。與第一波注重靈洗方言及第二波重視神蹟醫治不同，第三波以權能佈道為主要特色，強調要靠著神的大能與這邪惡的世界展開屬靈爭戰。

三波靈恩運動概要				
靈恩運動	核心年代	運動別名	主要領袖	強調重點
第一波	1900 ～ 1920	古典五旬節運動	柏含、西默、竇依	靈洗方言
第二波	1950 ～ 1970	靈恩更新運動	傑弗斯、紀當奴、庇利斯	神蹟醫治
第三波	1980 ～ 2000	神蹟奇事運動	溫約翰、魏格納	權能佈道

雖然在五旬宗、靈恩派羣體眼中，靈恩運動是神在二十世紀使用的復興教會作為，但因著當中一些令人費解的狂熱表達，薄弱偏差的聖經解讀，並對傳統宗派的貶抑態度，靈恩運動所到之處，除吸引接受的信眾跟隨，同時也往往惹來不接受羣體的不滿，導致教內的對立與撕裂。

4.4. 異同張力的掙扎

持續的宗派分裂造成資源分散和內耗損傷，各地教會的力量更顯薄弱；世俗思潮與無神哲學的接連衝擊，基督宗教在現代世界愈見邊緣化。為強化信徒羣體、團結能力資源、對外同心見證、加強社會參與，基督教會在二十世紀出現逆轉先前不斷分裂的取向，努力尋求聯合，由此產生所謂的「普世合一運動」（Ecumenical Movement）。然而與此同時，在福音各國遍傳、靈恩運動爭議、個人主義流行和後現代自由思想的環境下，這時期又出現許多地區性的新興教派，部分信仰純正，也有部分教義偏差。

4.4.1. 團結合一的努力

有關普世合一運動的源起，可謂眾說紛紜；有指源自基督新教，有指羅馬公教，有指東方正教，更有指二十世紀初中華基督教會的成立，是引發合一浪潮的誘因。無論如何，合一運動是時代環境所驅使，各教共同開放和努力，當屬最根本的因由。

普世合一運動涉及許多不同重點，當中可大略歸納為六類。首先是青年事工和宗教教育的聯合。從事這類事工的先驅多為超宗派的領袖或組織，年輕一代宗派歧見普遍不強，故較易協調聯合。青年事工方面，較具代表性的歷史發展，是 1844 年於倫敦成立的基督教青年會（Young Men's Christian Association, YMCA），該會現已遍佈全球一百二十個國家，服務對象數以千萬計。此後還有多個類似的跨宗派國際組織相繼興起，當中包括始於 1855 年的基督教女青年會（Young Women's Christian Association, YWCA），和 1895 年的世界學生基督徒聯盟（World Student Christian Federation）。宗教教育方面，是創立於 1907 年的世界主日學協會（World's Sunday School Association），此協會於 1947 年改名為世界基督教教育協進會（World Council of Christian Education）。

其次是宣教事工的合作。宣教士在海外工場勢孤力弱，惟有宗派及差會間互相合作才能有效善用資源；宗派主義有損宣教成果，彼此合作的需要日增。1910 年於蘇格蘭愛丁堡（Edinburgh）舉行世界宣教會議（World Missionary Conference），可說是跨宗派聯合推動宣教的里程碑；雖然此次會議只有新教的主要宗派參與，出席者且絕大多數來自西方歐美國家，但卻為日後的普世宣教事工奠下重要基礎。1921 年於紐約成立的國際宣教協進會（International Missionary

Council），以及後來於 1948 年聯合組成總部設於瑞士日內瓦的世界基督教協進會（World Council of Churches, WCC），皆為這次宣教會議的延伸發展。2010 年，世界宣教會議再次在愛丁堡召開，以作為先前會議的百週年紀念活動，是次會議雲集世界各地公教、正教和新教的宣教領袖，比前次更具代表性。

在世俗思潮橫流、基督信仰日益被邊緣化的二十世紀，教會羣體愈來愈體會到團結才有力量，特別在涉及社會大眾的議題上，個別堂會或宗派的聲音可以微小得全被忽視；如此就產生了第三個聯合的需求，就是在社會服務和倫理道德的議題上團結合力。1846 年創建於英國倫敦的福音聯盟（Evangelical Alliance），是首個以此為目標的聯合性組織，其成立宗旨是要向政府官員、傳播媒體和社會大眾傳達福音信仰，為教會羣體發聲；此聯盟今已改名為世界福音聯盟（World Evangelical Alliance），成員包括一百二十九個國家的聯會組織，代表信眾超過六億。此外，還有許多相關的國際性和地區性會議及組織，1925 年於瑞典斯德哥爾摩舉行，探討第一次世界大戰後基督徒社會參與的普世基督徒生活與事工會議（Universal Christian Conference of Life and Work），即為一例。

當合作增加，宗派羣體間原有在歷史與教義上的衝突就需要協調；此時的基本取向是求同存異，以互相包容的態度盡量消解往昔的裂痕。這就出現第四類合一的努力，嘗試糾正過往的敵對立場，在神學教義上尋求共識。為協調各宗派羣體在信仰教義上的差異，各國教會領袖先後在 1927 年和 1937 年，分別在瑞士洛桑（Lausanne）和蘇格蘭愛丁堡舉行世界信仰與教制會議（World Conference on Faith and Order），期間通過連串共同聲明，成為合一的信仰基礎。在這尋求復和的氛圍下，羅馬公教在 1964 年的第二次梵蒂岡會議(Second Vatican Council)上，發表〈恢復合一〉（*Unitatis Redintegratio*）諭令，放棄過往視正教和新教為異端的觀點，改以分離的弟兄（*fratres seiunctos*）相稱；會議末時公教與正教且共同撤銷 1054 年大分裂時期給對方的絕罰咒詛，使東西方教會可以重歸和好。

與此同時，教會羣體愈來愈感覺到需要有良好的相交關係，作為彼此配搭的基礎和支持；如此產生第五類合一的追求，就是普世性團契組織的成立。基於神學教義立場的緣故，這些國際性團契聯合皆以相同宗派為本。當中最具規模的，有源流可追溯到 1875 年的世界改革宗教會同盟（World Communion of Reformed Churches），此同盟乃於 2010 年合併自世界改革宗教會聯盟（World Alliance of Reformed Churches）和普世改革宗協進會（Reformed Ecumenical Council）。此外，還有 1881 年於英國倫敦成立的世界循道衞理宗協進會（World Methodist Council），始於 1905 年的世界浸信宗聯盟（Baptist World Alliance），1947 年的世界信義宗聯合會（Lutheran World Federation），以及 1988 年的世界神召會團契（World Assemblies of God Fellowship）。

普世合一運動的六類主要發展		
聯合類別	**聯合目的**	**重要里呈碑/代表性例子**
青年事工 與宗教教育	集合資源以 強化事工發展	1844 年基督教青年會 1855 年基督教女青年會 1947 年世界基督教教育協進會
社會見證 與宣教事工	集合資源以 提升宣教成果	1910 年世界宣教會議 1921 年國際宣教協進會 1948 年世界基督教協進會
社會服務 與倫理道德	團結力量以 爭取社會關注	1846 年福音聯盟 1925 年普世基督徒生活與事工會議
關係復和 與神學教義	尋求和建立彼 此合作的基礎	1927 及 1937 年世界信仰與教制會議 1964 年第二次梵蒂岡會議
成立普世 性團契組織	培養彼此配搭 的基礎和支持	1875 年世界改革宗教會同盟 1905 年世界浸信宗聯盟 1947 年世界信義宗聯合會
教會組織 架構上合一	破除屏障壁壘 成為單一羣體	1918 年中華基督教會合併成立 1929 年蘇格蘭長老會再次合一

最後一類且是最終極的合一體驗，無疑是宗派組織破除原有體制上的屏障壁壘，真實合併為單一教會羣體。當然，這種合併絕非一蹴即至，事前往往要經過

神學教義的協調，團契關係的提升，且有強烈的誘因在背後推動，這些誘因包括在社會中作出見證，及集合教會資源推動事工等。典型例子是因抗拒世俗權柄入侵教會而於 1843 年分裂出來的蘇格蘭自由長老會，於 1900 年與蘇格蘭聯合長老會（United Presbyterian Church of Scotland）合併而成蘇格蘭聯合自由長老會（United Free Church of Scotland），後者再於 1929 年與原來的蘇格蘭長老會重歸於一。另一例子是源流可追溯到 1918 年的中華基督教會，此時中國民族意識高漲，對西方列強的不滿日增，華人教會領袖深感本色化的需要，遂提出脫離西方差會，主張自養、自治、自傳的發展方針；當時合併的有長老會、倫敦會、公理會和同寅會等。

4.4.2. 新興教派的湧現

在許多主要宗派均努力尋求合一的同時，也有不少為要維護自身立場而表現抗拒的信徒羣體；這些反對合一的羣體來源相當廣泛，可見於公教、正教和新教不同宗派。例如在歐美的改革宗和長老宗不斷合併的同時，自 1810 年已分裂開來的金巴倫長老會（Cumberland Presbyterian Church）就一直獨立存在，香港的金巴倫長老會也同樣未有併入中華基督教會之中。同樣，當來自英國的循道公會（Methodist Church in Great Britian）和美國的衛理公會（United Methodist Church），於 1975 年結合而成香港基督教循道衛理聯合教會（The Methodist Church, Hong Kong）時，早在 1860 年已分離開來的自由循理會（Free Methodist Church）也未有加入，至今仍繼續以循理會香港議會（Hong Kong Conference of the Free Methodist Church）之名獨立運作。

論到二十世紀的新興教派，最具代表性的當數三波靈恩運動所促成的相關宗派；正如其他新教羣體，這些五旬宗教會也有不少內部分裂，由此產生許多各自獨立的宗派組織。例如美國就分有神召會總議會（Assemblies of God, General Council）、國際五旬節神召會（Internation Pentecostal Assemblies）、五旬節聖潔會、五旬節火洗聖潔會（Pentecostal Fire-baptized Holiness Church）、聯合五旬節教會（United Pentecostal Church）、五旬節基督教會（Pentacostal Church of

Christ）、美國五旬節神召教會（Pentacostal Church of God of America）、國際四方福音會（International Church of the Foursquare Gospel）等等。同樣，香港也分有神召事工有限公司、神召會香港區總議會、竹園區神召會、香港五旬節聖潔會、港九五旬節會、九龍五旬節會、基督教中華完備救恩會等不同組織。

因著普世宣教運動後，各地教會已逐漸邁向成熟，有能力脱離西方差會獨立發展；這時期新興教派的另一主要來源，正是不同地區的本色化教會羣體。當中較著名的，有趙鏞基於 1958 年創立，會眾逾八十萬的韓國汝矣島純福音教會；以及康希於 1989 年創辦，聚會人數超過三萬的新加坡城市豐收教會。在香港，較為人屬悉、二十世紀才成立的本地宗派，有中華基督教會、香港宣教會、基督教港九潮人生命堂、東方基督教會、中華便以利會、伯特利教會、靈光堂、中華傳道會、基督教靈糧世界佈道會、基督教中國佈道會、基督教樂道會、平安福音堂、中華錫安傳道會等。不容忽略，現今代表國內基督徒羣體的半官方組織中國基督教三自愛國運動委員會，採用自養、自治、自傳政策，完全獨立於任何外國教會，原則上也是一種本色化新興組織，1954 年才正式成立。

二十世紀的新興教派		
產生類別	**創立地區**	**代表性例子**
拒絕合一的原有宗派	美國	金巴倫長老會、自由循理會
	香港	金巴倫長老會、循理會香港議會
靈恩運動促成的宗派	美國	神召會總議會、聯合五旬節教會、國際四方福音會
	香港	神召事工、神召會香港區總議會、香港五旬節聖潔會
不同地區的本色教會	韓國	汝矣島純福音教會
	新加坡	城市豐收教會
	香港	基督教港九潮人生命堂、中華傳道會、平安福音堂
	中國	三自愛國運動委員會

除上述以外，二十世紀還出現不少普遍被正統教會視為異端的新興教派；這些教派多興起於基督信仰廣獲市民大眾接納的時間和地點，如深受大覺醒影響的北美、二十世紀下半葉的韓國，以及改革開放後的中國。來自北美的典型例子，有大衛貝克（David Berg, 1919 ～ 1994）於 1968 年在美國創立的神的兒女（Children of God），此組織又名神愛之家（Family of Love），主張為愛的緣故可做任何事情，包括男女信眾的性交結合，即使通姦、亂倫也是對神美好的獻身。受到十八世紀末的復原運動（Restoration Movement）和路卡斯（Chuck Lucas，活躍於 1967 ～ 1985）的十字路運動（Crossroads Movement）所影響，麥堅（Kip McKean, 1954 ～）於 1979 年引發的國際基督教會（International Churches of Christ），堅持除信心外，得救還需要滿足順服、悔改和受浸等條件。

源自韓國，較著名的有文鮮明（1920 ～ 2012）於 1954 年創立的世界基督教統一神靈協會（The Holy Spirit Association for the Unification of World Christianity），該會又名「世界和平統一家庭聯合會」（Family Federation for World Peace and Unification）；他們以文鮮明夫婦為真父母，主張沒有妻子兒女的耶穌只拯救了靈魂，未能帶來肉身的救贖；信徒要透過與真父母性交結合，才能完全與神聯繫，達至神人一家的理想境界。至於鄭明析（1945 ～）於 1978 年創立的基督教福音宣教會（Chritian Gospel Mission），又名「攝理教」（Providence Church）或「耶穌晨星會」（Jesus Morning Star）；他們將人類歷史分為三個時代：舊約、新約和成約，成約時代的救贖是最完滿的，當中的救主就是鄭明析本人，得救是要順從他的教導，按其旨意行事。

自從改革開放後，中國教會急速發展，異端羣體也如雨後春筍般不斷湧現。惟最為人熟悉的，當數約始於 1990 年傳教方式進取的全能神教會；此教歷來有許多名稱，包括東方閃電、七靈派、二次救主派、新能力主教會、真光派、真道派等。他們同樣抱持三個時代的教義，分別名為律法時代、恩典時代和國度時代，各二千年；每個時代神的靈都以不同身分降臨，律法和恩典時代來臨的是耶和華與耶穌，而國度時代則是女基督，也就是全能神；他們聲稱神的啟示是漸進的，因此全能神的話語比一切聖經啟示更權威、更完全；得救是要全然順服全能神的權柄，她來到是要以話語審判、以能力征服全人類。除此以外，中國內地還有許多大小不同的異端，如三班僕人、被立王、冷水教、靈靈教、哭重生派、主神教、道成肉身等；部分已遭取締，部分仍然活躍。

二十世紀被廣泛視為異端的新興教派			
地區	代表性教派	創立人	創立年份
北美	神的兒女（神愛之家）	大衛貝克	1968
	國際基督教會	麥堅	1979
韓國	世界基督教統一神靈協會（世界和平統一家庭聯合會）	文鮮明	1954
	基督教福音宣教會（攝理教、耶穌晨星會）	鄭明析	1978
中國	全能神教會（東方閃電、七靈派、二次救主派）	趙維山	約 1990
	三班僕人	徐聖光	約 1990
	被立王	吳揚明	1988
	靈靈教	華雪和	1989

持守與包容的取捨原則

在十八、十九世紀，許多教會因神學教義或處事立場的差異而分裂；到二十世紀，卻因資源運用和社會見證等因素而尋求合一。然而即或到今時今日，基督宗教在社會上已嚴重被邊緣化，普世合一運動已有相當發展，仍然有不少宗派羣體對合一抱持抗拒態度，新興教派且不斷湧現。究竟持守自身立場與彼此包容合一之間，當如何取捨？以下有數個從歷史經驗累積而得的基本思考原則，供讀者參考。

一、分清真理與見解的分界：新約時期，猶太人堅守自身的律法傳統，規限嚴守安息日和種種飲食規條；結果連主耶穌在安息日治病也遭譴斥，彼得寧願抗拒神的召喚也不敢宰吃走獸。宗教改革期間，羅馬公教為固守自身傳統立場，堅持教宗至上和種種偏差教義；結果將多位改革先鋒迫害至死，將持守聖經真道的新教判為異端。就是在基督新教內，改革宗也因自身對嬰兒水禮的見解而殘害信洗派，聖公宗因維護君主權威和國教地位而向清教徒施加壓迫，加爾文主義者甚至在多特會議將亞米紐斯主義判為異端。從前的施壓者原以為是為維護真理而努力，但歷史卻證明這些努力只是維護自身見解。在堅持信仰立場之時，必須要妥善區分聖經真理與個人見解；若為堅持後者而抗拒合一，就不是合乎基督信仰的選擇。

二、分清主要與次要的教義：無可否認，因著對經文的不同詮釋，同屬正統的教會羣體也可以有頗為迥異的神學教義。例如信義宗的馬丁路德抱持同質說，認為基督的身體和寶血，真實地臨在於聖餐的餅和酒當中，他更因此堅拒與改革宗抱持記念說的慈運理組成同盟。信洗派領袖格列伯（Conrad Grebel，約 1498～1526）和滿慈（Felix Mantz，卒於 1527），原來都是慈運理在蘇黎世推動改革的助手，只因對嬰兒水禮的立場分歧而反目成仇。循道運動的約翰衛斯理和懷特腓德原來也是合作伙伴，共同舉行露天佈道會，最後亦因對預定論立場的差異而分道揚鑣。當然，相信沒有正統教會願意與全能神教會這等異端聯合；至於哪些是不容退讓的主要教義，哪些是可以包容的次要立場，教會當智慧地、合宜地妥善劃分。

三、分清合一與統一的優劣：普世合一運動所展現的，有不同模式的合一；當中包括事工上的合作、神學上的對話、信眾間的團契及體制上的聯合。拒絕合併為單一宗派組織，並不等於抗拒合一，合一與統一不同。保羅在講論合一時，也提醒說：「若全身都是眼，從哪裏聽聲呢？若全身都是耳，從哪裏聞味呢？」（林前十二 17）雖然經文是教導恩賜的互補配搭，但應用到宗派合作上也屬適切。今日有眾多不同特色的堂會，社會地位有上流、中產、基層，崇拜聚會上也有注重禮儀、自由、靈恩，適合不同信眾的需要；若要求一位基層的靈恩派信徒，轉到一間上流的禮儀教會聚會，肯定會難於投入，反之亦然。只要宗派堂會不是彼此敵對，願意在基督裏合作事奉，就已是合一的彰顯，無須強求統一。

持守一己立場與包容接納異見，有時並不容易取捨。華人教會普遍強調堅守真理，惟若所堅持的只是一己私見，所執著的只是無關痛癢的次要信念，就很容易變成故步自封；相反，現代西方教會在講求大愛包容的社會氣氛下，傾向放下聖經教導來遷就異見，有時連一些基督信仰的核心教義也作出退讓，結果變得隨波逐流。教會羣體要抱持謙卑態度不斷省察，既有對真理的堅持，也有對自我的批判；只要問心無愧，時刻盡力忠心於神、顯愛於人、認真檢討，即使此刻所領受的，最終發現存在偏差，也能向主交帳。

溫習及思考問題

1. 「本色整固時期」的標記和挑戰是甚麼？

   標記：____________________

   挑戰：

   社會上：____________________

   思想上：____________________

   教會內：____________________

2. 下列科技發明如何影響現代人的生活？

   a. 石油化工：____________________

   b. 核子物理學：____________________

   c. 生物科技：____________________

   d. 電子科技：____________________

3. 第一次世界大戰對德國帶來甚麼影響？這影響如何直接或間接導致第二次世界大戰的爆發？

   a. 一戰對德國的影響：____________________

   ____

   b. 與二戰爆發的關係：____________________

   ____

4. 試歸納講述下列哲學家如何受其先輩哲學家所影響？

哲學家	先輩哲學家	影響
佛洛伊德	馬克思、尼采	
海德格	胡塞爾	
沙特	海德格	
傅柯	沙特	
德希達	傅柯	

5. 下列各類現代發展，如何為基督教會帶來挑戰？

現代發展	
科研社會的發展	
二次的世界大戰	
挑戰傳統的哲學	

6. 神學家巴特對後世的神學發展有何影響？

____

____

7. 傳統對「10/40 之窗」的理解，有哪些在今日已不合適？原因何在？

傳統理解	今日情況	改變原因
人口密集	仍維持/已改變	
未聞福音	仍維持/已改變	
全球最窮	仍維持/已改變	
異教繁多	仍維持/已改變	
堅實壁壘	仍維持/已改變	

8. 試根據本章內容，歸納論述基要派、自由派和福音派的特質。

a. 基要派

信仰追求：______

具體例子：______

b. 自由派

信仰追求：______

具體例子：______

c. 福音派

信仰追求：______

具體例子：______

9. 按你的日常經驗，下列現代工業發明如何在正反兩面影響基督徒的信仰生活？

現代工業發明	正面影響	反面影響
電視		
電腦		
手提電話		
互聯網		

10. 普世合一運動對今日的華人教會有何影響？你認為有何利弊？為甚麼？

______

______

11. 異端教派多在甚麼環境下出現？你認為正統教會可如何應對？

______

______

進深閱讀書目

卓新平：《當代基督宗教教會發展》。上海：上海三聯，2007。

麥奎利：《二十世紀宗教思潮》。何菠莎譯。香港：文藝，1998。

McLeod, Hugh, ed. *World Christianities, c.1914 ～ c.2000*. Cambridge: Cambridge University Press, 2006.

Morris, Jeremy. *The Church in the Modern Age*. London: I. B. Tauris, 2007.

Stanley, Brian. *Christianity in the Twentieth Century: A World History*. Princeton: Princeton University Press, 2018.

第三部分　縱向主題研究

第三部分

第三部分

正如本書第一章所述，教會歷史可以橫向作時代性的掃描，也可縱向作主題式的研究。與先前出版的三本同系列書籍相同，本書在第二部分進行三階段的橫向掃描後，在第三部分會以六個縱向研究主題來編寫；這些主題雖性質相異，卻能廣泛涵蓋基督教不同範疇的發展，且互相聯繫。

第五章「宣教擴展」概述宗教改革後，基督宗教於近代與現代不同階段，在人數和地域上的增減，屬外顯性、數量性的評估。第六章「屬靈傳統」嘗試探討現代基督徒信仰追求的多元方向和轉變，屬內心性和情感性的檢視。第七章「神學教義」將討論轉到理智層面，概述現代各宗派羣體的主要神學差異，分析各神學派系的貢獻，及爭議各方所關注的焦點。第八章「正統權威」概論傳統信仰權威如何在現今世代一再受到挑戰，並透過檢視不同教會羣體確立正統的過程，再思今日判辨異端的途徑。第九章「教會體制」將焦點從抽象的神學思維轉到具體的教會運作，巡覽各宗派內部與對外多元而複雜的體制和關係。最末第十章「信仰生活」，探討焦點從上層的領導架構轉到下層的信徒生活，概論現今不同宗派廣大信眾琳琅滿目的日常宗教活動。這六個主題代表著現代教會的不同面貌，其相互關係如右圖。

除各具重點外，這六個主題亦彼此緊密關連。不同地域的宣教擴展，會衍生文化各異的教會羣體，由此亦會產生各具特色的屬靈傳統；這傳統無可避免地會在一定程度上影響人對基督信仰的領受，從而產生各種不同對神學教義的理解；為妥善處理神學分歧，教會羣體往往會嘗試尋找自身的正統權威，以判辨異端異見；正統權威很多時又需要教會體制的相應配合，使獲認許的信仰體會得以具體落實；這教會體制的發展自然會塑造信徒羣體的教會生活，左右他們宗教活動的取捨；而普羅信眾的生活見證與社會參與，反過來又會影響宣教擴展的方向和成效。可以說，這六個縱向的研究主題既相異、又相連；讀者若能把各章內容消化整合，融會貫通，就能建構出現代教會發展的整全圖畫，認識也能更透徹全面。

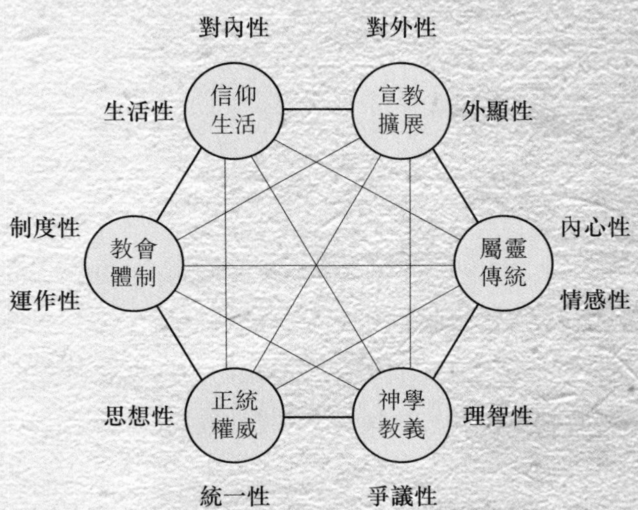
對內性
對外性
信仰
生活
宣教
擴展
生活性
外顯性
制度性
教會
體制
運作性
屬靈
傳統
內心性
情感性
思想性
正統
權威
神學
教義
理智性
統一性
爭議性

第五章

宣教擴展

自宗教改革後，基督宗教已不再只集中於歐洲。在發現新大陸的契機下，福音迅速擴展到南北美洲各處；羅馬公教特別是耶穌會的宣教，也將基督信仰傳到亞洲多處。有關教會地域與人數的擴展，最劃時代的影響是普世宣教運動的普及；自此，福音就由接踵出發的宣教士帶到世界各地，在不同民族中間建立大大小小的教會。

不同於初期教會、中世紀時代和宗教改革，信眾人數與領土地域的增長幾乎同步；在現代時期，信徒數目與基督教地域的增減，許多時根本無法直接關聯；此外，基督宗教地域國土的增減也很難定義，界線模糊。昔日民眾普遍跟從君王領主的信仰立場，宗教改革時期羅馬公教與信義宗的協議「誰的領土、誰的宗教」（*cuius regio, eius religio*），可說是此前各時代各處教會羣體宗教政策的主旋律；然而自啟蒙運動開始，民眾愈來愈強調獨立自主，個人信仰取向與地方政權立場漸漸脱鉤、相距日遠。若然政權偏好基督宗教，社會政策符合基督信仰，民眾也大部分真誠信主，將相關國土歸類為教會地域無容置疑；惟現代時期卻有許多不同情況使人難於定義，當中大致可歸納為以下四類：

a. 偏離基督信仰的傳統基督教地域：傳統基督宗教國家逐漸變得「開放」，被世俗自由主義所主導，教會固有立場反而一再受到質疑，甚或遭受打壓。例如美國、加拿大、挪威等，這些國家偏好現時仍無法證實的進化論，卻禁止創造論或智慧設計論進入公立學校的教室。此外，她們又主張大愛包容，對邊緣羣體採取特別寬厚待遇；教會許多過往堅持的信念，如一夫一妻的婚姻觀、天生性別不能改變等，均日益受到嚴峻挑戰。這些國家雖大部分人聲稱信奉基督，不少人仍定期參加教會聚會，但仍可歸類為基督宗教國家嗎？

b. 信仰程度低落的傳統基督教地域：許多聲稱是公教、新教的國家，實際信仰非常低落，國民世俗化情況非常嚴重，恆常參與教會聚會者少得可憐。例如以信義宗為國教的丹麥，雖然仍有超過 70% 人口聲稱信奉基督，但大部分都是掛名信徒，只偶然如紅白二事等到教堂參加禮儀，恆常參加主日崇拜的只有 3%。被視為傳統公教國家的法國，雖同樣有超過 70% 人口屬天主教徒，惟每週出席彌撒的只約 5%。類似凋零情況也廣泛見於西班牙、葡萄牙等歐洲傳統天主教國家。

c. 拒絕福音信仰的基督教擴張地域：自航海大發現、工業革命以來，歐洲西方列強不斷向外擴張；這些被侵佔的領土，除美洲和非洲外，還有亞洲多處。當中原有居民雖被聲稱屬基督教的西方政權統治，卻非全數自此歸信基督，不少民眾且一直抗拒福音，以異教信仰為社會主流。例如非洲各國於十九世紀被歐洲列強瓜分，惟北部地區民眾大多數信奉伊斯蘭教，直到二十世紀中獨立時依然如此。另一例子，英國以聖公宗為國教，能否將港英政府時期的香港歸為基督教地域？確實甚具爭議性。

d. 信眾人數急增的非基督教地域：有些歐美以外的非西方國家，政權沒有特別宗教取向，惟信徒人數卻急促增長，甚至超過全國人口半數；應否將這些地區歸類為基督教地域？例如曾在共產政權治下的俄羅斯，自從 1991 年蘇聯解體，政權對宗教的迫害停止，信眾數目便迅速回升；現時該國有約半數人口信奉基督，當中絕大多數屬俄羅斯正教。又如曾被印尼伊斯蘭政權佔領的東帝汶（Timor-Leste），經過持續二十多年的爭取，犧牲數以萬計人民的性命，終在 2002 年成功獨立；現時該國有超過 90% 人口為天主教徒。

值得留意，上述這些演變往往是經年漸進，沒有明確的分水嶺，使判斷基督教範圍更感困難。為方便統計，筆者只能以坊間普遍評斷作為計算基督宗教地域的標準；不容否認，當中存在爭議，涉及主觀成分。故此，雖然本章仍會按照早前同系列書籍的模式，同時論述教會人數和地域的發展；但必須緊記，地域的轉變許多時並不準確，信徒人數的增減才是關鍵。此外，為幫助華人讀者認識近代中國教會的歷史，本章末段會特別概論基督新教在華的傳播，分析中共宗教政策對教會的影響。

5.1. 理性啟蒙時期的停滯

雖然在理性啟蒙時期，教會接連出現敬虔主義、循道運動、大覺醒等復興現象，但影響主要是使原來的掛名基督徒，變成真實歸信甚至是熱誠委身的認信者；在基督教地域和人數的計算上，實質改變不大。相反，在質疑西方傳統神觀的哲學思潮下，有愈來愈多受世俗文化影響的信徒離開教會，部分甚至放棄基督信仰。在這增長停滯的時刻，較明顯可見的發展，是歐洲列強在美洲、亞洲和非洲的地域擴張、俄羅斯正教東至太平洋的延伸，及羅馬公教自宗改改革時期已開展的海外宣教行動。

5.1.1. 地域國土的增減

宗教改革時期的海上霸權之爭，一直延續到三十年宗教戰爭後的現代時期。於此，西方列強延續早前的對外擴張行動；遇上荒漠之地就嘗試開墾，遷移國民於這些殖民地生活；遇上容易壓制的國家，就以種種手段控制或統治；遇上頑強抗拒的羣體，就以軍事武力入侵和殺害。按著列強的信仰和文化背景，各基督宗教的分支都在一定程度上有所擴張；其中導致東正教地域增長的是俄羅斯，羅馬公教是西班牙、葡萄牙和法國，而基督新教的則是荷蘭和英國。

東正教方面，地域上的增長幾乎與俄羅斯國土的急速擴張同步。自從在十六、十七世紀先後吞併蒙古金帳汗國（Golden Horde）分解而成的小汗國，征服西伯利亞汗國（Khanate of Sibir），及奪取烏克蘭（Ukraine）東部領土後，俄羅斯的對外擴張絲毫沒有減慢，且急速向四方八面攻城掠地。向東，俄羅斯持續向太平洋方向擴張；1681 年吞併卡西姆汗國（Qasim Khanate）；到十八世紀中葉，俄羅斯版圖已跨越西伯利亞到達亞洲、美洲中間的白令海峽（Bering Strait）。向南，俄羅斯於 1771 年佔領卡爾梅克汗國（Kalmyk Khanate）；十八世紀中葉持續與鄂圖曼帝國爭戰，先後於 1774 年奪取南巴格（South Bug）和卡巴迪諾（Karbadino），1783 年得克里米亞汗國（Crimean Khanate），1792 得葉迪山（Yedisan）。向西，俄羅斯在 1667 至 1686 年間從波蘭立陶宛聯邦（Polish-Lithuanian Commonwealth）手中奪取斯摩棱斯克（Smolensk），並屬現今烏克蘭的左岸烏克蘭（Left-bank Ukraine）、基輔（Kiev）和扎波羅熱（Zaporizhzhia）；於1772年再從波蘭立陶宛聯邦取得茵弗蘭提（Inflanty）和白俄羅斯（Belarus）。至於向北，俄羅斯先後於1721和1743年兩次擊敗瑞典，佔領相當於今日拉脱維亞（Latvia）的利夫尼亞（Livonia），聖彼得堡一帶的英格里亞（Ingria），芬蘭所在的卡累利亞（Karelia），並愛沙尼亞。相比1648年三十年宗教戰爭結束時，俄羅斯的龐大領土在理性啟蒙時期這一個半世紀裏再度倍增。

雖然羅馬公教的主要政治和軍事實力都在歐洲，但主要地域面積則在美洲。西班牙在宗教改革期間所佔領的中美洲和南美洲西岸，葡萄牙所管轄的南美洲東岸，以及法國在北美魁北克（Quebec）區域所建立的「新法蘭西」（New France），大幅加增了羅馬公教的地域範圍。然而到十七世紀中葉，西班牙和葡萄牙的海上霸權接連受到嚴峻挑戰。法國一直以來對哈布斯堡家族（Habsburgs）的仇恨，以及荷蘭因海外貿易的競爭，使兩國屢次與西班牙爆發激烈戰爭；在多場戰事失利後，西班牙開始邁向衰落。雖然在十八世紀下半葉，西班牙曾在軍事和經濟的改革下國力提升，但已無法回復昔日全歐霸主的光輝。同樣，葡萄牙的國力也持續下滑，1755年里斯本大地震（Lisbon Earthquake），及伴隨而來的大海嘯和火災，幾乎將整個里斯本摧毀，災難大大動搖了葡萄牙的殖民野心。雖然西、葡兩國仍各自擁有龐大海外殖民地，但在弱勢下領土不單毫無增長，且有輕微減少。在信奉公教的歐洲列強中，此時期仍努力嘗試向外擴張的就只有法國；十七世紀中葉，法國先後進駐部分處女島（Virgin Islands），入侵非洲的塞內加爾（Senegal），且從原來所擁有北美的東岸地區不斷向內陸延伸。然而，法國的海外擴張也非一帆風順；1754年英、法兩國為爭奪北美領地而爭戰，法國最終落敗；1763年雙方於巴黎簽訂和約，法國被迫將其在北美的殖民地轉歸英國。綜合來說，羅馬公教在這時期的地域有時略增、有時略減；整體可說是停滯不前，改變不大。

相反，因著英國和荷蘭的強大和擴張，基督新教在這時期出現顯著的地域增長。荷蘭在十六世紀末獨立後，迅速發展為世界強大的航海和商業國家；除擁有今美國紐約一帶的「新荷蘭」外，還自獨立後一世紀內，先後佔領迦納

（Ghana）、毛里求斯（Mauritius）、印尼（Indonesia）、南非（South Africa）、斯里蘭卡（Sri Lanka）和蘇利南（Suriname）。相比荷蘭，英國的殖民擴張略晚，但卻遠比之進取和廣泛；早於十七世紀中葉，英國已從西班牙手中奪取牙買加（Jamaica）；到十八世紀，直布羅陀（Gibraltar）、巴哈馬羣島（Bahamas）相繼落入英國手中，1757 年印度蒙兀兒帝國（Mughal Empire）與英國爆發戰爭，蒙兀兒帝國戰敗，印度大片土地淪為英國殖民地。如前所述，英、法雙方於 1763 年簽訂和約，英國取得法國在北美的大部分殖民地；雖然此後不久北美民眾革命抗爭，於 1776 年獨立成美國，使英國領土大幅下降，但由於美國民眾仍信奉基督，此次獨立對基督新教的範圍並沒有實質改變。另一邊廂，英國船長庫克（James Cook, 1728 ～ 1779）於 1768 年出發航行全世界；兩年後抵達澳洲東岸，宣稱該地由英國擁有，稱之為「新南威爾斯」（New South Wales）；自 1788 年開始，英國將被判罪的囚犯送到澳洲開荒，所管治的澳洲版圖自此不斷擴大。

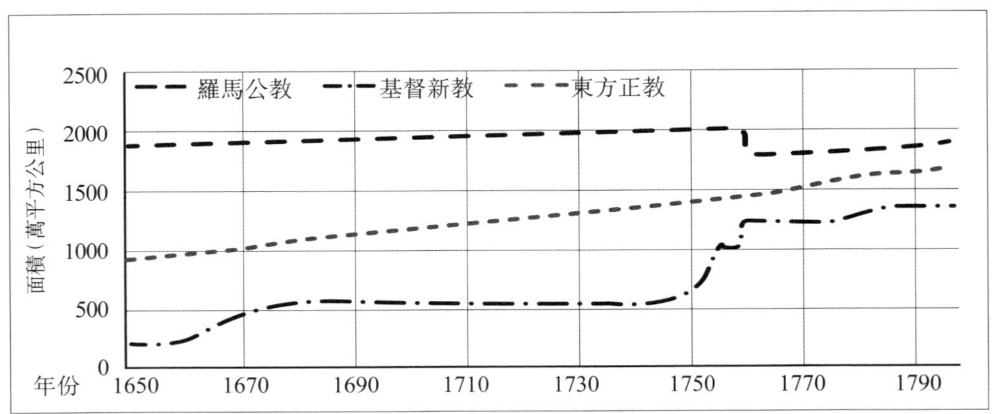

5.1.2. 信眾人口的升降

在地域擴張的同時，基督宗教的信眾人數也不斷變更。改變原因很多，除歐洲列強的殖民佔領外，還有海外宣教的成就、各地人口的變遷等。根據統計，1650 年全球人口有 54,600 萬，當中 23.7% 即 12,900 萬曾聽聞福音，20.6% 即

11,200 萬為基督信徒，其中 83.1% 為白人；1700 年，全球人口有 62,500 萬，當中 24.8% 即 15,500 萬曾聽聞福音，21.3% 即 13,300 萬為基督信徒，其中 84.1% 為白人；1750 年，全球人口有 71,900 萬，當中 24.2% 即 174 萬曾聽聞福音，21.4% 即 15,400 萬為基督信徒，其中 85.2% 為白人；到 1800 年，全球人口有 90,300 萬，當中 25.4% 即 22,900 萬曾聽聞福音，22.7% 即 20,500 萬為基督信徒，其中 86.5% 為白人。值得留意，雖然這段時期基督信徒的數目不斷增長，但白人的比例持續高企，且愈來愈高；顯示在普世宣教運動開展以前，信徒增長主要仍在歐、美、俄等地區，向異族羣體的傳教成效並不顯著。

就著基督宗教的三大分支逐一概覽，東正教較主要的增長在俄羅斯的擴張和傳教。1700 年彼得大帝（Peter the Great, 1672 ~ 1725）下令將新佔領的西伯利亞地區基督教化，自此俄羅斯正教積極在該處傳道宣教；資料顯示，單在 1712 至 1721 年間，西伯利亞的教會數目已由 160 間增至 448 間，逾 4 萬人受洗；增速且在往後年間持續穩步上升。1740 年，俄羅斯於齊維利斯克（Sviyazhsk）設立初入教者辦公室（Office for Newly-Baptized），1741 至 1762 年間已有逾 43 萬異教徒受洗加入教會。然而，東正教的增長亦非一帆風順；特別是在 1701 年，近 20 萬羅馬尼亞的東正教徒轉歸羅馬公教，使該教整體信眾人數於是年突降。綜合數字，隨著人口上升，全球東正教徒於 1650 年估計有 3,300 萬，1700 年有 3,800 萬，1750 年有 4,500 萬，1800 年則升至 5,500 萬。

至於羅馬公教，主要的人數增長也是來自海外宣教的成果。按照現存有限資料，自 1700 年開始，公教每年在剛果（Congo）和安哥拉（Angola）為 1.2 萬人施洗；菲律賓的教會增長也相當明顯，1735 年當地有公教徒 83 萬，到 1750 年已超越 100 萬；而越南也在 1780 年有公教徒 20 萬。相比非洲和亞洲的宣教成就，公教在北美的增速相對緩慢；數據顯示 1763 年當地有 2.4 萬公教徒，1789 年才升至 3.5 萬。此外如前所述，1701 年有近 20 萬羅馬尼亞的東正教徒轉歸公教；這轉變對東正教來說是損失，對羅馬公教來說則是增長得益。然而，這時期也有一些事件令羅馬公教的發展大受打擊，特別值得一提的是，日本政權在十七世紀進行的宗教迫害，在 1614 至 1697 年間就殺害公教徒逾 20 萬。印度相繼被歐洲列強入侵，引發強烈的民族主義反應，使當地公教出現一世紀的下滑；信眾人數從 1701 年的 250 萬，急降至 1800 年的 47.5 萬。此外，1755 年葡萄牙里斯本的大地震，也造成佔全國人口 12% 的 25 萬人喪生，當中絕大多數是公教徒。綜合統計，全球公教徒於 1650 年估計有 6,000 萬，1700 年有 6,800 萬，1750 年有 8,200 萬，1800 年則升至 10,600 萬。

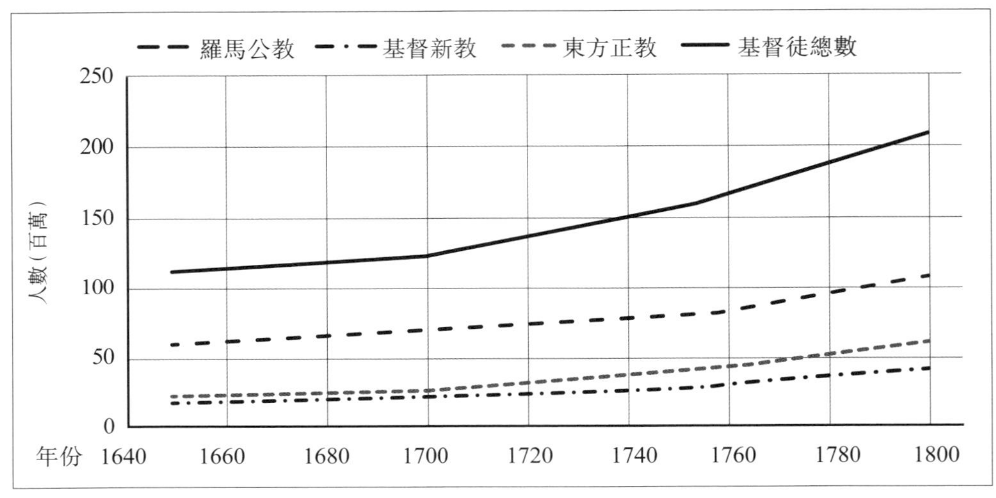

普世宣教運動以前，基督新教的許多主流宗派均在改教家相繼離世後，漸漸擁抱一種偏差的宣教理念，相信福音已在使徒時期遍傳各地，此時仍未歸信的民族是咎由自取；除基督教政權所管治的地域外，教會沒有責任向他們傳揚福音。故此，這時期新教羣體甚少投放資源到海外傳教之上；僅有的宣教努力，就在新佔領的新教地域，和受敬虔主義奮興的邊緣羣體之上。前者的標誌性行動，包括 1649 年成立的「新英格蘭廣傳福音會」，以帶領北美的印第安原住民歸信基督為使命；當日漸強大的荷蘭佔領海外殖民地時，也同時承擔起當地的宣教工作，按此 1700 年印尼爪哇（Java）的新教徒升至 10 萬，安汶（Ambon）也有 4 萬。後者的重要里程碑，有 1705 年成立的「丹麥哈勒佈道團」（Danish-Halle Mission）；以及親岑多夫於 1722 年組織的莫拉維弟兄會　該會自 1732 年開始已不斷差出宣教士到世界各地，1787 年且特別成立「對異教徒廣傳福音會」(Society for Propagating the Gospel)，統籌各國的宣教事工。據資料統計，全球新教徒於 1650 年約有 1,900 萬，1700 年有 2,200 萬，1750 年有 2,700 萬，1800 年已升至 4,300 萬。

5.2. 普世宣教時期的擴展

與先前時代比較，這時期最重要的特色是由威廉克理所提倡和推動的普世宣教運動；這運動不單激發新教各宗派相繼差派宣教士到世界各地，使新教徒數目持續增長，還間接刺激起公教傳教策略的轉移，從注重與地方政權合作，變為更多關注民眾在生活和信仰上的需要。當然，這時期科技和工業發展對人民生活的影響，各地獨立革命熱潮引發對世界政局的衝擊，無神哲學日益普及誘發人對宗教信仰的質疑，都在相當程度上影響教會的發展。然而相比上述這些負面因素，正面的因素特別是西方列強的大規模擴張，以及遍及歐美各地的奮興佈道熱潮，對教會發展的影響顯然更大。

5.2.1. 三教領域的擴張

雖然在普世宣教時期，有大量宣教士從歐美出發到世界各地；但這些宣教努力大都針對民眾，對地域擴張的影響有限。延續先前趨勢，這時期最主要的領域增長，仍是俄羅斯的擴張，以及歐美列強的殖民主義。值得留意，因著商業稅收遠遠趕不上殖民地的行政開銷，殖民擴張許多時反成為宗主國的沉重負擔；故此到十九世紀中葉，除英國和法國外，歐洲列強征服新殖民地的活動差不多完全停止。惟到 1870 年代南非發現金礦，消息刺激起歐洲列強重燃殖民野心，紛紛到非洲其他地區探索礦藏。為調解紛爭，1884 至 1885 年舉行的柏林會議通過國際守則：「只有實際佔領才能證明對一個殖民地的統治權。」按此，已佔據非洲沿海地區的國家如英國、法國和葡萄牙，迅速與內陸酋長簽訂協議和條約，將勢力擴展；新興工業強國如德國、比利時和意大利，也加入到非洲的爭奪中。在 1885 至 1900 年短短數年間，歐洲列強已將非洲完全瓜分；埃及名義上是獨立國家，但實際受英國操控。據統計在二十世紀初，殖民國家和殖民地合共超過一億平方公里，佔全球陸地面積三分之二以上。除了實力仍強的英國和法國，並早已衰落的西班牙、葡萄牙仍然掌握大片殖民地；新興的美國、日本和意大利等強國只佔有一些面積不大、資源貧乏的剩餘地區。

各主流教派逐一分析，這時期對東正教地域增減影響較大的主要是希臘和俄羅斯。希臘自 1453 年拜占庭帝國失陷，一直為鄂圖曼帝國所佔領控制；受著美國獨立戰爭和法國大革命的自主浪潮所啟發，希臘於 1821 年單方面宣告獨立，由此引發長達八年、到 1829 年才結束的獨立戰爭，當中最關鍵的轉捩點是 1827 年列強共同簽署、承認希臘獨立的〈倫敦協議〉（Treaty of London），自此當地主流信仰從鄂圖曼帝國的伊斯蘭教，轉回希臘傳統的東正教。俄羅斯方面，軍事的入侵和佔據從未停止，且不斷向外高加索、中亞、西伯利亞及遠東進行殖民征服；單在 1866 年以前，已先後從鄰國手中奪取大量領土，特別是 1847 年佔領面積廣大的哈薩克（Kazakhstan），此外還有芬蘭（Finland）、摩爾多瓦（Moldova）、達吉斯坦（Dagestan）、阿塞拜疆（Azerbaijan）、亞美尼亞（Armenia）等，沙俄且力圖吞併中國的新疆、外蒙古和滿洲地區。據統計在 1867 年出售阿拉斯加（Alaska）予美國以前，俄羅斯已佔領土地達二千三百萬平方公里，成為全球單一領土最廣闊的國家。然而其擴張的野心並未休止，二次大戰前還接連奪取了土庫曼（Turkmenistan）、烏茲別克（Uzbekistan）、吉爾吉斯（Kyrgyzstan）、塔吉克（Tajikistan）等多處，1898 年還脅迫中國清廷簽訂〈旅大租地條約〉，租借軍港旅順和商港大連灣二十五年。

羅馬公教方面，地域範圍仍不離時增時減的格局。1800 至 1812 年間，法國拿破崙征服歐洲多處領土，除原屬公教的西班牙和意大利外，還有屬新教的荷蘭、瑞士，並大半個德意志，公教領土驟增；惟到 1813 至 1814 年間，拿破崙多次被聯軍擊敗，被逼退位，公教的新增領土迅速失去。公教此時地域得而復失的最大危機是在南美；自 1808 年開始南美城邦不斷爭取獨立，要脫離積弱已久的西班牙和葡萄牙的轄制；1822 年巴西率先宣告獨立，此後其餘各地相繼起來爭取，到 1830 年所有南美國家皆成功獨立，幸而經歷西方長久統治，這些新成立的南美國家最終皆擁抱公教信仰，羅馬公教才不致因此領土大失。此時期真正令公教地域增長的歷史發展有兩個：第一個是比利時於1830年從荷蘭分離獨立，放棄荷蘭政權的新教立場，高舉地區較多人抱持的公教信仰；第二個是法國的殖民擴張，這時期相繼成為法國屬地的，位於非洲的有阿爾及利亞（Algeria）、突尼西亞（Tunisia）、摩洛哥（Morocco）、毛里塔尼亞（Mauritania）、塞內加爾、幾內亞（Guinea）、馬里（Mali）、象牙海岸（Ivory Coast）、貝南（Benin）、尼日爾（Niger）、乍得（Chad）、中非共和國（Central African Republic）、剛果、喀麥隆（Cameroon）、多哥（Togo）、布基納法索（Burkina Faso）和加蓬（Gabon）；在亞洲有越南、寮國、柬埔寨、黎巴嫩（Lebanon）、敍利亞（Syria），以及1899年強迫清政府租借99年的廣州灣；此外，還有位於美洲的多米尼加（Dominica）、格林納達（Grenada）、海地（Haiti）、法屬圭亞那（French Guiana）等。跟前段時期相同，公教有時也要面對地域失落的挫敗，當中面積較大的是美國南部今德州地區於1835年爭取脱離墨西哥獨立，經過多年戰爭，終在1845年成功脱離並加入美國聯邦，地區信仰自此從公教轉為新教。

基督宗教三大教派中，增長最快的無疑是新教。當中原因包括美國國土面積的增加，如於1803年向法國購買中部路易斯安那（Louisiana）地區，及1890年西岸加州地區加入美國聯邦，都使北美新教地域一再倍增。此外，德國於1897年佔據中國膠州灣和青島，迫清廷簽訂〈膠澳租借條約〉，也間接增添了新教面積。然而，此時新教地域快速增長的最主要原因，是大英帝國的急速擴張；在歐洲，英國於1801年吞併了一直持守公教立場的愛爾蘭（Ireland），並先後吞併馬爾他（Malta）和塞浦路斯（Cyprus）；在大西洋，英國取得較大面積的屬土，有伯利茲（Belize）和圭亞那（Guyana）；在太平洋，澳洲（Australia）、新西蘭（New Zealand）、斐濟（Fiji）和所羅門羣島（Solomon Islands）先後成為英國屬土。然而，英國這期間取得最大領土擴張的是在非洲和亞洲；在前者，英國接連直接佔領、收服，或從其他歐洲列強手中奪取許多地方，包括南非、塞拉利昂（Sierra Leone）、毛里求斯、尼日利亞（Nigeria）、萊索托（Lesotho）、迦納、納米比亞（Namibia）、埃及（Egypt）、索馬利亞（Somalia）、傅茨瓦納（Botswana）、肯尼亞（Kenya）、岡比亞（Gambia）、斯威士蘭（Eswatini）、坦桑尼亞（Tanzania）、贊比亞（Zambia）、馬拉維（Malawi）、津巴布韋（Zimbabwe）、烏干達（Uganda）和蘇丹（Sudan）；至於後者，英國奪取的屬土有斯里蘭卡、尼泊爾（Nepal）、巴林（Bahrain）、緬甸（Myanmar）、沙撈越（Sarawak）、印度、不丹（Bhutan）、馬來西亞（Malaysia）、沙巴（Sabah）、英屬新幾內亞（Papua New Guinea）、馬爾代夫（Maldives）、阿拉伯聯合酋長國（簡稱「阿聯酋」；United Arab Emirates）、汶萊（Brunei）、阿曼（Oman）和科威特（Kuwait）。此外還有許多細小島嶼和地區，例如香港就在這時期分三階段割讓或租借予英國，惟相比上述國家，面積增長已顯得不值一提。雖然南非於 1910 年脫離英國獨立，惟由於信仰不變，新教地域未有因此減少。

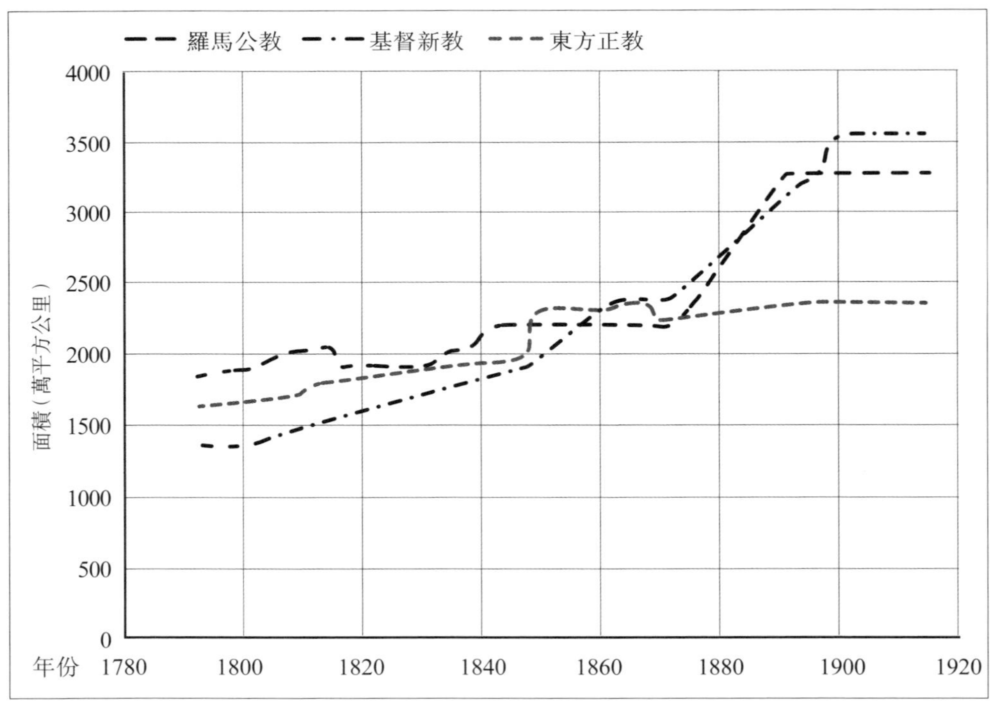

5.2.2. 三教信眾的上升

進入普世宣教時期，基督宗教人數的增長比以前更為明顯快速；除歐美列強的殖民擴張外，大量宣教士也接踵出發，藉傳道和服侍吸引各地異教徒歸信基督。本章早前提過，1800 年全球人口有 90,300 萬，當中 25.4% 即 22,900 萬人曾聽聞福音，22.7% 即 20,500 萬為基督信徒，其中 86.5% 為白人；到 1850 年，全球人口有 120,200 萬，當中曾聽聞福音升到 33.4% 即 40,100 萬，基督信徒數目也升至 26.9% 即 32,400 萬，其中白人比例稍微下降至 85.2%；到 1900 年，全球人口再升至 161,900 萬，當中曾聽聞福音快速升到 45.7% 即 74,000 萬，基督信徒數目也躍升至 34.5% 即 55,800 萬，其中白人比例進一步下降至 81.1%。1800 年與 1900 年比較，在這相隔一世紀的時間裏，全球聽聞福音者與基督信徒的數目分別增長三點二及二點七倍，佔人口比例增加一點八及一點五倍；雖然這時期白人基督徒比例仍然高企，但非白人的增長已相當顯著，反映宣教努力的成效。

分開基督宗教各分支逐一談論。東正教信眾人數增長最值得關注的依然是俄羅斯；特別是 1796 年，逾 200 萬波蘭魯塞尼亞聯合教會（Ruthenian Uniate Church）信眾，從羅馬公教歸回俄羅斯正教，使人數瞬間大增。此外，俄羅斯政權也在擴充領土的同時，積極進行宣教；據統計，1868 年俄羅斯的東正教徒數目已突破 1,000 萬，且以每年數以萬計的速度持續增長。以各大洲計算，人數增長最快的是歐洲，從 1800 年的 4,648 萬，到 1900 年倍增至 10,395 萬，當中逾 90% 信眾來自東歐；其次的亞洲和非洲也在這個世紀內，分別從 508 萬和 365 萬，平穩升至 686 萬和 460 萬，增幅約為 35% 與 26%。綜合統計，全球東正教徒於 1800 年有 5,500 萬，1850 年有 7,500 萬，到 1900 年穩步升至 11,500 萬。

羅馬公教方面，信徒數目也隨著列強擴張和普世宣教而持續上升。例如在印度，1801 年當地共有公教徒 50 萬，1851 年升到 100 萬，1911 年再升到 222 萬。各大洲的情況比較，跟東正教類同，羅馬公教源自歐洲，信眾也最集中於此洲，1800 年全歐有公教徒 8,854 萬，1900 年倍增至 18,072 萬；其次是早為西班牙和葡萄牙控制的南美，信眾數目也從 1,446 萬躍升至 5,869 萬；至於亞洲和非洲，就分別從 278 萬和 58 萬，升到 1,116 萬及 191 萬。由於北美洲的基數低，故升幅最為明顯；從 1800 年只有 5 萬，飛升到 1900 年的 1,301 萬，增幅逾二十倍。綜合統計，全球公教徒在 1800 年有 10,600 萬，1850 年升到 16,300 萬，到 1900 年再升至 26,600 萬。

自從 1792 年威廉克理引發普世宣教運動，基督新教便進入長足發展的階段；從 1800 年全球只有 100 位新教宣教士，到 1910 年已增至 45,000；著名差會如 1795 年的倫敦傳道會、1810 年的美國公理宗國外傳道會及 1845 年的美南浸信會海外傳道會（Foreign Mission Board）也相繼成立。由於歐洲亦是新教的發源地，教會也以此處最為集中，1800 年歐洲共有新教徒 3,666 萬，1900 年倍增至 8,447 萬，升幅跟正教和公教相近。其次是新教羣體最早有宣教服事的北美，1800 年有新教徒 522 萬，到 1900 年已升至 4,533 萬。至於澳紐、亞洲、非洲和南美，人數在這一世紀分別從 8 萬、49 萬、10 萬和 39 萬，升至 301 萬、454 萬、225 萬和 169 萬；雖然初期因宣教才開展不久而略顯遜色，但後續增長卻頗為凌厲，潛質不容忽視。綜合計算，全球新教徒在 1800 年有 4,300 萬，1850 年升到 8,500 萬，到 1900 年再增至 14,100 萬。

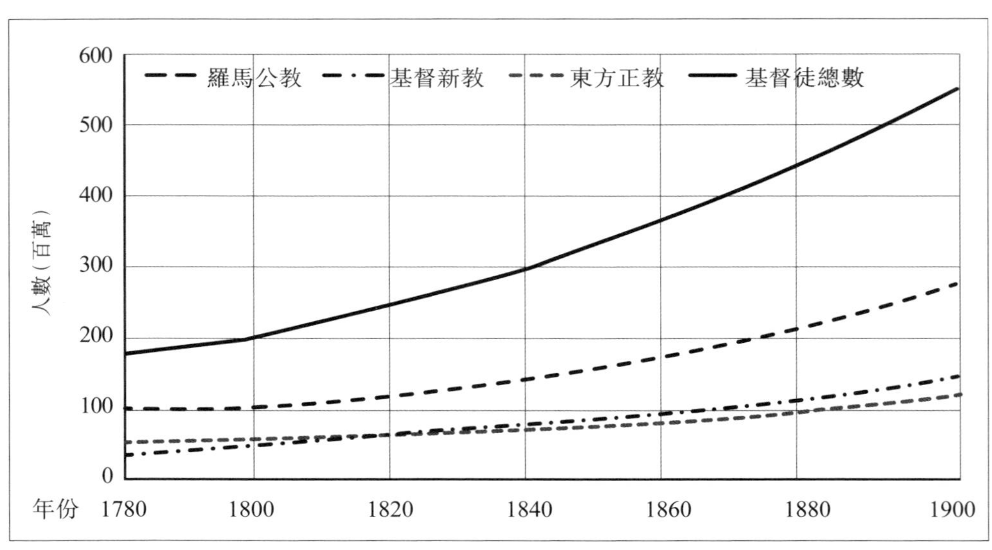

5.3. 本色整固時期的走向

這時期經歷兩次世界大戰，原來的歐洲強國不論是早年的西班牙、葡萄牙、荷蘭，或後期興起的法國、英國，均元氣大傷，國力迅速下滑。相反，受較少大戰衝擊的美國和蘇聯，變成兩大超級強國；漸漸塑造成民主和共產的兩大對立陣營，出現冷戰時期。此後，還有連串的戰爭、獨立、解體、革命等事件，在世界各地相繼爆發；在這風起雲湧的時代，基督宗教受著嚴峻的考驗。惟各國各族的情況相當不同，有教會遭受打壓、有變得世俗、有持續復興，走向各異，成為這時期教會發展的一大特色。

5.3.1. 教會地域的縮減

既然上一時期教會領域的增加，主要由於俄羅斯的擴張，以及歐美列強的殖民主義；此時期教會地域的縮減也與這兩個原因緊密關聯。事實上，第一次世界大戰爆發前夕，各歐美列強已為爭取殖民地利益而衝突不斷。一戰後同盟國失利，德國被剝奪全部海外殖民地；奧匈帝國瓦解，領土被鄰國瓜分或組成新國家；鄂圖曼帝國也喪失阿拉伯大片土地。然而，一戰的結果只是同盟國的領土遭削減，戰勝的協約國反得提升；例如大英帝國的領土範圍，就是在一戰結束後，從德國奪取非洲大片殖民地而升到顛峯，總面積比全盛時期的蒙古帝國或蘇聯還要大出 30% 至 40%。遍及全球的殖民地解放運動，實際上是在第二次世界大戰時期才正式引發；這時軸心國的德國和日本，藉扶助殖民地的民族獨立主義來削弱同盟國實力；加上歐洲列強如英國、法國等，均因二次大戰而軍力大減，無法再壓制遠方殖民地的獨立抗爭；各處殖民地的解放獨立遂如骨牌般擴散全球，一發不可收拾。最早的殖民地解放革命，是在曾被日本佔領的英屬緬甸和法屬印度等地爆發；此後，鄰近的亞洲地區相繼獨立。在已解放的殖民地國家鼓舞下，獨立運動在 1950 年代發展到非洲；1951 年原為意大利殖民地的利比亞（Libya）率先從西方治權中解放；在隨後不足三十年，四十個非洲國家相繼從歐美獨立。

對東正教來說，影響最大的不是殖民地的解放，而是俄羅斯的赤化。1917

年俄羅斯全國發生暴動，諾曼夫王朝（House of Romanov）沙皇尼古拉二世（Nicholas II, 1868～1918）被推翻，全家被殺；此後全國動盪，列寧（Vladimir Lenin, 1870～1924）帶領共產黨推翻臨時政府而執政；原俄羅斯貴族起來反抗，惟在內戰中遭共產黨壓制。俄共執政以後，俄羅斯國內的東正教徒隨即遭受打壓迫害，大量教堂被毀，數以萬計教士、修士被捕入獄，遭槍決處死。不單如此，俄共還積極向外擴張，將鄰近多個東歐國家赤化，對東正教會的迫害也隨之延伸至東歐。1922 年，俄共將鄰近各赤化國家合併為蘇維埃社會主義共和國聯盟（Union of Soviet Socialist Republics）；高峯時期蘇聯共有十五個聯合國邦，涵蓋中亞、北亞和東歐多處，東正教會也同時因不斷遭受逼迫而萎縮。1991 年蘇聯共產政權解體，聯盟內各國迅速解放獨立，東正教會也逐漸恢復過往的社會地位，信眾人數持續回升；時至今日，屬於前蘇聯的俄羅斯、白俄羅斯、烏克蘭和格魯吉亞（Georgia），都有過半或近半人口為東正教徒，可以歸類為東正教領域。雖然總面積未能完全回復從前，但已相距不遠。

羅馬公教的情況相當不同，受殖民地解放運動的影響嚴重得多。如前所述，公教前階段的地域擴張絕大部分來自歐洲列強的殖民主義；西班牙、葡萄牙和法國等強國均各自擁有龐大海外殖民領土，雖然前兩者的黃金時代早已過去，但法國的領土擴張一直持續；跟英國相同，法國的版圖面積是在第一次世界大戰後達到顛峯。二次大戰後，各殖民地的解放獨立浪潮席捲全球；1943 年，原屬法國的黎巴嫩率先宣佈獨立；此後短短十年間，敍利亞、越南、柬埔寨、寮國等亞洲國家相繼脫離法國自立。相對於亞洲，非洲的殖民地解放運動更急更快；繼最早獨立的利比亞後，1956 年有摩洛哥和突尼西亞，1958 年有幾內亞。在被稱為「非洲獨立年」的 1960 年一年內，共有十七個國家宣佈獨立，其中十三個為原法國殖民地；包括喀麥隆、多哥、剛果、貝南、尼日爾、布基納法索、象牙海岸、乍得、中非共和國、加蓬、塞內加爾、馬里和毛里塔尼亞。此後，繼面積廣大的阿爾及利亞於 1962 年獨立後，還有多個公教殖民地相繼跟隨，當中包括原屬比利時的蒲隆地（Burundi）、盧旺達（Rwanda），原屬西班牙的赤道幾內亞（Equatorial Guinea）、西撒哈拉（Western Sahara），以及葡萄牙的幾內亞比索

（Guinea-Bissau）、安哥拉、莫桑比克（Mozambique）。到 1977 年，細小的吉布地（Djibouti）脫離法國後，歐洲公教列強在非洲的殖民地可算是完全消失。不同於中、南美洲，非洲殖民地獨立後，許多均放棄歐洲宗主國輸入的宗教，轉投地區民族被統治前普遍信奉的伊斯蘭教；這情況在公教殖民地集中的北非範圍特別嚴重，公教地域因而大減。

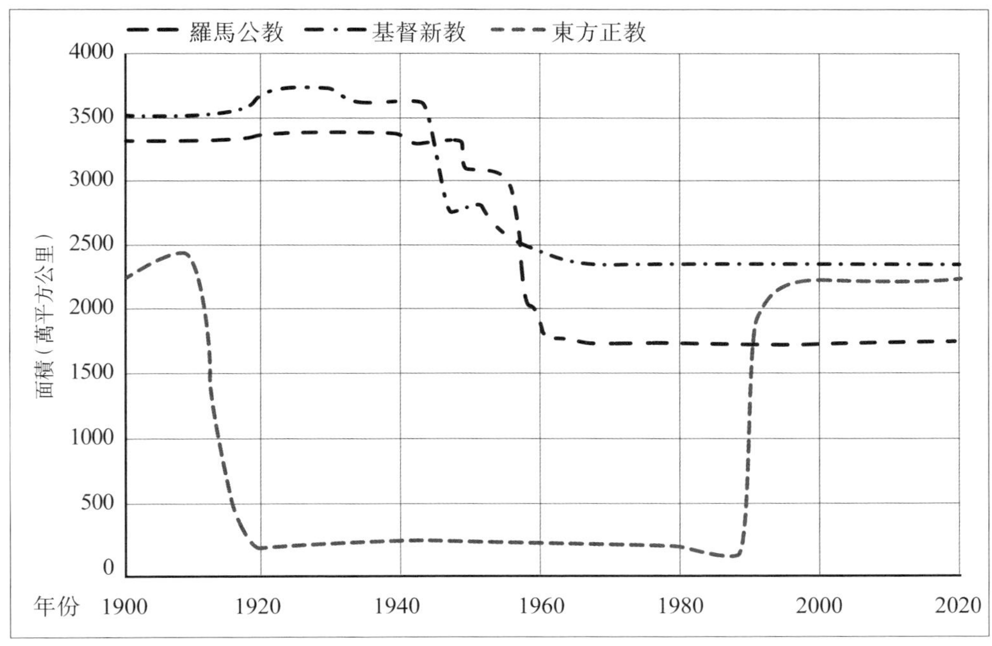

與羅馬公教類同，基督新教的領域在二次大戰後爆發的殖民解放運動中，也遭遇嚴重損失，面積大幅下滑。此前時期，基督新教地域的快速增長，主要源自英國的殖民擴張；一次大戰期間，英國還相繼奪取了卡塔爾（Qatar）、巴勒斯坦（Palestine）和約旦（Jordan），且佔領伊拉克（Iraq）廣大土地十多年；惟到二次大戰後，形勢瞬間逆轉，英國的眾多殖民地逐一解放獨立。在亞洲，印尼率先在 1945 年日本宣告投降後兩天宣佈獨立；隨後在短短五年間，約旦、印度、不丹、尼泊爾、緬甸、斯里蘭卡、巴勒斯坦、英屬新幾內亞也相繼脫離英國自立；

在 1957 至 1971 年間，還有馬來西亞、新加坡、阿拉伯聯合酋長國、科威特、沙撈越、沙巴、馬爾代夫、巴林、阿曼、卡塔爾接連脱離英國管治；到 1983 年汶萊獨立和 1997 年香港回歸後，英國在亞洲的殖民管治已告完全終結。非洲方面，英國殖民地中蘇丹和迦納最先於 1956 和 1957 年獨立；在被稱為「非洲獨立年」的 1960 年，有尼日利亞和索馬利亞脱離英國；此後在 1960 至 1968 年間，順序有塞拉利昂、坦桑尼亞、烏干達、肯尼亞、贊比亞、馬拉維、岡比亞、萊索托、傅茨瓦納、毛里求斯、斯威士蘭接連獨立；到津巴布韋和納米比亞先後於 1980 和 1990 年獲得解放，英國在非洲的殖民地也相告消失。類似相繼獨立的情況，也見於英國在歐洲、大西洋和太平洋的屬土之上。比公教幸運的是，這時從英國分離開來的殖民屬土，有大半面積仍維持屬新教領域，當中包括地土廣大的加拿大、澳洲、紐西蘭和非洲南部多個國家。

> 值得留意，在印度於 1947 年獨立時，英國為解決當地印度教徒和穆斯林的長久紛爭，提出了蒙巴頓方案（Mountbatten Plan），將土地劃分為印度和巴基斯坦（Pakistan）兩國，此後孟加拉（Bengal）又從巴基斯坦分出來，故當時真正獨立的地域遠比現今的印度為大。

5.3.2. 信徒數目的起落

雖然遍及全球的共產赤化及去殖民化，使基督宗教三大分支均出現地域縮減；但信眾人數卻未有隨之大幅下降。即使蘇共執政時期，俄羅斯正教大受逼迫，教徒數目也只是緩慢漸降；中共執政期間，宗教迫害最嚴厲的文化大革命期間，教會人數更不跌反升。回顧過往一世紀的本色整固時期，歐洲、北美信徒數目確有因世俗追求和無神哲學等因素而持續下降，但在南美、亞洲和非洲等地卻穩步增長，且接連出現復興現象；這可從下表所示這時期基督信眾數目增長中，白人比例持續下降這現實明確反映。

本色整固時期全球信徒數目演變						
年份	全球人口／萬	聽聞福音		基督信徒		
		比率	人數／萬	比率	人數／萬	白人比例
1900	161,900	45.7%	74,000	34.5%	55,800	81.1%
1914	179,800	49.2%	88,500	34.7%	62,400	76.2%
1950	252,200	54.9%	138,400	33.9%	85,500	63.5%
1970	369,600	55.6%	205,500	33.5%	122,900	56.4%
1980	445,800	60.7%	270,600	33.2%	147,800	50.5%
1990	532,700	68.4%	364,400	32.8%	174,800	47.5%
2000	614,300	73.1%	449,100	32.3%	198,900	45.2%
2010	695,700	75.3%	523,800	31.5%	219,400	43.3%
2015	738,000	75.9%	560,100	31.2%	230,300	42.8%
2020	779,500	76.4%	595,500	31.1%	242,400	42.4%

綜合來說，本色整固時期的信徒數目大致跟世界人口同步上升，也就是說世界人口上升是基督信徒增長的最大原因。當然，世界人口也偶有下跌的時刻，使基督信徒數目相應下降；例如 1914 至 1918 年的第一次世界大戰，戰爭雙方合起來，就有約 2,100 萬人喪生；1939 至 1945 年間的第二次世界大戰期間，死亡人數更高達約 5,700 萬，當中有相當比例來自傳統公教或新教國家。與全球人口增長比較，基督信徒比例早年持續緩慢下降，主要原因除廣泛的殖民解放和共產赤化外，還有無神多元哲學廣泛普及，科技工業變成偶像追求，世俗享樂不斷誘惑人心，以及西方信徒普遍生育率低等。惟因著第三世界國家的復興增長，基督信徒人口比例的下降近年已大幅緩和，逐步趨向穩定。

在基督宗教三大支派中，東正教在這時期的增幅最為緩慢；即使全球人口不斷上升，東正教的信眾人數也近乎停滯。主要原因是俄共、蘇共持續的壓迫屠殺。單在 1920 年，已有 78 位俄羅斯正教牧首（Patriarch；或譯主教長）及 12,000

聖職人員在俄共政權之下被殺害，70,000 萬教會遭祕密摧毀；到 1930 年，被殺聖職人員數目升到 42,800 位。二次大戰後，蘇共對教會的逼迫持續；1948 年，蘇共開始祕密計劃，要消滅 300 萬已轉入地下的東正教徒。學者估計，在 1917 至 1967 年蘇共主政的五十年間，被殺害人數高達 2,150 萬，其中超過 1,500 萬為東正教徒。以各大洲計算，歐洲依然是正教徒最集中的地區，從 1900 年的 10,395 萬，到 2000 年升到 15,811 萬，當中約 86% 居住東歐；第二位置則被沒有赤化困擾的非洲所取代，從 460 萬躍升到 3,530 萬；至於亞洲和北美，則分別在這一世紀裏從 686 萬和 42 萬，變成 1,411 萬和 634 萬。全球合起來，東正教徒於 1900 年有 11,500 萬，1970 年略升至 13,900 萬，1990 年回升到 20,400 萬，2000 年有 21,500 萬；一百年增幅僅 87%。

羅馬公教受共產赤化的影響遠較東正教少，信眾升幅也相對理想。雖然公教在這時期也曾遇過一些地區性挫折，例如二次大戰期間納粹德軍在波蘭處決了 6 位主教、2,030 位職品、426 位修士、數百萬信眾，阿爾巴尼亞（Albania）也在 1966 至 1986 年間殺害了 10 名主教、100 位聖品、7,000 位信徒，但相比全球增長來説影響始終輕微；加上公教跟新教一樣，積極在世界各地推動宣教，例如 1914 年公教就有 5,977 名海外宣教士在非洲服侍，故有良好發展。各大洲比較，因著歐洲深受無神哲學和世俗追求所衝擊，南美取而代之成為公教徒最多的地區，從 1900 年的 5,869 萬，躍升到 2000 年的 46,122 萬；相對地，歐洲同期只從 18,072 萬緩慢升到 28,598 萬。至於亞洲、非洲、北美和澳紐，增長也相當理想，分別從 1,116 萬、191 萬、1,301 萬、95 萬，升到 11,048 萬、12,039 萬、7,103 萬和 590 萬。綜合全球數字，羅馬公教在 1900 年有 26,600 萬信眾，1970 年升到 66,600 萬，1990 年再增至 92,900 萬，2000 年突破十億大關到 105,700 萬；一百年合共增幅 297%。

基督新教的宣教佈道工作比公教更為積極主動，增長也更理想。資料顯示，1914 年新教有 4,273 名海外宣教士在非洲事奉，另有 5,462 名在中國；二次大戰後美國積極差派宣教士到拉丁美洲，1950 年有 1,600 位，1968 年已升至 3,391 位；1945 年福音派海外宣教協會（Evangelical Foreign Missions Association）成

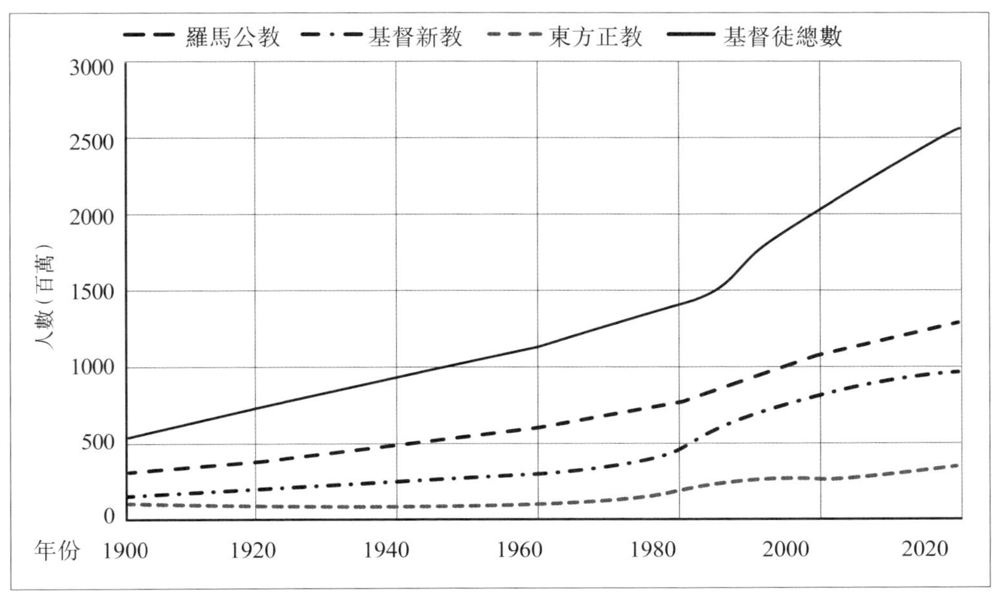

立，1964 有超過 6,000 名宣教士，1987 年倍增到 13,343 名。與此同時，新教教會也在世界各地舉行大大小小的佈道會；1967 年葛培理在英國 26 個城市巡迴舉行佈道會，參加者達 100 萬，決志者 34,000；1968 年開始的美國巡迴佈道會，兩年間決志者有 494,000 名，1980 年在南韓舉行的全國福音佈道會（National Evangelization Crusade），四天聚會有 1,650 萬人參加。除佈道會外，新教羣體還有許多福音運動，例如 1975 年為期兩年的美國生命在此運動（Here's Life, America），涉及美國 220 個主要城市，探訪 1,000 萬個家庭，向 17,900 萬人傳福音，結果有 87 萬人決志信主；翌年在印度舉行的喀拉拉邦生命在此運動（Here's Life, Kerala），共探訪 270 萬個家庭，聽福音者 990 萬，決志者達 185 萬。因著宣教佈道行動的成功，新教在非西方世界的增長特別快速；基督徒最多的地區，已不再是歐洲和北美，而是非洲和亞洲，兩地信眾分別從 1900 年的 225 萬和 454 萬，躍升到 2000 年的 21,538 萬和 20,543 萬；相反，歐洲和北美同期只從 8,447 萬和 4,533 萬，增至 12,989 萬和 15,346 萬；剩下相對數字略少的南美和澳紐，則從 169 萬和 301 萬升到 8,893 萬和 948 萬。全球合計，基督新教在 1900

年有信徒 14,100 萬，1970 年有 35,400 萬，1990 年升到 66,600 萬，2000 年則有 80,700 萬；全球一世紀增幅為 472%。

5.4. 基督新教在華的掙扎

雖然有愈來愈多證據顯示，基督宗教在唐朝以前經已來華；但由於史料確實太少，沒有如「大秦景教流行中國碑」等明確的傳教記錄，故大部分學者仍以基督宗教四度來華作為主要區分；也就是唐朝的景教，元朝的也里可溫教，明、清的天主教，以及清代的基督新教。關於前三度來華，筆者已分別在本系列早前出版的三冊專著逐一概述；本冊此部分會集中講論第四度，也就是基督新教於普世宣教運動開展後，於十九世紀初的來華。

> 馬禮遜為蘇格蘭長老會會友，1807 年受差來華，忠心事奉二十七載。因著中文聖經翻譯的成就，於 1817 年獲格拉斯哥大學頒贈榮譽博士學位。他事奉忙碌，積勞成疾，終病歿廣州；靈柩移送至澳門埋葬。

5.4.1. 清末民初的挑戰

基督新教在華傳教，史家普遍是以倫敦傳道會的馬禮遜，於 1807 年抵達中國廣州作為開始。此時中國仍為滿清時代，康熙以來因禮儀之爭而對教會發出的禁令代代持續，未有廢除；清廷且實行閉關政策，只廣州一口通商，往來全由各國貿易公司壟斷。加上當時羅馬公教仍以敵視態度視新教為異端，馬禮遜初入中華時，既無法從公教承傳過往經驗，又難於在葡萄牙管治屬公教領域的澳門立足，事奉可謂困難重重。幾經艱辛，終完成《神天聖書》的中文聖經翻譯，《華英字典》的中西語文參考，及《古時如氐亞國歷代略傳》、《祈禱文讚神詩》等教會用書編撰，為日後來華宣教奠定基礎。此後還有多位西教士接踵而至，當中較著名的有來自德國信義宗的郭實臘，美國公理宗的裨治文（Elijah C. Bridgman, 1801～1861），及美國浸信宗的叔未士（John L. Shuck, 1812～1863）。據統計，1842 年鴉片戰爭結束以前，歐美教會先後共差派六十三位宣教士來華，當中只有少數能進駐澳門或廣州等中國領域，大部分只能在如馬六甲等離岸地區事奉；因著種種傳教和信教的限制，在非常不利的環境下，此時期合共只有約一百五十人歸主，大部分屬印刷工、磚匠等基層勞工。

1842 年〈南京條約〉至 1860 年〈北京條約〉期間的連串不平等條約，對中國人來說是喪權辱國，但對宣教士來說卻是中國福音之門大開之始。因著條約的協訂，原來不准外國人逗留、不准中國人信教的規限一一消除；相反，宣教士可以不受約束地傳道和居住，自由在各地興建教堂，信徒可以得到保護，免受無理排斥與壓迫。自此以後，大量宣教士從歐美來華，當中較著名的有漢學家兼英華書院校長理雅各（James Legge, 1815～1897），主理清廷同文館三十餘年的丁韙良（William A. P. Martin, 1827～1916），創立中國內地會的戴德生，《萬國公報》主編林樂知（Young J. Allen, 1836～1907），以及對維新改革影響甚巨的李提摩太（Timothy Richard, 1845～1919）。雖然晚清時期亦有不少教案，且有義和團之亂，對傳教工作造成妨礙，但整體發展是穩步向前；據當時傳教大會的統計，1876 年共有 29 個差會來華，有宣教士 473 位，華人傳道 750 位；1889 年來華差會數目升至 41 個，宣教士 1,296 位，華人傳道 1,657 位；到 1905 年〈辛丑條約〉後，來華差會再升到 63 個，宣教士 3,445 位，華人傳道急增至 9,904 位。由於各差會統計信眾數目的標準不一，有只計算教友，有以領餐者為準，有加入慕道者，故無法確定準確信徒人數，粗略統計 1905 年全中國約有新教徒 22.2 萬。

> 戴德生於 1853 年受差來華，初期在上海、汕頭、寧波等地傳道。因宣教理念不同，1857 年脫離原有差會，並於 1865 年自創中國內地會；將差會總部設於中國，並強調要將福音盡快傳遍中國各省。

1911 年滿清被推翻，由孫中山領導的中華民國成立。經歷過去數十年的交流與爭戰，西方文化和科技的成就廣獲肯定，西學從此成為政府要員的必備資歷，基督信仰也隨之獲受重視，被視為救國的可行出路；這時，大批上流人士、知識分子接觸教會，信教者大幅倍增。然而第一次世界大戰後，西方列強在 1919 年的「巴黎和會」上對中國的欺壓，使國人極度憤慨，由此引發著名的「五四運動」。在反西方情緒高漲的氣氛下，中國教會慘遭牽連，

1922 至 1925 年爆發的「非基督教運動」，基督宗教備受攻擊，教會因之失去不少支持；為減低因西方關係所帶來的負面影響，中國教會開始推動本色化，提倡自理、自養、自傳，由此組合成本土的宗派組織「中華基督教會」。在本色化的過程裏，多位中國教會領袖相繼興起，當中較著名的有中華基督教會全國總會會長誠靜怡（1881～1939），中國本色化神學代表人物趙紫宸（1888～1979），創立北京基督徒會堂的王明道（1900～1991），著名奮興佈道家宋尚節（1901～1944），以及於各地建立小羣教會的倪柝聲（1903～1972）。雖然中國此後經歷第二次世界大戰和國共內戰，但在眾多西教士和華籍教牧的努力事奉下，中國教會仍有不俗增長；據統計在中共立國以前，有約 150 個差會在華工作，宣教士 6,204 名，另華人同工約 13,000 名，入教信徒達 82.3 萬名。

1934 年設於澳門基督教墳場之「馬禮遜博士去世百年紀念碑誌」

基督教辦正宗之來華佈道也，自馬禮遜先生始，事前特習天文、醫藥、華文以為備。一八零七年假道美洲竟二百廿二日之航程，安抵羊石；名寄商場，實則祕密宣教。雖在滿清政府厲禁，與羅馬教嚴密監視中，絕不稍阻在澳門開設印刷所，將手譯聖經、禱文、讚神詩、證衞小箋等，次第刊行。復於麻六甲創設英華書院，培育後秀；于此黑暗專制時代，冒險工作，勇往直前，謂非神助不可。先生體弱而公忙，遭際陋劣而險惡，除長子追隨左右處，家人復遠留故里，音訊二百餘發，得報僅二通處，茲苦境仍努力不懈，用能奠中國教會基礎，厥功偉矣。一八三四年八月一日病亟彌留時，信徒數輩撫榻悲鳴，先生猶慰之，曰百年後當萬倍其實，信仰之篤，眼光之邃，洵非庸眾所及……

5.4.2. 中共治下的掙扎

1949 年，擁護無神論思想的中國共產黨上台。雖然在統一戰線的原則下，中共容許基督宗教繼續存在；1982 年第五屆全國人民代表大會通過的〈中華人民共和國憲法〉，第三十六條且聲明「中華人民共和國公民有宗教信仰自由」，且保證「國家保護正常的宗教活動」；但教會所面對的監管與規限卻愈來愈緊，效忠上帝與效忠政權，成為許多中國基督徒必須二選其一的艱難抉擇。

以斷絕與歐美帝國主義聯繫之名，中共要求教會採納自養、自治、自傳的三自原則。1950年韓戰爆發，中共提出「抗美援朝」介入；翌年「中國基督教抗美援朝三自革新運動委員會」成立，由吳耀宗（1893～1979）領導，以組織教民參與反美為使命。1953年韓戰結束，翌年「中國基督教三自愛國運動委員會」於北京成立；該會1954年的簡章聲明，其成立宗旨為「團結全國基督教，促進中國教會徹底實現自治、自養、自傳，積極參加反帝愛國及保衛世界和平運動」。此後，藉著連串的控訴大會，許多著名華人教會領袖包括倪柝聲、王明道等遭到迫害，相繼被捕入獄，全國各地教會以統一管理之名被迫合併，堂會數量大減；中共還宣佈三自會以外的教會活動皆屬違法，又判自由傳道為反共。漸漸地，宗教變成革命洪流的敵人，教牧領袖要被改造，接受政治教育；因著聚會受到限制，轉入地下的家庭教會相繼湧現，以維持基督徒的信仰生活。

1966至1976年的文化大革命，除了是中共黨主席毛澤東（1893～1976）打擊國家主席劉少奇（1898～1969）的政治鬥爭外，也是宗教被攻擊打壓最嚴厲的十年。這段期間，全國教會建築大部分被紅衛兵佔據，產業契據被迫上繳有關部門，桌椅、鋼琴、風琴等有用物資皆遭奪去，十字架、聖像、教堂飾品全被搗毀，聖經、詩歌、宗教書籍則被送到造紙廠化掉。先前獲中共肯定的三自會，此時也被指為「劉少奇與吳耀宗的一個陰謀」而被迫解體，三自會領袖皆受到不同程度的迫害，受盡種種折磨，甚至要被迫寫決心書永遠與耶穌決裂。三自會如是，不獲中共認許的家庭教會所遭遇的迫害更甚；許多信徒被抄家、批鬥、遊街、毒打，甚至虐殺。然而，環境雖然惡劣，但中國基督徒人數卻不跌反升；信徒羣體靈活地在家庭、荒野、墳地、山坡等地祕密聚會；聖經、宗教書籍雖被銷毀，信徒卻藉抄寫少量保存下來的經卷彼此教導；受過訓練的牧者被囚，平信徒便興起領導。磨難不單沒有使教會萎縮，相反更煉淨聖徒，鍛鍊他們的信心；信徒被下放各地，反助福音得以向外擴散。

1976年毛澤東逝世，四人幫倒台受審；華國鋒（1921～2008）短暫掌權僅年餘，即轉入鄧小平（1904～1997）時代。1978年中共十一屆三中全會，全面削弱華國鋒力量，修正毛澤東極左路線，奠定鄧小平改革開放政策。1981年十一屆六中全會，宣判文化大革命為錯誤，全面採納鄧小平社會主義現代化倡議；發展經濟、提升國力取代意識形態的控制，成為國家全力追求的首要任務。宗教政策也在這前提下獲得放寬，1982 年中共中央發出的〈十九號文件〉，重新肯定愛國宗教組織的角色，合理安排宗教活動場所，保障一切正常宗教活動，且容許中國宗教界與外國作學術交流，彼此互訪。因應文革後國內教會需要，「中國基督教協會」成立，以協助牧養、培訓、出版、聯絡等事工；1986 年通過的會章，聲明協會宗旨是：團結全國信徒，在聖靈的帶領下，依照聖經，同心協力，辦好自治自養自傳的教會。不單如此，相對寬鬆的政策也讓各地家庭教會如雨後春筍般湧現，且在少受壓制的情況下快速增長。學者統計，1976 年中國有新教徒約 500 萬，1982 年升至 2,500 萬，1985 年已達 5,000 萬；增長率為全球之首。

1987 年反資產階級自由化，領導改革開放的胡耀邦（1915～1989）被迫辭任黨總書記職位，標誌著左傾勢力再次抬頭。1989 年的天安門事件，另一主張開放的領導人趙紫陽（1919～2005）也接續下台；立場偏向保守的江澤民（1926～2022）突然冒起，成為繼毛澤東、鄧小平後中共第三代領導人，宗教政策始見收緊。1991 年中共中央發出的〈六號文件〉，要求地方政府加快宗教立法工作，此後各省、自治區、直轄市紛紛訂立宗教事務管理條例，就地區內部宗教活動作出具體規範。1994 年國務院發佈的〈145 號令〉，要求所有宗教活動場所必須進行登記；由此衍生家庭教會內部的分化，出現接納和抗拒登記的二分，情況延續至今。江澤民以後，胡錦濤（1942～）與習近平（1953～）先後於 2005 年及 2013 年，接掌國家主席要職；隨著領導人的取向和態度，中國的宗教政策時鬆時緊。惟在神的大能引導下，中國教會早已變成人數眾多、信仰堅固的信徒羣體，有能力和經驗在任何逆境中穩步前行。學者統計，1995 年中國有新教徒 8,000 萬，2000 年再升到 9,000 萬，大部分屬家庭教會。

中國基督教三自愛國運動委員會簡章（1954年）	中國基督教三自愛國運動委員會章程（1986）	中國基督教協會章程（1986）
2. 本會宗旨為團結全國基督徒，促進中國教會徹底實現自治、自養、自傳，積極參加反帝愛國及保衛世界和平運動。 3. 本會尊重各教會的信仰、制度和儀節，並提倡各教會在信仰、制度和儀節上互相尊重。	2. 本會為中國基督教的反帝愛國組織，其宗旨為：在中國共產黨和人民政府的領導下，團結全國基督徒，熱愛祖國，遵守國家法令，堅持自治、自養、自傳，獨立自主、自辦教會的方針，保衛三自愛國運動的成果，協助政府貫徹宗教信仰自由政策，並積極把我國建設成為高度民主、高度文明的社會主義現代化強國，為促進台灣回歸祖國，實現祖國統一，為反對霸權主義，維護世界和平而貢獻力量。	2. 本會宗旨是：團結全國所有信奉獨一天父和承認耶穌基督為主的基督教信徒，在同一位聖靈的帶領下，依照同一本聖經，同心協力，辦好我國自治自養自傳的教會。 3. 本會為全國所有教會，所有信徒在聖工上提供服務，並主張在信仰上互相尊重，在眾肢體間的關係上「用愛心互相寬容，用和平彼此聯絡，竭力保守聖靈所賜合而為一的心」。

宣教理念與實踐的關係

對許多當代福音派基督徒來說，普世宣教是從威廉克理才正式開始；此前因基督教政權的殖民擴張所帶來的教會增長，根本算不得宣教。按此，梁家麟批評改教家：「憲制的宗教改革者大都沒有清晰的宣教與佈道意識，他們也不曾推動任何跨文化的宣教工作。更正教的海外宣教思想和行動起步甚晚，遠比天主教所做的遜色。」然而細研改教家的事奉和著作，不難發現他們大部分均有很強宏揚福音的意圖；學者魯儀（Sidney H. Rooy）論到加爾文時寫道：「藉著數以百計給舊學生、各地君主和教會領袖的書信，加爾文激烈推廣教會宣教。」為何學者們有這差別如此巨大的結論？對宣教定義的不同是其中關鍵。回顧二千年的教會歷史，宣教理念多次出現明確的搖擺變遷，帶來相異的宣教實踐。綜合而言，可以歸納為以下幾個向度的差別：

一、羣族歸主 v.s. 個人皈依：普世宣教運動以前，新教主流宗派認為，教會只有責任向基督教政權治下的人民傳揚福音；這是一種可追溯到羅馬帝國時期的國教觀念，〈奧斯堡和約〉(Peace of Augsburg)中「誰的領土、誰的宗教」的協議，基本上是這觀念的具體展現。按此觀念，領人歸主就是要基督教政權擴大領土，軍事入侵、殖民管治只是過程中使用的手段。普世宣教運動以後，宣教理念從羣族變成強調個人；要透過福音分享，逐一引導聽道者皈依歸信。如此，就需要差派大量傳道者、宣教士，向未得之民傳揚福音、見證基督；這也是現今大部分福音派教會對宣教的理解。

二、歸入基督 v.s. 認識真理：現代福音派教會很注重向未得之民宣教，特別是向那些抗拒基督的地域，如共產世界、伊斯蘭國家；他們會視這些為受魔鬼掌控之地，要努力將福音傳揚，讓光明進入黑暗，將被捆鎖的靈魂搶救出來。傳統基督宗教地區，如歐洲、美洲等，不論信仰立場如何，均鮮有被列為宣教工場。改教家對宣教對象有不同的見解；他們親身體會中世紀公教的敗壞和壓制，普遍認為羅馬教廷正是魔鬼的座位，要拯救靈魂優先是將人從公教迷信中挽回，幫助他們正確明白聖經；宣教不單要帶領未信者歸入基督，也要引領誤信者認識真理。

三、決志祈禱 v.s. 作主門徒：宣教有分同文化、近文化和跨文化，華人教會普遍稱同文化宣教為佈道。惟佈道所關注的往往是福音對象是否決志，彷彿決志與否決定佈道行動的成敗。然而，主耶穌頒佈的大使命，要求的是使萬民作祂的門徒；除奉三一神的名施浸外，還要將主所吩咐的都教導初信者遵守。是故，具有扶助信徒實踐真道作用的崇拜、團契、主日學等聚會，原則上都屬宣教行動的踐行。英國的循道運動和美國的大覺醒，宣講奮興的主要對象正是那些曾接受嬰兒水禮的掛名信徒；若然將大使命的定義勉強收窄為引領未信者決志，這一切都不能視為宣教。

四、天國福音 v.s. 整全使命：近代宣教理念討論得較熾熱的，是所謂的「整全使命」(Integral Mission)，就是要全面關顧福音對象的需要；強調除分享信仰、領人歸主外，還要憐憫有需要的人，爭取社會公義與和平，為主的緣故關愛和服侍人羣，以負責任的態度使用資源、愛護地球。這些是 2010 年第三屆洛桑會議所發表〈開普敦承諾〉(Cape Town Commitment)的強調重點；

與傳統只注重靈魂得救的天國福音策略，有著顯著分歧。無疑，主耶穌所傳講的福音，確實包含使被擄得釋放的現世角度；惟如何取得平衡，避免將宣教變為世俗的社會服務，卻是最常見的難題。

五、遠方宣教 v.s. 地上見證：華人教會傳統對宣教的理解，是由具一定財力資源的差派教會（sending church），或聯同多間支持教會（supporting churches），透過熟悉相關工場的差會，差遣宣教士到遠方傳道服侍、領人歸主；當中差遣者為教會，督導者為差會，受差者為宣教士。然而，當代神學家巴特卻提倡「神的宣教」(*Missio Dei*)之觀念。按照約翰福音二十章21節主耶穌所說：「父怎樣差遣了我，我也照樣差遣你們。」主張教會是三一神所差派，在地上為祂作見證的信仰羣體；當中差遣者是主耶穌，督導者是聖靈，受差者是普世教會。按此理解，教會在社區中活出見證本身就是宣教。

宣教理念不同，宣教實踐也必然會出現差異。前述梁家麟對宣教的理解，明顯與魯儀不同，故有截然相反的結論。究竟甚麼才是宣教？上述各個對立的向度，幾乎全部都能找著一定聖經經文和歷史事例作為支持。地方堂會在推動宣教事奉之時，必須先認真反思自身所擁抱的宣教理念；同時，要小心自以為是、故步自封，避免隨意指斥他人缺乏宣教理念。當緊記自身的理解不是絕對，神可用不同宣教理念的實踐來成就祂對世人的心意，我們只管憑所領受的忠心事主，在聖靈的領導下各盡其職。

溫習及思考問題

1. 在現代時期判斷國土是否屬基督教領域上，有哪四類難於定義的原因？

   a. ____________________

   b. ____________________

   c. ____________________

   d. ____________________

2. 試在下列圖表上標示基督宗教各教派地域面積上升和下降的原因。

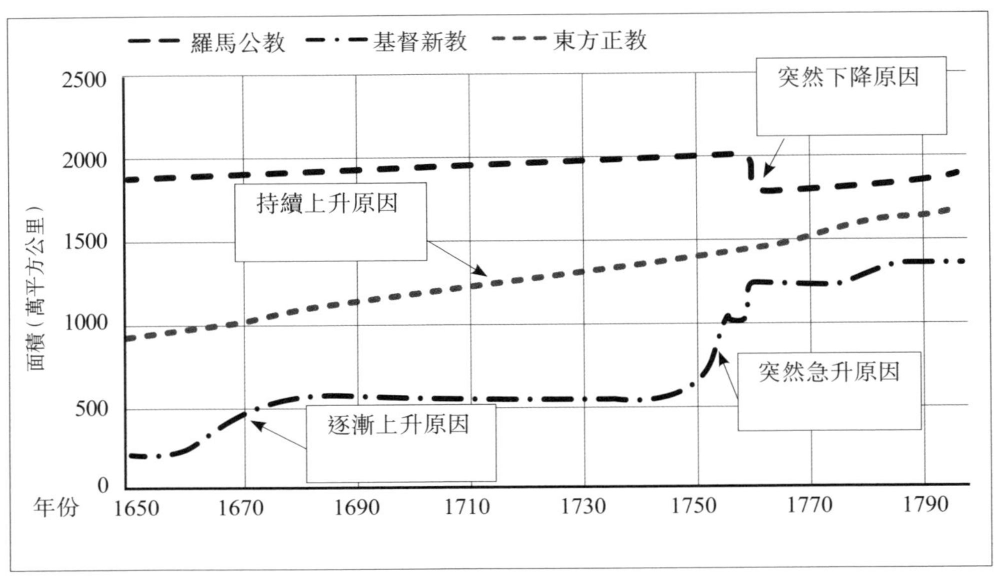

3. 試在下列圖表上標示基督宗教各教派人數轉變的原因。

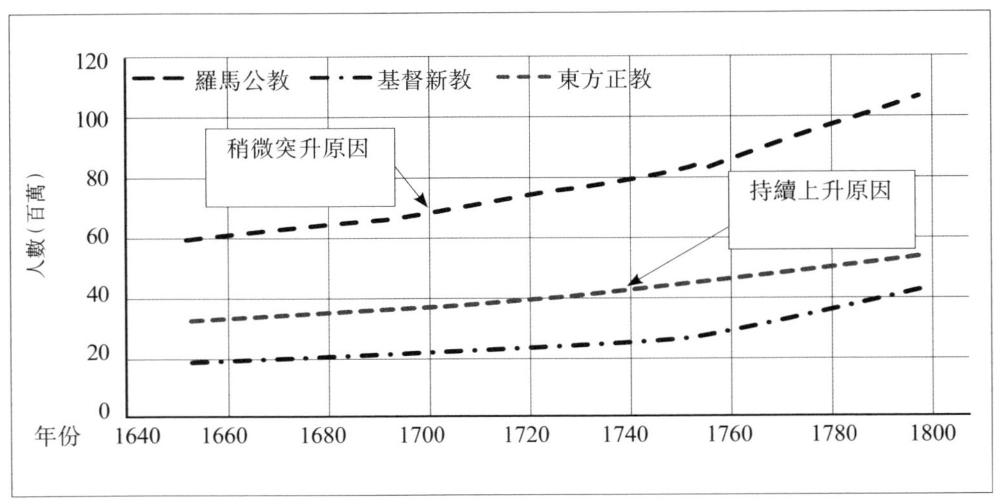

4. 試在下列圖表上標示基督宗教各教派地域面積上升和下降的原因。

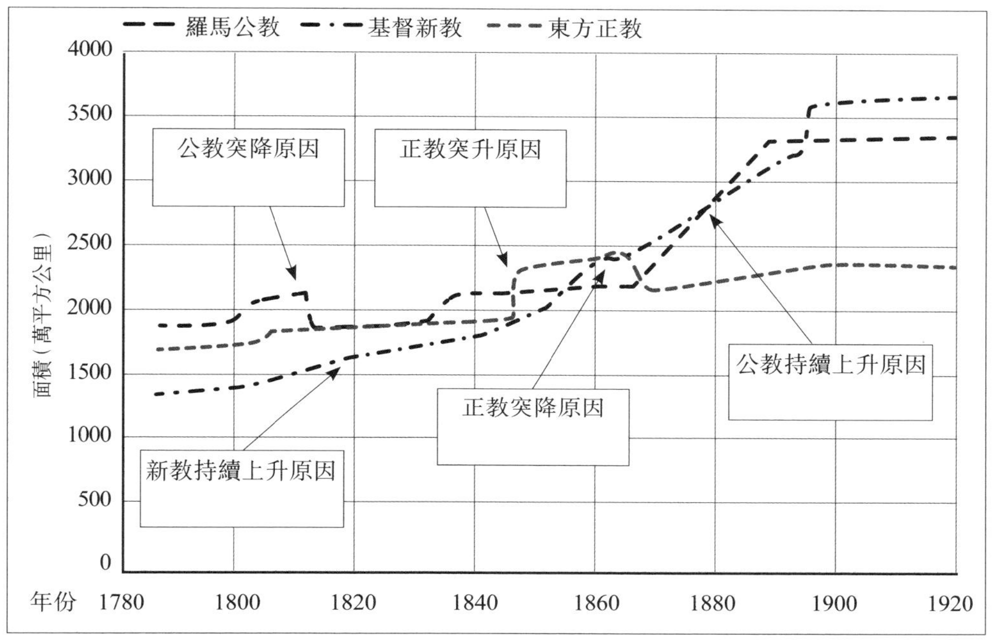

5. 試在下列圖表上標示基督宗教各教派人數轉變的原因。

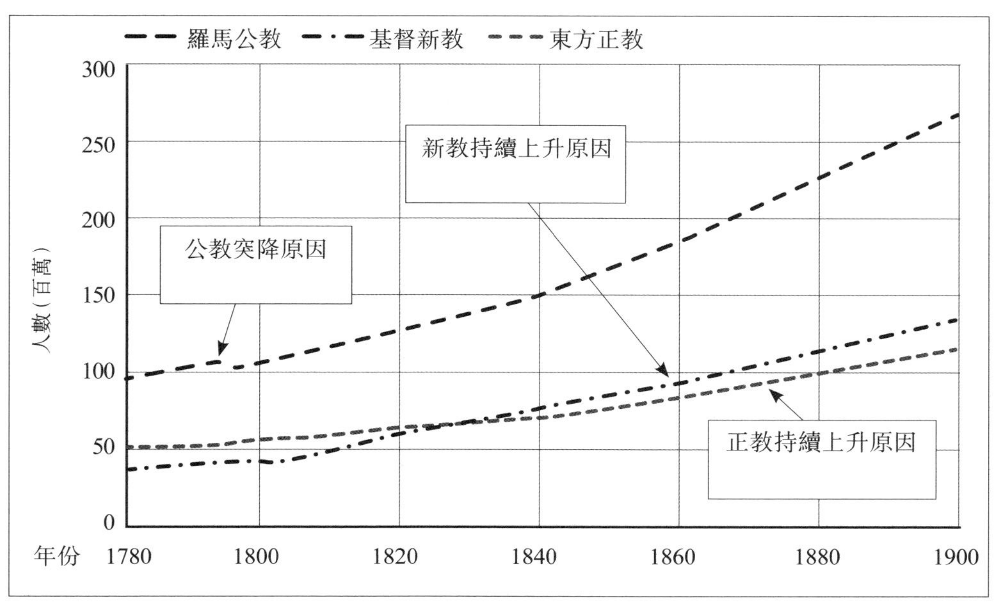

6. 試在下列圖表上標示基督宗教各教派地域面積上升和下降的原因。

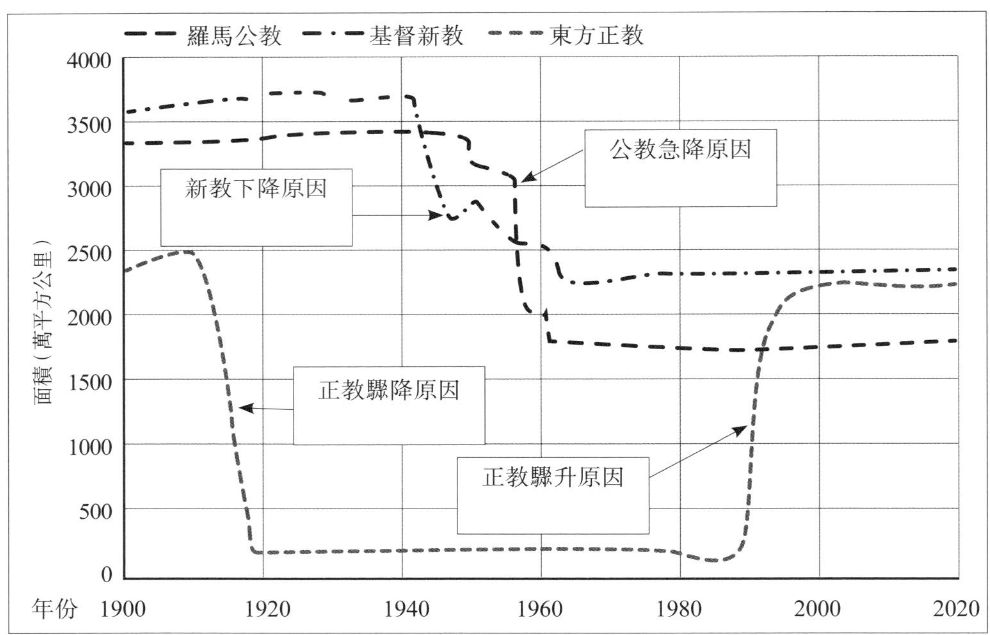

7. 試在下列圖表上標示基督宗教各教派人數轉變的原因。

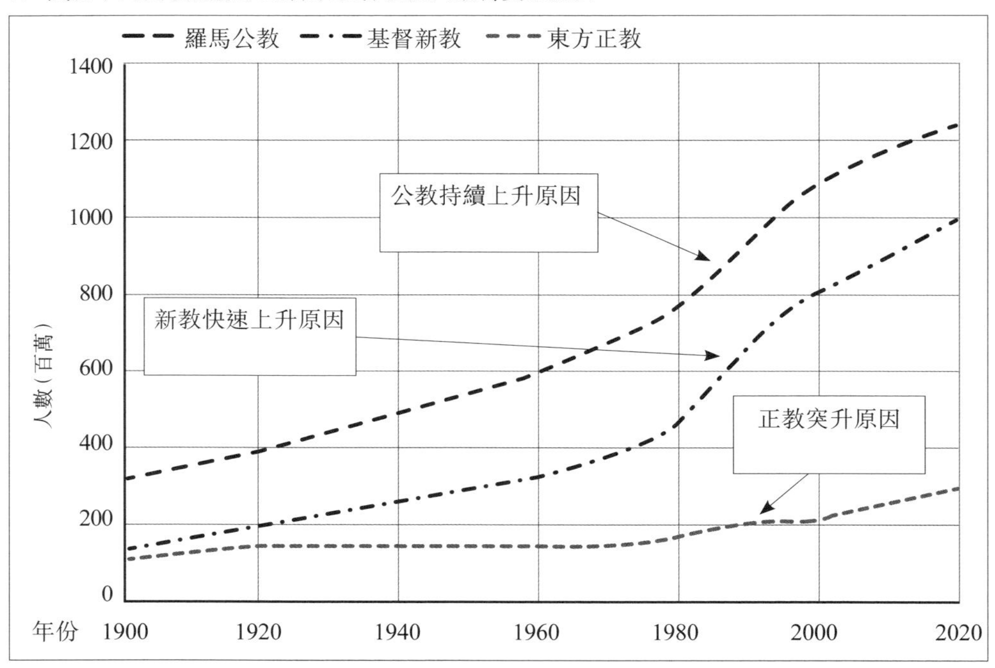

8. 請簡述下列人物或事件對基督教在華發展的影響。

朝代	事件	影響
人物	馬禮遜	
	戴德生	
	李提摩太	
	誠靜怡	
	趙紫宸	
	倪柝聲	
	吳耀宗	
事件	五四運動	
	三自運動	
	文化大革命	

9. 現代時期各教派在地域上和人數上的轉變，對你有何啟發與提醒？

10. 基督教會在中共治下的掙扎，對你今日應對時局有何啟迪？

進深閱讀書目

曹偉彤主編：《山道期刊》。卷九第二期：《宣教神學與實踐》。香港：香港浸信會神學院，2006。

趙天恩、莊婉芳：《當代中國基督教發展史》。台北：中福，1997。

Barrett, David B., George T. Kurian, and Todd M. Johnson. *World Christian Encyclopedia: A Comparative Survey of Churches and Religions in the Modern World*. 2nd Edition. New York: Oxford University Press, 2001.

Yates, Timothy. *The Expansion of Christianity*. Downers Grove: IVP, 2004.

屬靈傳統

在過往二千年裏，基督教會出現過許多屬靈傳統，塑造著不同信仰羣體的屬靈追求。初期教會以殉道為值得嚮往的終局，注重為主犧牲的捨己屬靈傳統；承襲沙漠教父的神人合一榜樣，東方正教倡導安靜默想的默觀屬靈傳統；配合努力藉聖禮和善行積賺善功的神學教義，羅馬公教鼓吹虔守禮儀的聖禮屬靈傳統；在強調惟獨聖經、活出信仰的潮流下，基督新教普遍高舉真理教導的聖道屬靈傳統。來到現代時期，過去屬靈傳統的影響代代延續；惟隨著時代轉變，新興的信仰追求相繼湧現。當中影響較廣的，有弟兄會羣體主張離罪成聖的聖潔屬靈傳統，社會福音人士努力推動關注社會公義的正義屬靈傳統，以及自五旬宗開始追求聖靈彰顯的靈恩屬靈傳統。這些追求並非獨立存在，而是滲透在各原有教派之中，形成複雜而多元的信仰表達。

6.1. 教理與敬虔的屬靈取向

改教家昔日努力推動宗教改革，建立新教羣體，是要糾正中世紀羅馬公教的謬誤，要將信仰詮釋回歸到合乎聖經的道路上。為此，改教家特別重視神學教義，包括對施行聖禮的理解，即使立場稍有分歧，也會慎重協調商議，甚或堅決排斥抗拒。路德與慈運理因聖餐觀分歧而最終分道揚鑣，布靈爾（Heinrich Bullinger, 1504 ～ 1575）與加爾文幾經艱辛才協調出《第二瑞士信條》（*Second Helvetic Confession*），信義宗的《協和信條》（*Formula of Concord*）也是經歷許多爭議與讓步才成。跟隨前輩榜樣，宗教改革後的主流宗派均非常重視正統教義；由此衍生以準確傳授和掌握宗派教義，為信眾首要追求的教理屬靈取向。惟此時卻在歐美各地出現一批又一批、對當時教會信仰低落光景深感不滿的羣眾，認為信徒生命比神學教義更為重要，逐漸形成強調真誠悔改、投入信仰、活出真道的敬虔屬靈取向。

6.1.1. 教理屬靈取向

因著對中世紀羅馬公教的抗拒，早期新教宗派均努力區分真假教會；在貶抑公教為假教會的同時，亦為真教會的判斷訂定標準。信義宗在《奧斯堡信條》（*Augsbury Confession*）就聲明，教會是聖徒的結合，在其中「福音得以純正地宣講，聖禮得以正確地施行；教會真正的合一，只在乎純正地教導福音及施行聖禮」。加爾文在《基督教要義》（*Institutes of the Christian Religion*）表示分辨真假教會的惟一準則，就是「傳揚純正的教義及正當地施行聖禮」；按此，改革宗的《第二瑞士信條》明言真教會的標記是「合規和誠實地宣講神的道」。與之類同，聖公宗的《三十九條信綱》列明基督有形的教會是由聖徒組成，在其中「神的道得以純正地宣講，聖禮得以按照基督規條妥善地施行」。立場相當一致，這些新教的主流宗派均以純正地宣講福音和正確地施行聖禮，為判辨真假教會的判準。本來這兩個判辨標準均相當合理，正統教會總不能接納異端信仰吧！然而，這時期的教會卻普遍抱持狹窄的神學立場，稍有不同均會將對方定性為非我族類而加以排拒。

基督新教主流宗派的教會觀		
信義宗	改革宗	聖公宗
我們的教會又教導人：一聖基督教會必永遠長存。教會是一切聖徒的結合，在其中福音得以純正地宣講，聖禮得以正確地施行；教會真正的合一，只在乎純正地教導福音及施行聖禮。至於人所制定的遺傳、禮儀，各地不必盡同。正如保羅在以弗所書說：「一信、一洗、一上帝，就是眾人的父。」 《奧斯堡信條》第七條	我們分辨真假教會惟一的準則，是哪裏傳揚純正的教義及正當地施行聖禮，那裏就應當被信徒稱為教會；除此以外，無論裏面的人犯多大或多嚴重的罪，我們不應當因此拒絕承認這是真教會。……既然真教會是真理的柱石和根基，那麼當謊言開始作王時，教會就不可能繼續存在。 加爾文：《基督教要義》4.2.1	凡是誠心相信基督的聖徒聚集成會，在其中神的道得以純正地宣講，聖禮得以按照基督規條妥善地施行，沒有遺棄聖禮中的主要元素，那裏就是基督有形的教會。昔日耶路撒冷教會、安提阿教會、亞歷山太教會都有錯謬，羅馬教會也陷在錯謬之中，不僅是在禮儀上，也在信仰上。 《三十九條信綱》第十九條

經過長久的神學爭議，信義宗就在 1577 年的《協和信條》對信洗派加以抨擊，當中指斥對方的教義立場，包括「當兒女能使用理性自己承認信仰時，才該給他們施行水禮」，以及「基督徒不能以無虧的良心任政府公職」。前者對嬰孩水禮的抗拒，是今日不少福音派教會仍抱持的立場；後者與政教分離的原則有關，特別當時信洗派廣泛受到各地政權所逼迫，又怎能支持為政權服務？《協和信條》同時又譴斥史文克斐派（Schwenckfeldians），針對教義包括該派認為水禮的水不是神「印證兒女的名分、使人重生的媒介」，及聖餐的餅和酒不是基督「藉此分遞祂身體和血的媒介」；這兩項譴斥完全是以信義宗的神學出發，今日的新教羣體已鮮有以史文克斐派這些聖禮觀為錯謬。擁有君權支持的英格蘭國教聖公宗，不單要劃一教義立場，壓迫一切不肯接受《三十九條信綱》的牧者領袖；他們且爭取統一禮儀，十六世紀中葉英格蘭議會通過《統一法案》（*Act of Uniformity*），要求所有英格蘭教會都得採用《公禱書》（*Book of Common Prayer*），違者得遭受處分。改革宗的神學立場雖相對包容，但也在 1618 至 1619 年召開的多特會議（Synod of Dort）上，以源自加爾文的預定論為教義標準，將亞米紐斯主義訂為異端，並將相關牧者領袖革職懲處。

在此種對宗派教義和禮儀的強烈關注下，教會聚會漸漸變成不斷循環的禮儀施行和教義傳遞，神學論述幾乎成為公共崇拜的主要宣講內容，屬靈生命的模塑卻是欠奉；因著信眾大部分自幼接受嬰孩水禮，教會充斥著許多未曾真正悔改歸主的聚會者。敬虔主義領袖施本爾所撰寫的名著《敬虔願望》，首部分就先指斥當時教會的腐敗；施本爾心痛道：「現今教會中，除了神依其無盡美善所留給我們的聖經和聖禮外，似乎各方面都有缺欠。」對於聖職人員，他指斥對方「不僅到處有人犯下公開的罪行，也有些看來根本不像是認識或服事基督的人」。上梁不正下梁歪，普羅信眾更是不堪；對此，施本爾歎息道：「要在眾多掛名的基督徒中間，找出幾個真正、真實的基督徒，是何等的困難！」如此低落的屬靈光景，無怪乎約翰衛斯理乘船往北美喬治亞殖民區宣教途中，遇上狂風巨浪，當屬莫拉維弟兄會的德意志人能靠主平靜唱詩時，屬主流宗派聖公會的英格蘭人卻驚懼地「發出很可怕的喊聲」。

6.1.2. 敬虔屬靈取向

主流宗派只注重純正教義、正確施禮，卻忽略普羅信眾的生命建立與造就，結果導致教會長期信仰低落；面對如此光景，歐美各地相繼興起屬靈領袖，鼓吹敬虔追求，以糾正謬誤。敬虔主義領袖施本爾，在《敬虔願望》中指斥當時教會種種問題後，隨即提出改善建議，當中包括六項。第一，鼓勵透過在信徒家中的敬虔團契，藉著講解、提問和討論，一卷一卷地認真研讀整本聖經；施本爾強調「改革的首要憑藉，是用神的話——不僅聽道，也要讀經、研讀和討論」，他相信只要神的道在人心裏，靈命就會被奇妙地提升。第二，建立及積極操練屬靈祭司的職分；施本爾解釋，牧者之所以無法應付所有牧養需要的主要原因，是缺少信徒祭司的幫助，相反若果信徒祭司各盡其職，就能分擔牧養重責，成就更好的果效。第三，將信仰的知識實踐在日常生活之中；施本爾且提倡牧者、信眾間建立一種彼此監督的關係，定期向對方報告自己的生活踐行，檢討有否忠誠地實踐信仰、愛神愛人。第四，要注意與非信徒、異端者進行宗教辯論時的表現；要活出良好榜樣，避免不必要的冒犯，以溫和堅定的態度陳明真理，讓對方體會基督徒所作的一切都是出於真誠的愛；施本爾強調，辯論並不足以將真理注入錯謬者內心，神聖的愛是不可或缺的。第五，改革訓練牧者的神學教育；神學教授當以身作則、敬虔愛主，他們要行事有節制，隨時説造就的話，重視過聖潔生活，能留意學生問題時加提點，細察學生特質因材施教，如此才能培育出具質素的牧者。第六，講道當以造就信眾生命為目標；講台不是講員炫耀自己能力的地方，不應為表現個人學識淵博而大談普羅信眾聽不懂的內容，卻要顧及大多數平凡會眾的需要，按部就班、有條不紊、修飾合宜地宣講，好叫聽道者的靈命得著培養，品格得蒙造就。

有關這時期教理與敬虔屬靈取向的對比，可見於約翰衞斯理前赴北美喬治亞殖民區宣教時，在船上遇上狂風巨浪的經歷。約翰於《衞斯理日記》中記載，當時他遇上一羣受敬虔主義薰陶的德意志莫拉維弟兄會信徒，他們有極嚴肅、極謙卑、極信靠的表現，與注重教理純正的英格蘭聖公宗信徒截然不同；他們替同船旅客做低賤的工作卻不受任何報酬，被人推撞、擊打或衝倒卻沒有半句怨言，以此來矯正驕傲、操練謙遜；在浪濤衝擊、船帆撕裂、甲板淹浸的危急關頭，聖公宗信徒驚懼得發出可怕的喊聲，莫拉維弟兄會信徒卻不論男女大小，均能鎮靜地繼續唱詩敬拜。事實上，循道運動中於英美各地廣泛舉行的露天佈道聚會，目的正是要勸勉那些自幼接受嬰兒水禮的掛名基督徒，就是那些只講正確教義卻欠缺敬虔生命的信眾，悔改離罪、重燃信心、靈命復興。因著循道運動挑戰著聖公宗的傳統，兩派羣體時有衝突。約翰於 1739 年 8 月 27 日的日記記載，當日他花上兩個小時，與一個來自聖公宗國教的人辯論，他竭力要說服對方，使之相信他「並非英格蘭國教的敵人」；這人雖承認約翰所傳的與教會傳統無異，但不能接受他「在教堂以外傳講」；然而，此人至終也承認因著約翰的教導，「許多從前因無知而走在滅亡路上的人，已從黑暗中被領進光明」。在 1740 年 9 月 16 日的日記中，約翰記述他事奉的果效道：「許多人初到我們這裏來時兇狠如獅子，但在短時間內竟溫純如羔羊；那些起初反對及褻瀆的人，大多流淚悔改了。」

承襲前人追求敬虔的信念，以及眼見循道運動領袖懷特腓德在北美宣講所帶來的復興，美國大覺醒核心人物愛德華滋，在其著名講章《在忿怒上帝手中的罪人》（*Sinners in the Hands of an Angry God*）中也有類似呼籲。在警告信徒有機會沉淪跌倒、墮進地獄的惡果後，他呼籲聽眾說：「你們凡未被聖靈的大能將心靈大幅改變的，凡未被重生新造、未從罪中死活過來、未進入新生命和亮光的人，都落在忿怒的神手中。」這忿怒乃從無限的神而來，猛烈無比，極其可怕，且長達永久；要逃避這恐怖的災禍，無論男女老幼都得趕緊聽從神的道，認真悔改歸正。在講章最末，愛德華滋呼籲會眾：「凡未歸基督的，如今要醒來，逃避那要來的忿怒；全能神的忿怒，現在必然臨到這大部分的會眾頭上；各人要趕緊逃出所多瑪：逃命罷，不可回頭看，要往山上逃跑，免得你被剿滅。」這種對主流宗派羣體的批判，對追求敬虔生命的重視，也見於十九世紀的普利茅斯弟兄會，以及二十世紀組成的播道會等宗派羣體之中。

教理與敬虔屬靈取向的對比		
	教理屬靈取向	敬虔屬靈取向
誘發因由	對羅馬公教錯謬教導的反動 及對改教時期教義爭議的堅持	對主流宗派欠缺生命的反動 及對回復敬虔活出真道的渴望
追求取向	純正教義、正確施禮	真誠悔改、活出信仰
代表羣體	宗教改革的主流宗派： 德意志信義宗 瑞士改革宗 英格蘭聖公宗	宗教改革後新興羣體： 莫拉維弟兄會 循道衞理宗 普利茅斯弟兄會

6.2. 個人與社會的福音行動

現代教會另一個屬靈追求的對立，是個人福音與社會福音的分歧。「福音」一詞源自希臘文 εὐαγγέλιον，意即「好消息」；這字在新約聖經出現超過七十五次，指的就是神藉耶穌實現了祂對以色列的應許，為人類開啟了一條得救之途。《當代神學辭典》指出這信息包含有六個基本要素：(1)預言已經應驗，基督成為肉身，開始了新約時代；(2)祂生在大衞家；(3)祂按聖經所説死了，為要把祂的子民從罪中拯救出來；(4)祂被埋葬，又按經上所記，第三天從死人中復活；(5)祂被高舉，成為神的兒子，是死人與活人的主；(6)祂要再來，審判世界，並把祂的救贖工作完全成就。然而，這種救贖工作、這個新約時代，重點是個人得贖，還是羣體得釋？聖經似乎兩種取向皆可找到支持；由此衍生近代個人福音與社會福音兩種信仰追求的努力。

6.2.1. 個人福音取向

宗教改革時期的主流教派如信義宗、改革宗、聖公宗等，原來皆抱持地區宗教的信念，就是所謂「誰的領土、誰的宗教」的〈奧斯堡和約〉(Peace of Augsburg)原則。惟隨著自由教會日漸普及，個人的信仰立志和抉擇，逐漸成為部分基督新教羣體的關注重點，由此產生可溯源到十八世紀初興起的福音主義

（Evangelicalism），以及抱持相關信念的福音派教會（Evangelical church）。福音主義是基督新教內一個跨宗派運動，其根源可追溯到清教主義、敬虔主義、循道運動和大覺醒中基督徒的信仰追求；近代的代表性領袖有司布真、慕迪、查普門、鍾馬田（D. Martyn Lloyd-Jones, 1899 ～ 1981）、葛培理、斯托得（John R. Stott, 1921 ～ 2011）和包樂等。時至今日，全球約有六億福音派信眾，散佈不同宗派、不同地域、不同種族。

> 「基要派」（Fundamentalism）與福音派的關係，歷來見解不一；有將兩者分為兩派，也有視基要派為福音派中較保守的羣體，端視乎判斷的層面。從神學取態角度，福音派常被視為介乎自由派和基要派的中間立場；然而從信仰表達角度，基要派又常與福音派連為一體，與靈恩派作對比，前者重視聖經真理，後著注重聖靈引導。

福音主義一般有幾個強調重點，包括：（1）罪惡捆鎖。因著犯罪墮落，世人都陷在罪中，被罪捆綁，無力自救，要面對死亡的刑罰；（2）十架代贖。為拯救人類脫離困境，基督道成肉身來到世間，藉著死亡和復活為人代贖犧牲、帶來救恩；（3）認罪悔改。人要得著救恩，就要誠心悔改，痛悔往昔罪過，立志回轉歸正；（4）因信稱義。悔罪後還要歸信基督，決志宣認耶穌為主，藉此領受祂所設立的救恩，罪得赦免；（5）得著基業。歸信者隨即可得著神所應許的種種祝福，包括與神和好，進入天國，今世有豐盛生命，來世得永生福樂；（6）得救確據。福音派強調歸信者要有得救的確據，不是憑靠感覺，而是相信聖經的應許，並聖靈的內住與重生；（7）活出新生。歸信者既認罪悔改、回轉歸正，就要持守聖潔的生活，按照神的要求活出新生的樣式；（8）聖經權威。基督徒生活行為的標準乃在於聖經，福音派相信聖經是神的話語，具有啟示權威，內容是無謬或可靠的；（9）傳揚福音。為搶救靈魂，使更多人得著福音的好處，基督徒要努力傳揚福音，支持世界各地的宣教工作；（10）基督再來。現世天地都要廢去，在末世將有新天新地，基督會再臨，信徒羣體得與祂一同作王。

上述第一至六點反映著福音派人士分享信仰的主要內容，因著所強調得著應許的基業不同，而有重點相異的許多福音工具；如注重將來得著永生的「三福」，引向今世美好生命的「四律」，強調罪污得以潔淨的「五色珠」，並以與神和好為主題的「福音橋」。除此以外，按著上述第九點傳揚福音的信念，佈道會也是福音派教會經常舉辦的福音活動；當中最著名的有葛培理、包樂主領的大型佈道會，出席者數以萬計，公開呼籲決志是其中必不可少的高潮環節；當然還有許許多多地區性、堂會性的佈道會、福音聚會，不計其數。

因著前述第七和第十點，福音派教會普遍對現世政權和社會抱持負面態度，相信世俗的標準往往會偏離真道，故不傾向投放資源在社會改革之上，偶有社會服務也只視之為福音預工，引導向領人決志歸主為目標。同一理由，他們多擁抱政教分離的原則，強調基督是教會惟一的元首，抗拒被視為世俗的政權對教會有任何形式的干預。基於第八點對聖經權威的肯定，福音派教會強調真理教導，講道成為主日崇拜的核心，配以不同級別的主日學或培訓課程，且積極勉勵信眾按照聖經活出信仰；因著各人對聖經的詮釋理解不同，他們對部分社會議題如同性戀、公民抗命等存在差別見解，惟都會嘗試為自身立場努力提出聖經依據。

6.2.2. 社會福音取向

社會福音（Social Gospel）是北美於十九世紀末至二十世紀初，一個組織鬆散的神學運動，主張以基督教信仰實踐於政治、家庭、經濟等社會不同層面。其根源相當多元，當中包括宗教改革時期路德、加爾文等領袖的社會更新傳統，美國大覺醒運動將個人聖潔與社會改革連結的趨勢，英國查麥士、紐曼和卜維廉等人對忠誠踐行聖經教導的見證，都在不同程度上催化北美基督徒盼望建立更美好的基督化社會。特別是這時期社會環境急劇轉變，倡議者認為聖經原則能有助解決當前種種社會敗壞的問題，如貧富懸殊、剝削工人、童工充斥、教育不足、酗酒成癮、種族歧視等；當中較著名的領袖，有格拉登（Washington Gladden, 1836～1918）和饒申布士（Walter Rauschenbusch, 1861～1918）。

社會福音沒有固定的強調重點，領導者多按當時浮現的社會問題提出改革，故普遍甚具時代性，針對當前民眾的需要和關注。例如早期投入社會福音的格拉登，自 1875 年已積極宣揚社會福音見解；他於 1871 年開始主編的《紐約獨立報》(*New York Independent*),積極揭示當時北美的種種社會問題;在 1876 年發表的《工人及其僱主》(*Working People and Their Employers*)中,他大力為工人獲取合理待遇而發聲;1877 年的小書《基督之途:何去何從》(*The Christian Way: Whither It Leads and How to Go On*),提倡將基督教的價值延伸到日常生活之中;1894 年他又發表《工具與人類:基督律法下的資產與工業》(*Tools and the Man: Property and Industry under the Christian Law*),解釋個人得贖與社會改革的密切關係;而 1911 年的《勞工問題》(*The Labor Question*),則勉勵工人要藉爭取自身權益而對抗剝削,強調僱主、工人要透過彼此關懷來彰顯神的愛。

學者普遍認同,饒申布士是社會福音最重要的代表人物。他原是浸信會牧師,師承強調基督徒道德實踐的立敕爾,後於母校紐約的羅切斯特神學院(Rochester Theological Seminary)任教;在牧養基層教會期間,他深刻體會資本家的剝削,並地方政府的冷漠無能,故對當時的敗壞制度嚴加批判。其於 1907 年出版的名著《基督教與社會危機》(*Christianity and the Social Crisis*),集結他多年牧會所經歷社會殘酷問題的回應,指斥追求世俗名利的危險,強調基督信仰的基本目的是要改革社會成為神的國度,好使各種關係都能按照神的旨意而獲得更新與重構。此後發表的多份著作,包括 1910 年的《社會覺醒的禱告》(*Prayers of the Social Awakening*)、1912 年的《基督化社會秩序》(*Christianizing the Social Order*)、1916 年的《耶穌的社會原則》(*The Social Principles of Jesus*)及 1917 年的《社會福音神學》(*A Theology for the Social Gospel*),皆循此在現世社會建立上帝國度的方向發展,嘗試以舊約先知訴求社會公義的態度,向教會和社會發出更新改革的呼聲。

雖然社會福音組織鬆散,沒有個人福音那樣具清晰的強調重點,但也可歸納出以下幾個特色:(1)自由主義。雖然也有部分傳統保守人士支持,但社會福音的主要領袖皆抱持自由主義神學,重視現實處境多於堅守聖經權威;(2)強調實踐。認為在社會中實踐信仰比正確教義更重要,故此會批評聖經某些教導抽離現實、不合時宜;(3)注重現世。普遍抱持後千禧年的末世論,認為消除現世社會中的邪惡,是迎接主來的正確途徑;(4)追求公義。跟個人福音強調神賜下愛的禮物不同，社會福音高舉爭取公義，視剝削壓迫、貧富懸殊為必須正視的邪惡；（5）關注貧病。因著對現實處境的經歷，社會福音主義者皆注重關懷貧病老弱，要適切給予援助、提供保障；（6）具時代性。關注處身的社會問題，故不同時代地域所作的回應各有不同，例如較貧窮的美北重視慈惠、醫療、教育，較富裕的美南則針對娼妓、髒話等道德問題；（7）行動多元。有鼓勵教會提供社會服務，有主張向政權施壓以改善制度，各按自身處境實踐所領受的信仰行動。

經過第一次世界大戰和經濟大蕭條的衝擊，人們對在今世實現千禧國度來臨的夢想逐漸幻滅，社會福音運動也隨之於 1930 年代開始衰落。惟當中爭取社會公義的精神，卻世代以不同形式持續，包括在世界各地此起彼落的民主運動，1960 年代馬丁路德金領導的黑人民權運動，1970 年代反對男女同工不同酬的婦解運動，以及現代積極為 LGBTQ 羣體爭取權益的基督教左派，很大程度都是社會福音的延伸。其思潮影響至今。中國基督教的趙紫宸、吳雷川等早代思想家，也深受社會福音思潮所影響。

個人與社會福音取向的對比		
	個人福音取向	社會福音取向
關注焦點	個人得救	社會公義
事奉取向	努力宣教佈道	推動社會改革
政教關係	主張政教分離	爭取政權支持
神學傾向	福音主義神學	自由主義神學
信仰權威	踐行要符合聖經	聖經要配合時代
末世立場	前千禧年末世論	後千禧年末世論
代表人物	司布真、慕迪、葛培理	格拉登、饒申布士

6.3. 聖經與靈恩的權威標準

對基督教會來說，二十世紀影響最廣泛卻又爭議甚巨大的，可說是遍佈全球的靈恩運動。有支持者認為這運動是神在本世代復興教會的作為，抗拒靈恩就是抗拒神的動工，所有不接受靈恩的羣體都當認罪悔改；有反對者認為追求靈恩並沒有充分的聖經根據，部分極端的靈恩表現甚至有走火入魔之誤，有強烈反對者更直斥靈恩運動為魔鬼的作為。與靈恩追求相對的，是自宗教改革高呼「惟獨聖經」以來，新教羣體普遍認同的聖經權威；在探索近代靈恩追求的特質之前，不妨先回顧聖道追求的屬靈傳統，以便作出比較。

6.3.1. 高舉聖經權威

以聖經為信仰教義與生活實踐的至高權威，是自宗教改革以來的新教羣體的普遍立場；背後針對的，原是中世紀羅馬公教以教廷和傳統為信仰權威的偏差，要將不斷扭曲西方教會的教義和體制糾正，回歸正確的使徒傳統。信義宗的《協和信條》聲明：「先知和使徒所著述的新舊約聖經，乃一切教理和教師的鑑別與判決的惟一準則。」改革宗的《第二瑞士信條》認信「先知和使徒的新舊約聖經是神的話語」，擁有從神而來的權威，是信仰教義的標準，任何人為著作、遺傳、教令均不能與之相比。聖公宗的《三十九條信綱》亦確認「聖經包含得救的要道」，凡未載於聖經的，皆不必信為得救所需。同樣，歷代浸信宗的認信文皆肯定聖經權威；例如《倫敦認信文》(*London Confession*)就聲明，基督徒敬拜、事奉神的信仰標準，只能按照正典聖經中神的話語，而非依據任何人為的發明、意見、規則或傳統。

改教家公認的解經方法是「以經解經」；惟由於不同羣體的理解各有差異，隨著時間過去，各教會羣體對聖經實踐的理解漸漸出現諸般分歧。前述的教理與敬虔屬靈取向，以及個人與社會福音行動，在相當程度上都是由於對聖經踐行的解讀不同而相繼衍生。比這更深層次的，是對何謂聖經權威的理解；在尊重聖經權威的宗派羣體中，對聖經權威的立場大致可分為兩大類，分別為聖經無謬觀(Inerrancy of the Bible)和聖經可靠觀(Infallibility of the Bible)。前者多為基要派所持守，強調聖經是神的啟示，當中不可能有任何謬誤，表面矛盾的存在皆因人未能正確解經所致；後者為許多福音派所認同，主張聖經的目的是使人得救，引導人認識神，其他與救恩無關的細節不必勉強堅持無誤。雖然學界對這兩大類別沒有絕對一致的定義，抱持相關立場的羣體也普遍有許多細微分歧；但總體來說，兩者的主要差異可透過下表歸納對照。

聖經無謬觀與可靠觀的對比		
	聖經無謬觀	聖經可靠觀
全面與細節	整體和所有部分都正確	整體正確，但並非每一細節
屬靈與歷史	屬靈上和歷史上都正確	屬靈正確，但歷史上不一定
道德與科學	道德上和科學上都正確	道德正確，但科學上不一定
動機與主張	動機上和主張上都正確	動機正確，但主張上不一定
啟示的性質	聖經本身是神的啟示	聖經是神啟示的工具
啟示的方法	神在聖經的字詞說話	神透過聖經字詞說話
表達充足性	人的言語可表達真理	人的言語不足以表達

不論抱持聖經無謬觀或可靠觀，因著對聖經權威的重視，有關教會羣體普遍有以下數個屬靈追求的特質：(1)勉勵讀經。在宗教改革信徒皆祭司的基礎上，鼓力信眾勤讀聖經，期望對真理有更整全的認知；(2)積極教導。盡量設立有系統的聖經教導課程，如栽培班、主日學等，以提升信眾對聖經的理解；(3)重視宣講。主日崇拜以講道為焦點，講員備受尊崇，其他崇拜環節或事奉人員皆相對成為次要；(4)引經據典。鼓吹背誦金句，不論處理分歧、彼此祝福、安慰勸勉，均喜歡引據經文；(5)聖俗二分。主張以聖經原則作為教會處事的判準，對世俗智慧抱持懷疑態度；(6)活出真道。要求信徒按照聖經教導而活，宣講、查經、靈修等皆以實踐應用為具體回應；(7)多元分歧。雖然倡議以經解經，但信眾對聖經的理解仍難免多元分歧，故會出現不同的實踐取向，有時更會以經文彼此爭拗。

6.3.2. 高舉聖靈引導

與高舉聖經權威的福音派羣體並列，高舉聖靈引導的靈恩派羣體，可謂是二十世紀基督教會中突圍興起的奇兵，人數急速增長，信眾遍佈全球；其信念且逐漸滲入到許多傳統宗派教會之中，影響之大可與那些曾經或現正盛極一時的屬靈傳統，包括源於中世紀的聖禮傳統，以及改教家高舉的聖道傳統，互相媲美，並駕齊驅。

雖如本書早前提過，延續超過一世紀的靈恩運動，學界普遍將之區分為三波，每一波均有其獨特的強調重點；惟三波彼此也有多個共通的精神與信念，成為不同靈恩派羣體交流對話、團契聯合的基礎。撇除一些極端立場，靈恩羣體普遍有以下特質：(1) 聖靈的洗。相信基督徒決志歸信後，若能積極向神尋求，會得到神賜下二次的恩典，就是「聖靈的洗」；當中可經歷神更完全的愛，與主更親密地相交，有聖靈更大的加能賜力，能抵擋現世邪惡的勢力。(2) 傳講方言。認為講方言的能力是伴隨聖靈的洗而來的記號，這能力是由神所賜，藉以幫助信徒更有效地禱告和讚美神；比起悟性的禱告，這種「天使的語言」能更有效提升敬拜、悔罪、祈求的情緒。(3) 屬靈恩賜。除了能説方言，還相信聖靈會賜給每位信徒不同的恩賜，好能彼此配搭、建立教會；相對於福音派強調的教導、關懷、治理、服侍等普遍恩賜，靈恩派更注重神蹟醫治、先知宣講等超自然恩賜，認為這等恩賜並未隨使徒時代結束而消失。(4) 靈裏敬拜。認為敬拜是信徒透過聖靈直接與神相交的美好時刻，故此應當擺脱傳統禮儀的規限，讓參與者自發地投入、自由地發揮；當中領會者需要透過重複頌唱的詩歌，建立良好的聚會氣氛，以幫助參與者向神敞開，沐浴在與神同在的感情之中。(5) 更新計劃。確信靈恩運動是神今日復興教會的主要工作，故此要積極傳播靈恩思想；對於否定靈恩運動的個人或宗派，他們會批評為靈性低落甚或是抗拒聖靈；縱使近年與其他宗派的聯合交往加增，靈恩派信徒仍普遍自視為更優越、更屬靈的信仰羣體。

除上述幾個五旬宗、靈恩派普遍共有的特質外，三波靈恩運動衍生的羣體，也有各自獨特的屬靈追求表現。第一波古典五旬節運動，強調的是靈洗方言，崇拜聚會經常出現羣眾同時說方言的現象，造成非常熱鬧的場面；除方言以外，古典五旬宗教會亦有治病趕鬼、唱頌靈歌、先知預言等信仰表達。第二波靈恩更新運動，放輕了對方言的重視，部分甚至不認為方言為靈洗的必然記號；為與主流教會融合，聚會中集體講方言、大唱靈歌等狂熱現象也減少；取而代之，是對神蹟治病、驅魔趕鬼、宣教佈道的重視，視為戰勝黑暗權勢的屬神行動。在前兩波的基礎上，第三波神蹟奇事運動強調透過重獲施行神蹟的聖靈能力，回復使徒和先知的職分，這些能力包括信心醫治、趕逐邪靈、先知宣告、權能佈道等，要藉此在屬靈爭戰中擊敗魔鬼；此波一大特色是「屬靈領域」的觀念，相信地區會受當區邪靈所捆綁，要藉著行區祈禱、宣告得勝來消解黑暗權勢，淨化屬靈空間，如此區內居民才能開放信主，同樣受捆綁的個人要藉著割斷關係、內在醫治才能得著釋放，成為真正屬神的人；此外，這時部分靈恩羣體還有屬靈嘔吐、神聖哭笑、動物叫聲、聖靈擊倒等現象。

聖經權威與聖靈引導的對比		
	高舉聖經權威	高舉聖靈引導
信仰權威	聖經依據、引經據典	聖靈引導、羣體領受
關注焦點	正確神學、聖經詮釋	屬靈經驗、禱告感動
教會角色	勉勵讀經、積極教導	營造氣氛、屬靈指導
信徒追求	認識真理、活出真道	靈洗方言、神蹟恩賜
信仰焦點	傳揚福音、見證基督	屬靈爭戰、誇勝黑暗
聚會特點	重視宣講、井然有序	注重詩歌、自由表達
代表宗派	浸信會、宣道會、播道會	神召會、五旬節聖潔會

6.4. 公教與正教的信仰追求

相比基督新教，天主教和東正教較注重持守教會傳統，因此有盡量保留往昔信仰追求的特質，轉變較少。然而，在現代時期風起雲湧的社會政治和文化思潮的衝擊下，這兩教的屬靈追求和信仰表達，也在相當程度上出現微妙的變化，值得在此略加闡述。

6.4.1. 公教的擴大關注

羅馬公教視被稱為「聖傳」的教會傳統為權威，與兩約聖經具同等地位。故此，縱使面對持續不斷的時代衝擊，舊有傳統的信念和屬靈追求的模式，如善功追求、修道操練、聖禮教義、恆守聚會等，也絕大部分維持不變。惟為應對新時代的處境，羅馬公教的信仰追求也有不少調節，其中有四點特別值得在此稍加論述。

首先，加強宣教佈道的籌劃：隨著宗教在西方社會逐漸被邊緣化，羅馬教廷在中世紀的權威地位不再；為擴大對世界各地民眾的影響，延續宗教改革時期的擴張成果，羅馬教廷在現代時期投放更多心力在宣教佈道的事工之上。1982 年設立的萬民福音部（Congregation for the Evangelization of Peoples）和 2010 年組成的新福傳委員會（Pontifical Council for the Promoting the New Evangelization），皆屬羅馬教廷為此而特設的中央組織。

其二，啟動信徒的宗教教育：中世紀羅馬公教只要求信眾盲目聽從教導，不鼓勵研讀聖經、認識真理；惟這態度在 1962 至 1965 年舉行的第二次梵蒂岡會議中，獲得一百八十度轉變。自此以後，彌撒改用信眾能聽得懂的地方語言舉行，聖經被翻譯成不同語言供普羅信眾研讀；1967 年組成的平信徒委員會（Pontifical Council for the Laity），以及 1988 年設立的教育部（Congregation for Catholic Education），皆反映著羅馬教廷在這方面的努力。

第三，強化社會福音的參與：在宗教不斷被邊緣化的處境中，加上社會福音神學潮流的驅動，羅馬公教逐漸從過往中世紀壓制平民，轉變為在現代時期關注大眾所需，為貧苦受壓者發聲。1971 年創立的一心委員會（Pontifical Council *Cor Unum*），是教廷專設管理慈惠事工的組織；而組成於 1988 年的正義與和平委員會（Pontifical Council for Justice and Peace），曾為許多社會問題發聲；此外，教廷還為醫護、移民等羣體特設中央部門組織，提供不同服務。

最後，關注全人的發展需要：現代時期的羅馬公教，深刻體會宗教並非純內心信仰的事情，而是涉及整全的人性，當中包括物質需要、社會文化、婚姻家庭等等各方面，故逐漸投放更多資源加以應對。羅馬教廷先後於 2016 和 2017 年整合多個原有委員會而成的聖座平信徒、家庭和生活部（Dicastery for the Laity, Family and Life）和聖座促進全人發展部（Dicastery for Promoting Integral Human Development），反映著當中的嘗試。

第二次梵蒂岡會議：教會傳教工作法令（1965）

> 教友們協助教會的福音工作，他們以見證及活祭的資格參與教會的救世使命。……教友們協助福音的工作，在於培養自己及他人對傳教區的認識與愛護，在自己家中、在公教組織及學校中喚起聖召，並在於奉獻各種資助，好使他們無功得來的信仰恩賜，也能夠賜給別人。……要在學校中執教，要管理世俗事業，要和本堂及教區的活動合作，要創設並推動各種教友傳教工作，使新生教會的信眾，能夠及早在教會生活中負起自己的責任。……教友們要對正在開發的民族，欣然提供經濟社會性的援助；這種援助，如果能夠有助於建立社會生活的基本制度，或能夠專事訓練國家的負責人員，便愈值得稱許。故此，應特別稱許那些在大專學院，以歷史或宗教科學的研究，促進各民族及各宗教之認識的教友們，他們協助福音的使者，並準備與非基督徒交談的途徑。……為滿足這一切任務，必須有技術與精神的準備，在專設的機構內去完成，使他們的生活在非基督徒中間為基督作見證。
>
> 第五章〈論傳教工作的協調〉41

6.4.2. 正教的神化傳統

羅馬公教視聖傳與聖經同具權威，東正教則視聖經本身為聖傳的一部分，故比公教更注重持守傳統，不贊同基督新教惟獨聖經的立場；他們強調教會信仰包括聖經權威都是歷史遺傳下來的產物，若果脫離聖傳，聖經便沒有意義。按此，東正教一直持守往昔的屬靈追求和教會傳統；當中強調獨處安靜、刻己苦修、默觀禱告等修道操練，恆常參與聖禮、念誦耶穌禱文、默觀聖人圖像等教會習俗，以及藉著與神親近達至神化境界的渴求，都一直代代持續，沒有多大轉變。

然而面對世界政治的變遷，以及社會福音神學的盛行，部分地區的東正教會也開始關注社會公義、民眾苦難等議題。傳統上，東正教會規定聖職人員不得用任何方式宣揚政治立場，相信教會是為所有人而設，不應被屬世的政治綁架。然而，2014 年初烏克蘭爆發政府強力鎮壓抗議民眾事件，當地東正教牧首就公開宣示，聖職人員要服侍那些遭到迫害的人民；自此，聖職人員手持十架與抗議羣眾一同站在街上，輪班在廣場上為聚集者宣講，其政治參與的角色相當明顯。2022 年初兩個同屬東正教國家俄羅斯與烏克蘭爆發軍事衝突，震撼全球東正教羣體；烏克蘭牧首直稱俄羅斯總統普京（Vladímir V. Pútin, 1952～）為現代敵基督，荷蘭俄羅斯東正教會宣佈與莫斯科牧首區斷絕關係，君士坦丁堡普世牧首巴多羅繆（Bartholomew I, 1940～）也呼籲盡快結束戰爭。

靈恩追求的優點與缺點

靈恩運動能在二十世紀迅速發展，鼎盛一時，自有其吸引可取之處。可以說，靈恩運動的優點，正正反照著傳統自由派和福音派未能滿足信眾之處。筆者嘗試在此簡要歸納十個優點：

一、以上帝為中心：運動核心是對神存有信心，全然奉獻予祂。

二、要從聖靈得力：信徒要被聖靈充滿，過彰顯神能力的生活。

三、情感得以表達：敬拜提供豐富視覺、聽覺和動感上的投入。

四、重視常常禱告：強調要培養熱切、恆常、全心的禱告習慣。

五、生活充滿喜樂：主張要在說話及詩歌中表達基督徒的喜樂。

六、人人投入敬拜：強調所有基督徒須親自積極參與教會崇拜。

七、全體動員事奉：堅持所有信徒尋求並使用彼此服事的能力。

八、熱心傳道宣教：隨時準備向人見證屬靈經歷，不輕易氣餒。

九、慷慨捐輸奉獻：靈恩派信徒不惜犧牲捐獻，超過其他宗派。

十、不受架構束縛：強調順服神多於傳統架構體制，靈活性高。

雖然靈恩運動有其優點，但卻一直為傳統教會所批評。箇中原因，除靈恩派本身自視為神今日復興教會的主要工作而貶抑其他宗派外，亦有其明顯的缺點及潛在的危機如下：

一、精英主義：靈恩羣體常有屬靈貴族的感覺，自視高人一等。

二、門戶之見：規限信徒只應接觸靈恩派的書籍、團契、事工。

三、感情主義：容易從健康的情感抒發走向不健康的感情主義。

四、反智主義：過分著重經驗，顯然防礙神學和倫理反省建構。

五、偏重亮光：容易被自稱擁有亮光的野心宗教領袖支配眾人。

六、靈恩狂熱：誤以個人恩賜和屬靈能力來量度屬靈成熟程度。

七、偏好神蹟：期待神蹟，常常將自然事件誇大為超自然經歷。

八、幸福主義：忽略信徒面對試煉的痛苦感受，視為缺乏信心。

九、魔鬼迷思：錯誤將整個人生包括健康惡習均歸咎撒但攻擊。

十、全體一致：個人容易按著團體標準過活，偏離對主的跟隨。

面對靈恩運動，過往有部分傳統堂會傾向逃避問題，禁止談論靈恩運動思潮；結果卻有部分信眾從外界接收資訊，然後在堂會提出反對聲音，造成不少矛盾衝突，甚或撕裂分離。面對如靈恩運動等非傳統思潮，正確的面對態度不是逃避，而是提供正確而中肯的分析和教導，就自我的不足作出檢討與改善，同時抱持互相尊重的態度彼此學習、取長補短；如此教會才能不斷前進，在時代衝擊中屹立不倒，持續在日新月異的社會中為主作美好的見證。

溫習及思考問題

1. 根據本章描述，過往二千年的歷史裏，基督教會出現過哪些屬靈傳統？其主要特色為何？這些屬靈傳統分別為甚麼羣體所重視？

屬靈傳統	主要特色	相關羣體

2. 要判辨真假教會，基督新教的主流宗派有哪兩個判準？

a. ______

b. ______

3. 因著狹窄的神學立場，以下新教宗派分別排拒了哪些羣體？原因為何？

主流宗派	排拒羣體	排拒原因
信義宗		1. ______ 2. ______
		1. ______ 2. ______
聖公宗		1. ______ 2. ______
改革宗		

4. 敬虔主義領袖施本爾的《敬虔願望》，對當時代的教會羣體有何批判？

	批判重點
教會整體	
聖職人員	
普羅信眾	

5. 試各以不超過五十字，綜合下列各領袖在其主要名著中，所表述基督徒應有的信仰追求和屬靈表現。

	主要名著	基督徒信仰追求和屬靈表現
施本爾	《敬虔願望》	
約翰衛斯理	《衛斯理日記》	
愛德華滋	《在忿怒上帝手中的罪人》	

6. 《當代神學辭典》列出了福音信息的六個基本要素；造成個人福音和社會福音之分歧，是哪一個基本要素的不同理解？

7. 本章就福音主義列出了十個強調重點，以下各重點對福音派教會的信仰表現，分別帶來甚麼影響？

	強調重點	福音派教會的相應信仰表達
第 5 點	得著基業	
第 8 點		
第 9 點		
第 10 點		

8. 社會福音運動在 1930 年代開始衰落，惟當中爭取社會公義的精神卻世代持續；本章列舉了哪四個運動作為例子？

9. 聖經無謬觀和聖經可靠觀，分別為甚麼羣體所持守？其主要信念為何？

	擁護羣體	主要信念
聖經無謬觀		
聖經可靠觀		

10. 試根據本章內容，列出三波靈恩運動各自最突顯的靈恩表現。

	運動名稱	最突顯的靈恩表現
第一波	古典五旬節運動	
第二波	靈恩更新運動	
第三波	神蹟奇事運動	

11. 有人說：現代的羅馬公教，有許多地方均取材借鏡自新教羣體。本章列出羅馬公教就新時代處境的調節，有哪些能在新教羣體中找到？若能找到，分別在哪些新教羣體？

	在新教找到？	哪些新教羣體？
加強宣教佈道的籌劃	□能□否	
啟動信徒的宗教教育	□能□否	
強化社會福音的參與	□能□否	
關注全人的發展需要	□能□否	

12. 同是追求活出信仰，基督教會不同領袖、不同羣體卻有不同領受和表現；這多元而豐富的屬靈傳統，對你有何啟迪？

13. 你對所屬教會或宗派的屬靈神學認識多少？你本人有否清晰的屬靈追求觀念？這觀念有何信仰基礎？

進深閱讀書目

侯特：《基督宗教靈修神學簡史》。楊長慧譯。香港：道風山基督教叢林，2007。

彭順強：《二千年靈修神學歷史》。香港：天道，2005。

Dupré, Louis and Don E. Sauers, eds. *Christian Spirituality: Post-Reformation and Modern*. London: SCM, 1989.

Laugerud, Henning and Laura Katrine Skinnebach, eds. *Instruments of Devotion: The Practices and Objects of Religious Piety from the Late Middle Ages to the 20th Century*. Aarhus: Aarhus University Press, 2007.

Schmidt, Richard H. *God Seekers: Twenty Centuries of Christian Spiritualities*. Grand Rapids: Eerdmans, 2008.

第七章

神學教義

宗教改革以後，羅馬公教式的官方權威神學信仰不再；取而代之，是基督新教所主張按照個人理性良知以經解經。由於各宗派、各羣體對聖經的理解不盡相同，由此衍生出許許多多的神學教義分歧；繼宗教改革期間信義宗、改革宗、浸信宗的聖禮觀差異，加爾文主義、亞米紐斯主義在預定揀選上的爭議，教會在現代時期出現更多不同的神學立場。在一定程度上，理性啟蒙時期敬虔主義與主流信義宗在信仰實踐上的差別，循道運動與主流聖公宗在悔改得救上的異見，以及由美國大覺醒所引發長老宗內舊方派與新方派並公理宗內舊光派與新光派之爭，都可歸類為神學信念上的分歧。普世宣教時期裏，長老宗因加爾文神學而分裂出的舊學派與新學派，天主教因教宗無謬論而分離的古舊公教派，以及浸信宗因地界主義而衍生的浸信會總協會，都反映神學立場的變化。來到本色整固時期，神學教義的多元性更顯得百花齊放，自由神學、新正統神學、盼望神學、進程神學、解放神學、敍事神學等，數之不盡。

由於現代時期神學教義上的演變發展實在太過多元豐富，即使一本專書也難於盡數；本章只能抽選最具代表性的神學主題加以論述，當中難免有簡單約化的限制。另由於在堅守往昔聖傳的傳統信念下，東正教和天主教的官方神學演變相對較少，本章的討論將以基督新教為主。

7.1. 信仰基礎的爭議

宗教改革倡議的惟獨聖經，將聖經訂為信仰教義的權威準則，是基督信仰的終極規範。傳統上，羅馬公教和東正教都以往昔傳統作為聖經詮釋的主要依據，有上層主教組成團體對信仰立場作出裁決，故神學教義相對統一；然而，基督新教主張信徒可按各自領受以經解經，如此即使同以聖經為標準，亦難免出現諸般分歧，產生許多爭拗。因著啟蒙運動的衝擊，社會大眾開始對聖經權威抱持懷疑態度；尤有甚者，不少自由主義神學家更視聖經只屬人為產物，主張以理性和經驗加以批判。

7.1.1. 強調理性經驗

約翰衞斯理提倡，基督教神學建構有四大支柱，分別為聖經、傳統、理性和經驗。當天主教、東正教和傳統新教宗派側重聖經和傳統，自由神學則高舉理性和經驗；當中最著名的，有士萊馬赫、立敕爾、哈納克、布特曼和田立克。奧爾森（Roger E. Olson）形容：自由派的基督教思想家雖然沒有把基督教的來源與規範降為天賦的理性、自然或哲學的一般啟示，但他們傾向把「現代思想及人類經驗的精華」提升到基督教信仰的來源與規範的地位。細讀自由神學家的著作，會發現他們用來判斷何謂基督宗教的真正判準，是人類普遍的理性和經驗，特別是在倫理方面的責任；基督教公認的許多傳統信念，如基督的神性、三位一體等，則輕易被忽略或置之不理。在建構或重建基督教信仰上，現代邏輯以及科學、哲學、社會學等研究，扮演著決定性的角色。

擁有神學學位的哲學家黑格爾認為，從人類思想文化推演而得的優秀哲學是神的啟示；無須任何超自然的因素，理性也足以發掘一切特殊啟示所要傳達的主要信念。耶穌基督只是在歷史上，以具體的方式呈現那普遍的理性真理而已：祂的道成肉身，呈現神與人的聯合；十字架上的釘死，則呈現受造世界的自我疏離與自我實現。與之類同，信義宗歷史學家哈納克，也將真正的基督教描述為由耶穌所帶來，關乎上帝和神國的簡單信息，是與理性和經驗全然吻合的。

相對而言，自由派神學家認為耶穌和聖經，只不過是教會羣體對那理想之超然神明的理解而已；所有宗教其實都有一套類似的自我解說。按此，他們普遍認為，聖經不是甚麼源自神明的超然啟示，也沒有甚麼特殊權威；相反受到學界聖經批判研究所影響，他們傾向視聖經僅為一部偉大的宗教經典，由深具宗教智慧和洞見的人所撰寫，是不折不扣的人為作品。它之所以對歷代基督徒具有意義，只因在一定程度上能啟迪人心。雖然當中存在不少瑕疵和錯謬，但因著是教會羣體的經典，故在模塑基督教身分上別具意義。

據此，正如奧爾森所形容，自由派神學家傾向把聖經的神性一面降為人類作者的心思所經驗到的、非超自然的啟悟。聖經在他們手中，變成了一部歷史小說或犀利的虛構作品，創造了一個可供棲身的世界，由此模造人們的生活方式及道德倫理。在許多自由派思想家眼中，聖經的客觀真理是否和現實配合，相對來說是無關重要的，真正重要的，是它使人們的生命產生轉化，趨向更美好的人生。

這種注重理性經驗多於信心領受，高舉普通啟示勝過特殊啟示的態度，可從美國創造論與進化論的爭議裏，被稱為「神導進化論」(Theistic Evolutionism)的取態中表露無遺。此立場全盤接納科學家的推論，卻放輕聖經啟示；擁抱進化論，卻同意整個進化過程皆在神的導引下進行。他們認為聖經和科學家所描繪的世界是相同的，只是聖經是用詩章體裁寓意式地表達，而科學家則是用可量化的數據來描述事實。按此理解，當遇上聖經看為重要，卻不為科學家容納的教義，如六日創造、人類墮落等，就傾向盡量減低這等教義的重要性，將之非歷史化、道德化。

創造論與進化論間的三種基督徒立場			
主要立場	權威創造論	神導進化論	漸進創造論
注重焦點	聖經啟示	科學理論	嘗試平衡
矛盾處理	堅持聖經、放輕科學	堅持科學、放輕聖經	重視聖經、判辨科學
地球年歲	六千至一萬二千年	四十至四十五億年	四十至四十五億年
六日創造	一日即二十四小時	不視之為真實歷史	代表六段漫長時期
進化思想	全不接受	完全接受	只接受微進化
人由猿進化	不接受	接受	不接受

7.1.2. 強調聖道權威

當自由派思想家高舉理性和經驗，傳統的基督教思想家則高舉相信是神所默示的聖經，並以之為信仰的終極標準和權威。當然，這並不表示他們全然否定理性和經驗在神學建構上的價值，而是要重申肯定往昔建立在聖經啟示之上的教會傳統。除少數極端保守的羣體以外，此派神學家普遍承認聖經只是神啟示的其中一個媒介，不是啟示的全部；除聖經以外，神在自然界有普通啟示，人有機會透過理性和經驗認識神。然而，因著人的有限和罪性，這種透過普通啟示而獲得的屬神知識往往變得暗昧不明、存在偏差；故此，需要聖經這明確而權威的特殊啟示，來加以驗證和批判。對此派神學家來說，自由神學否定或輕視包括道成肉身、三位一體這等聖經中的核心教義，結果只會削弱甚或破壞基督信仰的核心精髓，是本末倒置的錯誤取態。

在宗教改革惟獨聖經的原則下，基督新教普遍視聖經為一切教會、宗派傳統的判準，是確立正統教義和信仰實踐的屬神權威；不論信義宗、改革宗、聖公宗或浸信宗的認信文，均確認聖經的超然地位。相對於自由神學只視聖經為人為產物，傳統基督教強調聖經是屬神的啟示；當然，這並非意味聖經完全沒有人性成分，只是關注焦點往往在神性那一面。正如許多現代的聖經學者有力論證，聖經各書卷的作者均有其獨特的用詞、風格和個性，保羅、約翰和彼得的書信存在各自不同的特色；從前曾被倡議的「機械默寫說」(Mechanical Dictation)，今天已為絕大多數基督教思想家所摒棄。即或如此，當涉及聖經在教會中的應用時，強調重點依然是其神性部分；教會所以要順從聖經教導，主要因由還是這啟示是從神而來，而非由於是某經卷作者所著。

正如上一章所提及，在高舉聖經權威的羣體中，也有聖經無謬觀和聖經可靠觀之分。當中基要主義者是擁抱聖經無謬觀的典範，其興起是對自由神學的一種激烈反動；他們認為聖經就等同神的啟示，是基督信仰惟一的源頭和規範，具有不容侵犯的神聖權威。雖有不認同者會批評他們有聖經崇拜的傾向，但他們會堅持聖經的權威是源自神，真正當受敬拜的只有三位一體的真神。在創造論與進化論的爭議中，他們傾向接納「權威創造論」(Fiat Creationism)；根據聖經字面意義堅持世上萬物皆由神直接創造，按照創世記列出的年數，計算人類只有六千至一萬二千年歷史，世界的開始也只比人類早六日。對於現代科學家所提出的古遠歷史，他們會用兩次創造之間存在相當時溝，或以洪水事件影響地質年代的計算，來嘗試加以解釋。

至於廣獲福音派教會認同的聖經可靠觀，很大程度上是承襲自巴特的新正統神學。巴特明確表示耶穌基督才是真正神的自我啟示，而聖經只是這啟示的見證；聖經包含神的啟示，但並不等同啟示本身；只有在神的光照感動下，人才能透過聖經領悟神的啟示。在創造進化的議題上，這派較多贊同漸進創造論（Progressive Creationism）。他們正視聖經的基本教義，如世界是神所創造；人按照神的形象被造，不同於任何別的生物，也不可能由生物進化而來。同時接受已獲證實的科學觀點，包括可用六種放射性測年法，得知地球年齡約在四十至四十五億年間，病毒、細菌、昆蟲可因外在環境因素而出現微進化變異；然而卻拒絕接受科學上仍未有真確證據的思想，如生命偶然產生、跨物種的宏進化等。

信仰基礎的爭議		
強調重點	強調理性經驗	強調聖道權威
神學派系	自由神學	基要主義/新正統神學
信仰判準	理性和經驗	聖經的教導
聖經本質	人的作品	神的啟示
關注焦點	聖經的人性	聖經的神性
聖經權威	純屬參考	超然絕對
批判聖經	樂於接受	相對抗拒
創造進化	神導進化論	權威創造論/漸進創造論

7.2. 啟示媒介的爭議

除自由神學外，現代基督教會還要面對二十世紀靈恩運動的衝擊。雖然靈恩派羣體也普遍肯定聖經的權威，但對屬神啟示的追求和體會，卻與傳統教會頗為不同，由此呈現存在相當差異的面貌。雖說靈恩羣體的關注焦點在於信仰實踐，而非神學思考，但其背後確有一套根深柢固的神學理念，主宰著他們的屬靈追求；當中尤以啟示媒介的信念最為關鍵。

7.2.1. 強調聖靈感動

在正統基督徒之間，有一個重要分歧，就是神的啟示究竟已經完成還是依然持續？新舊約聖經正式成典以後，究竟還有沒有更多啟示，或是已經告一段落？若有延續性的啟示存在，這些新啟示與聖經內容又有何關係；要受其規限，還是可以有嶄新的體會？事實上，這連串問題的爭議，往往並非簡單非黑即白、非此則彼，而是像光譜那樣有著多元的立場。除少數異端、極端外，強調聖靈感動的一般不會接受與聖經明顯衝突的「啟示」；同樣，強調聖經教導的也鮮會全然否定聖靈在現世代的感動和光照；分別只是偏重哪一方而已。

認同聖靈一直持續啟示的，普遍傾向拒絕停留在客觀的啟示之中；相反，他們會努力追求個人內在的光照，認為這比神藉聖經所賜的歷史啟示更切身、更重要。當然，他們不會否定耶穌和聖經，但更喜愛尋求內在的啟示，這些啟示可以透過閱讀聖經而得，也可藉著屬靈人的宣告、外來的聲音或內心的感動而得；認為這些是神此時此刻給他們的說話，故比一切古舊的啟示包括主耶穌往昔的言訓更直接、更珍貴。

事實上，在二千年的教會歷史裏，嶄新的屬天啟示素來備受吹捧，有很古遠的追求歷史。使徒時期哥林多教會愛好的智慧，初期教會高舉的靈意解經，中世紀修道羣體盛行的默觀體驗，都在追求現存正典以外的額外啟示。宗教改革以後，十七世紀弗克斯創立的貴格會，就強調每位基督徒心裏都可直接從神獲得光照，從而領悟神對個人的心意；並勉勵信眾要聽從這「內在之光」(Inner Light)過於聖經中的死字句。

對當代基督教會來說，論到高舉聖靈感動的羣體，最具代表性的無疑是遍佈世界各地的五旬宗和靈恩派。他們普遍對神有嶄新的啟示抱持開放態度，相信聖靈會持續向教會羣體以及個別信徒說話，藉以引導屬神羣體進入真理。他們相信，神會藉著教會內具特殊恩賜或身分的先知傳講預言，繼續傳遞屬靈的真理。這些屬靈洞見包括內在醫治時找著問題根源的智慧，驅魔趕鬼時辨別諸靈的能力，消解黑暗權勢的行區祈禱行動等。雖然靈恩派領袖往往會就此等教會性行動，尋找經文作為依據；惟嚴謹的聖經研究會發現，這類經文引用每多屬斷章取義，與其說是引經據典，倒不如說是個別靈恩領袖透過聖經而獲得從神而來的新亮光。除教會整體的領受，靈恩領袖也會向個別信徒發出預言；因著相信是直接從神而來的指示，靈恩派信徒往往會重視這些特殊預言多於聖經的明確教導。

二千年教會歷史裏追求獲取嶄新啟示的羣體		
教會歷史時代	正統基督教內的追求	正統基督教外的教派／宗教
使徒時期	哥林多教會的渴求	諾斯底主義
初期教會	靈意解經的努力	孟他努主義
中世紀教會	修道羣體的默觀	伊斯蘭教
近代教會	貴格會的內在之光	耶穌基督後期聖徒教會
當代教會	靈恩運動的先知預言	全能神教會

7.2.2. 強調聖經教導

在宗教改革惟獨聖經的原則下，傳統基督教會普遍相信，神一切重要的啟示，都總括在耶穌基督和兩約聖經裏；聖經所記載的歷史和教導，特別是主耶穌的生平言訓、救贖功績，是神給世人心意的圓滿啟示。既然聖靈默示具有權威的聖經正典已經編訂，早期教會那些先知預言、智慧言語、知識言語、說方言和翻方言等，便再沒有延續的需要，因此也隨時間逐漸終止。教會即或有延續性的啟示存在，就如決定獻身時感到的屬天召喚，預備講章時領受的屬神話語，也必然要按耶穌基督和兩約聖經加以判辨，忠心地見證其教導，不能超越其規限。

究竟由人執筆的聖經書卷，如何又是神啟示的媒介？教會歷來有許多不同觀點，雖彼此有許多細微差異，但基本上可歸類為三種立場。第一種是「機械默寫說」，相信聖經作者在寫作經卷時完全由神所控制，人在其中只是機械式任由操控；聖經作者本身的個性、文化、用語等，均對經卷的最終容貌沒有任何影響。

早年梵蒂岡第一次會議就聲明，聖經是神聖、有神的靈感，具權威並且無誤的；教宗利奧十三世（Leo XIII，在位於 1878 ～ 1903）在 1893 年解釋羅馬公教對聖經神性的理解時，就以「聖靈默寫」（Dictation of the Holy Spirit）來描述聖經的神聖來源。隨著教會羣體日益體會到，不同書卷均蘊含相關作者獨特的個性和用語，此說如今已鮮獲主流宗派所支持。

第二種是「字句靈感說」（Verbal Inspiration），相信聖經的所有字句都是由神感動；然而，經卷的寫作過程並非機械式的操控，而是作者在聖靈的引導下，自行選擇最合適的字詞表達神的啟示。保守福音派神學家艾利克森（Millard J. Erickson）在講論聖經的默示時，就明確表示：聖靈引導的方向是精確的，神既是全知，就有理由相信祂的想法比我們更精確，因此，雖然字詞本身有其限制，但在作者的詞彙中，會有一個最能適切表達神所要傳遞之意念的字詞；藉著激發聖經作者的思維和理解，聖靈會引導對方採納某個字詞，而不用別的。雖然聖經作者不會選用聖靈引導以外的用詞，但整個過程是不受操控或壓制的，他們在無損個人意志或意識的狀態下，自主選擇順從聖靈引導的字詞；惟有這樣，才能妥善平衡聖經既屬神又屬人的雙重作者特質。聖經的寫成既連選詞用字都得蒙保守引導，自然就不會有任何偏差錯漏；是故，這派人士普遍同時抱持聖經無謬觀，相信聖經每一字句都是神的啟示，蘊含從神而來的亮光。

最後一種立場是「動力靈感說」（Dynamic Inspiration），認為神感動作者的不是細緻的字詞，而是概要的意念或感動；至於經卷的遣辭用字，出自作者本人多於聖靈。此派人士多普遍認為語言是有限的，不足以準確傳達屬神的信息，故聖靈會按作者和讀者的能力加以調節和遷就。是故聖經不是直接從神而來的話語，而是人類作者以自身的文字，將所領受的信息重新演繹表述，事實上，各聖經書卷都是在特定的時代背景、文化條件下寫成，當中除包含聖靈的光照和感動外，還附載作者自身的個性、喜好、信念和語言特質。二十世紀福音派聖經學者馬歇爾（I. Howard Marshall, 1934 ～ 2015）是這立場的擁護者，在代表性著作 1982 年的《聖經靈感》（*Biblical Inspiration*）中，他指出這樣才能真正公平地對待聖經中的神性和人性。聖經既然只是從神而來的信息的間接重述，自然有表達上的限制；故此派人士多支持聖經可靠觀，認為聖經只是神啟示的工具，只有在聖靈光照下，當中的屬神信息才能真正被讀者所領悟。

雖然對聖經靈感的確實形式存在不同理解，但傳統教會皆堅持聖經是神向人傳遞恩典的媒介，是引導人與神相遇並認識祂的工具，是確切可信的；有神的靈居於其中，神藉此為人帶來生命的轉化。

啟示媒介的爭議		
啟示觀念	強調聖靈感動	強調聖經教導
首要根據	現世感動和光照	聖經文字和教導
次要參考	聖經文字和教導	現世感動和光照
持續啟示	聖靈持續有啟示	聖經有圓滿啟示
預言恩賜	持續有先知預言	沒有延續的需要
嶄新啟示	抱持開放的態度	要按照聖經判辨
代表羣體	五旬宗、靈恩派	基要派、福音派

7.3. 救贖意義的爭議

二十世紀其中一個最具爭議的議題是何謂福音信息的核心？究竟福音強調個人得救，將來得享永生；還是注重社會轉化，讓天國在地上得以彰顯？這差異除救贖論外，背後還隱含教會論和終末論的不同體會。由於終末論將在本章下一段詳加論述，本段會將焦點集中在救贖論和教會論之上。

7.3.1. 強調個人得救

基督信仰強調主耶穌的救贖，祂在世的言行、釘死和復活，給信徒帶來多重功效。祂崇高完美的言行是基督徒一生學效的榜樣，祂的釘死為世人的罪付上贖價、叫神與人得以和好，祂的復活敗壞那掌死權的、使信徒有復活的盼望。這救恩既有今世得豐盛生命的向度，也有來世得永生福樂的應許；然而得著恩惠的，主要就是歸信者本人。這種個人得救的強調，有很長的教會歷史依據；惟影響今日教會最大，還是始於十八世紀的福音主義。

此派的救贖論強調個人生命的轉化。原來被罪捆綁、與神隔絕、迷失方向、無力自救的人，因著基督的救贖、聖靈的光照及福音的大能，願意認罪悔改、接受福音、歸信耶穌；從此就得稱為義、罪得赦免、與神復和。然而，這歸信得救只是生命轉化的開始；基督徒雖得稱義，但舊我的軟弱依然存在。因著聖靈的內住和感動，並聖經的教導和指引，基督徒可以有力量和方向，活出合神心意的聖潔生活。惟這種生命成長並非自然而然的，因著這墮落世界的吸引和人類原有的罪性，信徒仍有機會抗拒聖靈、遠離真神；故須不斷努力追求，好能持守在信仰之中，直到離世歸主，得著應許的屬天基業。

雖然信仰能改善基督徒今世的生命，但影響主要仍是個人的心態和取向，外在環境不會因悔改歸信而突然改變。此派普遍對這世代抱持負面態度，認為是充滿黑暗敗壞、魔鬼誘惑的，至終會步向滅亡。同時，基督徒的靈命會有高低起伏，無法變得完全。故此，個人得救雖有現世向度，但真正焦點卻是在終末之時得享永生，在新天新地裏與基督一同作王。而基督徒在世的使命，並不是嘗試轉化這將要廢棄的世代，而是承擔主耶穌所頒下的大使命，努力傳揚福音搶救靈魂。基督徒要活出新生的樣式，目的不是要改變這個世界，而是要回應主愛、討神喜悅、見證基督，藉以吸引更多人願意聽信福音，從而得著救恩。

按此，教會的主要使命不是改變這個世界，而是傳揚福音和建立信徒；地方堂會所有聚會，絕大部分都是為這兩大目標而設。崇拜聚會的宣講可幫助信眾認識真理，也可吸引慕道者感受信仰；主日學有助培訓及裝備信徒，團契可達致彼此勉勵和建立之效；水禮和主餐有助滋養靈命、記念主愛、激發信心；社會服務是福音預工，有助堂會與未信者建立關係；佈道會、福音主日、宣教行動更是直接宏揚福音的時刻。這些活動一方面透過可見的羣體聚集，吸引外人認識基督信仰，從而有機會受感歸主；另一方面可幫助信眾熟識聖經教導，靈命不斷成長，好能在這彎曲悖謬的世代，以合神心意的態度活出新生，時刻堅守信仰，等候得著將來永恆的應許。神國的擴張，就在於教會人數增加和信徒靈命成長之上；教會以外的不信世代，不論變得如何，至終都會在主再來的日子被廢棄，與神國的彰顯沒多大關係。

福音派教會聚會及活動的主要功用		
聚會/活動	傳揚福音	建立信徒
崇拜聚會	✓	✓
主日學、培訓班		✓
團契、小組		✓
水禮、主餐		✓
社會服務	✓	
佈道會、福音主日	✓	
三福等佈道行動	✓	✓

7.3.2. 強調社會轉化

當主耶穌剛剛出來傳道，祂在拿撒勒的會堂裏藉著先知以賽亞的書卷，宣告說：「主的靈在我身上，因為他用膏膏我，叫我傳福音給貧窮的人；差遣我報告：被擄的得釋放，瞎眼的得看見，叫那受壓制的得自由，報告神悅納人的禧年。」(路四 18～19)按此，有神學家認為福音的真正意義，不是個人獨享福樂，而是給這受壓的世界帶來轉化；要運用聖經原則，改善貧富懸殊、剝削勞動、種族歧視等問題，讓被欺壓者得著釋放。早在宗教改革之時，許多改教家已鼓吹同時進行社會改革，糾正不良風氣；惟最強調社會轉化的，當數十九世紀末至二十世紀初饒申布士等領袖推動的社會福音。他們的運動雖曾一度衰落，惟在近幾十年卻再度興起，成為不少年輕一代基督徒努力追求的方向。

嚴格來說，此派可細分為兩個主要分支；雖然表面上同樣活躍於社會改革，但背後救贖觀卻截然不同。第一個分支以十九世紀末社會福音為代表；此分支多抱持自由神學信念，不接受聖經權威，輕視罪惡、救贖、天堂、地獄、審判等傳統教義；卻強調與世人的訴求接軌，主張爭取公義，關注民生需要。他們認為救恩的真正意義就在於改進社會，當社會公平公義、剝削盡除，民眾得飽暖、孩童有書讀、財富獲均分，神的國就在現世得以彰顯；故此，基督徒要追求的，不是個人聽信福音、生命改進，而是要向世人傳講恩慈、公義、友愛、良善等信息，好能壓止貪婪、自私、剝削、歧視等引致社會問題的根源。他們普遍對世界發展抱持樂觀態度，認為現世會不斷改善；而基督徒需要關注的，不是來世永生，而是現世中天國的展現。

第二個分支浮現於二十世紀末，當中雖包含自由派，但卻以福音派為主；他們認同聖經中原罪、救贖等教義，不否定個人歸信和生命轉化的重要性，但同時強調基督徒的社會責任。認為福音不單關注終末永生，還應注重現世生命；不單關乎靈魂得救，而應涉及全人歸主；福音不應只憑言說宣講，而要用道成肉身的積極參與、為人捨己的生命見證活現出來。2010 年第三屆洛桑會議所發表〈開普敦承諾〉中提倡的「整全使命」，正是這立場的代表性演繹；當中強調要全面關顧福音對象的需要，在分享福音信息之餘，也要以具體行動幫助有需要的人，這是傳講福音和展現福音的平行表達，是相輔相成的。他們解釋，當教會呼籲人悔改歸主、愛神愛人，無可避免地會追求社會改進；當教會透過社會參與作出見證，讓人經歷主耶穌轉化生命的恩典，就自然能產生福音果效。

雖然這兩個分支有不同的救贖觀，但教會觀卻是相近的；同樣要求教會積極參與社會改革，主動向世人見證福音真實。如此，教會的使命就不再停留在領人歸主、建立信徒，更重要是活出見證、轉化社會；事奉焦點不是吸引人進入教會，而是教會要出外進入社羣。神學方面，巴特等神學家所倡議「神的宣教」（*Missio Dei*）觀念，正好為這立場提供教會論的基礎。不同於傳統教會認為堂會是差遣者，宣教士是被差者；神的宣教強調三一神才是宣教工作的差遣者兼成就者，整個普世教會都是神所差派進入世界的媒體，為要透過分別為聖的羣體生活與實踐行動，向世界傳達基督統治、神國臨在的呼喚；聖父差遣子道成肉身，而教會也在基督裏參與祂的宣教職事。正如巴特所說：「這位肩負先知職事的基督既然呼召他們（教會）歸於祂，他們就沒有選擇的餘地，惟有以自己的踐行來順服祂，跟隨祂的腳蹤前行，與祂一同成為宣講者，宣講那在祂裏面成就的與世界的復和，傳揚祂的位格和作為。」

救贖意義的爭議			
救贖重點	個人得救	社會轉化	
	福音主義	社會福音	整全使命
聖經權威	肯定	否定	肯定
贖罪教義	重視	輕視	重視
關注時期	重末世、輕現世	重現世、輕末世	現世末世皆重視
現世發展	愈來愈差	愈來愈好	沒有固定立場
行動原因	回應主愛、討神喜悅	讓神國得彰顯	見證福音真諦
神國擴張	教會人數增加	社會得以改進	整全見證福音
教會使命	傳揚福音、建立信徒	參與聖父在基督裏的宣教	

7.4. 現世終末的爭議

與救贖意義爭議相關連的，是對現世與終末的不同立場。在主耶穌給使徒的臨別贈言中，祂應許說：「我若去為你們預備了地方，就必再來接你們到我那裏去；我在哪裏，叫你們也在那裏。」（約十四3）在祂升天之時，天使重申：「這離開你們被接升天的耶穌，你們見祂怎樣往天上去，祂還要怎樣來。」（徒一11）據此，基督徒普遍相信基督必會再臨；當祂再臨時，神的國就要以新的方式顯現，最終會出現一個存到永恆的新天新地。那時，再臨的基督要審判活人死人，黑暗敗壞權威要被徹底消滅；已蒙恩得救的基督徒將要復活得賞，在新天新地裏與神同在。

既然會有新天新地，那麼現世會日趨美好，還是步向滅亡？啟示錄所記載基督掌權的千禧年，究竟何時臨在；在基督再臨以前，還是再臨後？這千禧年是真實的一千年，還是只屬象徵性的表述？聖經所論述的終末災難，又是否真實？何時發生？新天新地與現今世代又有何關係，是延續還是割裂？因著聖經對終末的記述有限，且滿是隱晦的預言和異象，有時更前後不一、存在張力；故二千年教會歷史裏，除基督再臨、新天新地、末後審判等基礎教義外，終末論一直少被認真討論。即使教父先賢、改教領袖、近代神學家各有自身立場，也鮮會重視堅持。直到十九、二十世紀自由主義盛行，有學者開始質疑甚至否認基督再臨的真實性，由此觸動傳統保守派的神經，要為此教義極力爭辯、詳加探討；如此才使終末論的教義變得豐富，出現如今多元而分歧的種種見解。

7.4.1. 強調現世天國

強調天國在現世地上實現的，歷來有兩個主要立場。第一個稱為無千禧年論（Amillennialism），此論最早可見於羅馬皇帝君士坦丁（Constantine the Great，約288～337）在位晚年，表述於奧古斯丁（Augustine of Hippo, 354～430）的神學著作之中，特別受中世紀領導西方基督教王國的羅馬教廷所擁抱。此論不認為需要一個真實的歷史性千禧年，不認為地上會出現一個完美無瑕的基督國度，在其中萬民都歸服基督，或活在基督的絕對掌權之下。對於啟示錄中所提述地上的千禧年，他們嘗試以屬靈的角度來理解，將神國歷史性的臨在靈意化；認為這是指聖子道成肉身與祂再來之間的教會時期，期間神只是隱隱在個人心中或屬神羣體中屬靈地管治，正如耶穌所說：「神的國就在你們心裏。」（路十七21）現世教會正是這神國在人間的展現，是基督與聖靈在天上臨在的地下預示。

無千禧年論與其他千禧年論的基本分別，是前者不信在現世地上有一個真實完全由基督管治的國度，或全然按照基督原則運作的新世界秩序。對他們來說，真正由神掌權的國度是要到基督終末再臨時，才真正實現；這時會有白色大寶座的審判，並隨後的新天新地，以及地獄與火湖。神的國度會自此延續到永恆，神更新再造的新天新地，才是基督對受造世界展現輝煌統治的真正體現。

第二個立場是後千禧年論（Postmillennialism），此立場流行於十七、十八世紀的啟蒙時代，直至二十世紀兩次世界大戰後，才逐漸息微。此論相信在基督再臨之前，地上會有一個真實的基督王國；在那裏世界將全然被基督化，即使不是全人類得救，福音也廣泛傳遍世界各地，基督徒政權會統治或領導全球絕大部分地方，基督教原則成為各國各族依循的主導規範。他們強調「這天國的福音要傳遍天下，對萬民作見證，然後末期才來到。」(太二十四 14) 故此，教會羣體努力改進社會，是促進基督早日再臨的重要手段。

後千禧年論對歷史發展抱持樂觀態度，其對現世中實現天國臨在的追求，比無千禧年論更熱切。事實上，十六世紀開始西方列強的海外擴張，確曾一度使全球大部分國土直接或間接伏在基督徒政權的管轄之下；加上十九世紀開始的普世宣教運動，世界各地信徒不斷增長，地方堂會數目日添；種種現象皆驅使後千禧年論者更堅定相信，基督的王國終有一天會確切臨到地上。為實現理想，他們不單努力傳揚福音，更積極參與社會改革，期望能為這世界帶來公義和平；是故，不少早期的社會福音支持者，皆抱持後千禧年論思想。直到兩次世界大戰，人性的醜惡盡顯，這種認為人類社會將愈變愈好的樂觀思想，才被顛覆扭轉。

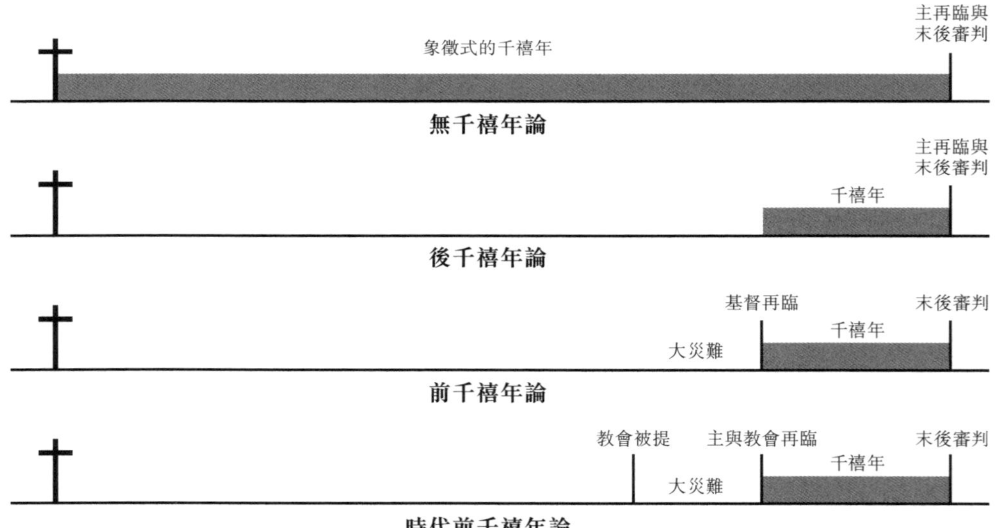

7.4.2. 強調終末天國

在現世與終末的關注比重上，與無千禧年論和後千禧年論截然不同的，是前千禧年論（Premillennialism）。此論為君士坦丁以前、教會大受羅馬政權逼迫時期的早期教父所擁抱，也為兩次世界大戰後的福音派教會所歡迎。此論傾向字面化解釋聖經特別是啟示錄有關終末的預言，認為現今世界為撒但所轄制和操控，牠是空中掌權者，要透過種種手段誘使人遠離神。撒但既與神為敵，就在現世盡力對作為屬神子民的教會施加迫害；地上的聖徒要面對日益嚴峻的痛苦和災難，惟有靠主堅忍面對。

然而，聖徒在現世的堅忍是有榮耀盼望作為支持的。此論相信基督會在現今世界歷史結束之時，以可見而公開的形式榮耀再臨，由此確立祂的國度，就是聖經所記述的千禧年。這介乎基督再臨和新天新地之間的千禧年，並不一定要求字面上剛巧一千年；但卻堅信這段時期基督不單屬靈地掌管人心，且會親自以萬王之王、萬主之主的身分統轄全地，於社會政治層面在這世上掌權，執行公義和審判；這時撒但要被捆綁，萬膝要跪拜、萬口要承認基督是主，堅忍到底的聖徒將與主一同作王，統治列國，彰顯神國的真實臨在。

按此理解，此論支持者普遍對現世抱持負面態度。雖然世界會在千禧年中延續，但真正徹底的更新改變要在基督再臨之時才會發生；現世既仍由撒但掌權，地上信徒一切社會改革的努力，最終都只屬徒然。教會真正要專注努力的，不是爭取社會公義、民眾福樂，而是積極傳揚福音、領人歸主，使人脫離罪的捆綁，靠主勝過撒但的誘惑和攻擊，活出在世而不屬世的生命；並要輕看現世的苦難，注目將來要得的榮耀，特別是千禧年後，在新天新地裏的永恆生命。

從前千禧論進一步演化的一個分支，是比之更強調字面解釋預言的時代論（Dispensationalism），又稱時代前千禧年論（Dispensational Premillennialism）。此論源自傳統保守陣營對自由主義的反動，盛行於英國弟兄會和基要主義羣體之中。此論高舉神的絕對掌權，整個人類發展都在祂的計劃之中；傾向將世界歷史劃分為多個階段，例如以啟示錄二至三章的七封書信代表七個教會時代，也有簡單分為三或四個時代的。與一般前千禧年論比較，時代論還有一個重要信念，就是堅持在大災難以前，教會將率先被提到基督那裏；因此要遭遇災難的，只有不肯悔改的非信徒，而災難正是神對其悖逆不信的審判。災難結束以後，基督會帶同教會再臨地上，建立一千年的屬神國度。此後，撒但會暫時被釋放，牠會聚集黨羽與聖徒爭戰，最終落敗並遭丟進火湖；聖徒則在新天新地裏與主同享福樂。

現世終末的爭議				
終末觀	無千禧年論	後千禧年論	前千禧年論	時代論
基督再臨	在千禧年之後	在千禧年之後	在千禧年之前	在千禧年之前
大災難	象徵現世經歷 世人皆會遭遇	象徵現世經歷 世人皆會遭遇	將來確切遭遇 教會也要經歷	將來確切遭遇 教會無須經歷
復活受審	信徒：主再來時 不信：主再來時	信徒：主再來時 不信：主再來時	信徒：千禧年前 不信：千禧年後	信徒：大災難前 不信：千禧年後
千禧國度	象徵心中掌權 現今已經實現 千年僅屬象徵	世界被基督化 努力使之實現 不堅持一千年	基督真實作王 將來由主實現 大約為一千年	基督真實作王 將來由主實現 堅持要一千年
關注焦點	現世終末皆重視	重現世、輕終末	重終末、輕現世	重終末、輕現世
事奉方向	社會公義與改革	社會公義與改革	傳福音拯救靈魂	傳福音拯救靈魂

神學反思的依據與原則

對於神學建構的依據與原則，歷來沒有一致共識。被稱為「衛斯理四邊形」（Wesleyan Quadrilateral）的神學四大支柱，包括聖經、傳統、理性和經驗，可謂是最為當代神學家採納的觀點。四邊形的意思，是指正確的基督信仰要受這四條界線所規範，不論從哪個方向超出這個四邊形，神學教義都會出現偏差。雖然這四邊形是以約翰衛斯理命名，但類似觀點早已存在於早期教父和改教領袖之著作之中。茲分述各支柱如下：

一、聖經：指教會歷代保存，相信是從神而來的成文啟示，當中包括三十九卷舊約和二十七卷新約；雖然參照的版本略有分歧，究竟要以拉丁文譯本為權威，還是要高舉希伯來和希臘原文聖經？是否接納次經為參考標準？然而，以所認許的聖經版本為建構和判斷信仰教義的標準，這共識卻相當一致。

二、傳統：現代神學家普遍認同，是指教會代代相傳的偉大傳統；當中無疑包括古教父一致持守的信念，以及《使徒信經》、《尼西亞信經》等大公權威認信。至於中世紀的教義如七聖禮，改教家的神學如因信稱義，及個別宗派的堅持如政教分離，則宗派羣體存在各自差異，建構神學時也各自表述。

三、理性：普遍指邏輯一致，特別要求符合和諧協調、互不矛盾、可被理解的原則，不容許彼此對立的命題獲得同樣肯定；例如加爾文主義和亞米紐斯主義，當中就有不少無法共融的元素。然而，基督信仰本身又存在不少張力，基督如何既人且神？有限世人如何理解無限真神？處理方法就頗為多元。

四、經驗：大部分神學家所關注的，是普世人類共通的經驗，如敗壞本性、自私貪婪、制度不公、無力自救等；特別是屬神羣體共有的宗教經驗，如悔改重生、稱義得釋、信仰動力、成聖追求等。惟堂會獨有的體會，或個人私有的經歷，是否也該成為建構神學的考慮因素？則存在不同見解。

這四大神學支柱要同時兼顧，若偏側一方，就容易產生問題。事實上，在近代教會歷史裏，過分高舉某一支柱而輕忽其他元素的神學立場，確實相繼興起；茲舉例如下：

一、高舉聖經——基要主義：高舉聖經絕對無誤，堅持盡量按字面解釋經文；將聖經中看似彼此矛盾，或與現代學術不協調的觀念，理解為人類的有限和不足。結果就產生如權威創造論等，普遍不為現代科學界認同的保守立場。過分高舉聖經權威的代價，是容易變成與社會、與時代脱節；同時，必須小心分辨究竟所高舉的是聖經權威，還是自身一套解經的原則。

二、高舉傳統——羅馬公教：強調堅守往昔傳統，以之為聖經詮釋的權威依據，由此建立相信是正確無誤的官方教義立場，並以此裁決不同神學的對錯。結果就產生中世紀如贖罪券、煉獄等偏差教義，更將高舉惟獨聖經的改教羣體判為異端。過分高舉傳統的代價，是容易因先輩的偏側而愈發走歪，忽略世人的罪性；即或屬靈領袖，也無法面面兼顧，仍有機會出錯。

三、高舉理性——自由神學：認為信仰必須合符理性思維，邏輯一致；特別喜歡與流行哲學接軌，以期在學術界繼續與世俗思潮對話，從而獲得肯定。結果就嘗試以絕對倚賴感來理解信仰，以非神話化來解讀聖經，卻無意中將基督信仰的核心教義，如三一神的真實、基督耶穌的神性等一一丟棄。過分高舉理性的問題，是將人的判準放得太高，忽略屬神啟示的超越性。

四、高舉經驗——靈恩運動：重視所屬羣體和自己個人的屬靈經歷與領受；雖然也聲稱以聖經為權威，但解經時卻經常斷章取義，隨從感動自由發揮；遇有聲稱為先知的領袖給予預告提醒，更視若無上珍寶，比聖經教導更可貴。結果就形成追求方言恩賜，要行區祈禱、內在醫治等，聖經依據不足的信仰實踐。過分高舉屬靈經驗，容易走向偏差，給異端邪說開方便之門。

溫習及思考問題

1. 本章列舉了現代教會不同時期哪些神學教義上的對立分歧？

   a. 理性啟蒙時期：

   信仰實踐：________________ v.s. ________________

   悔改得救：________________ v.s. ________________

   美國大覺醒：________________ v.s. ________________

   b. 普世宣教時期：

   加爾文神學：________________ v.s. ________________

   教宗無謬論：________________ v.s. ________________

   地界主義：________________ v.s. ________________

   c. 本色整固時期：________________________________

   ____

2. 羅馬公教、東正教和基督新教比較，哪個羣體的神學教義相對多元？原因為何？

   神學相對多元的羣體：□羅馬公教　□東正教　□基督新教

   原因：________________________________

   ____

3. 下列表述的觀念分別屬於自由神學還是新正統神學？

神學觀念	自由神學	新正統神學
聖經眾書卷雖各具作者的獨特風格，但卻同是神的啟示		
聖經僅為一部深具宗教智慧和洞見的人所寫的宗教經典		
認為道成肉身、三位一體等教義是基督信仰的核心精髓		
將基督神性、三位一體等傳統信念輕易忽略或置之不理		
從神而來的聖經是確立正統教義和信仰實踐的屬神權威		
以人類普遍的理性和經驗作為判斷基督信仰的真正判準		
人透過普通啟示而得的屬神知識多暗昧不明、存在偏差		
理性無須超自然的因素也足以發掘特殊啟示的主要信念		
耶穌是真正神的自我啟示，聖經則是耶穌這啟示的見證		
耶穌和聖經只是教會羣體對理想之超然神明的理解而已		
重視聖經的基本教義，同時亦接受已獲證實的科學觀點		
重視聖經轉化生命的力量遠多於其真理是否與現實配合		

4. 下列表述分別反映靈恩派（包括五旬宗），還是福音派（包括基要派）的立場？

神學觀念	靈恩派	福音派
普遍對聖靈有聖經以外的嶄新啟示抱持開放接納的態度		
相信聖經所記的歷史和教導是神給世人心意的圓滿啟示		
認為聖經正式成典後，神的啟示已大致完成、告一段落		
相信兩約聖經正式成典後還繼續有更多從神而來的啟示		
渴慕個人內在的主觀光照多於神藉聖經所賜的客觀啟示		
主張忠心地見證教導聖經比追求神的召喚或感動更重要		
早期教會那些先知預言、知識言語等已隨時間逐漸終止		
相信神會藉教會內具有特殊恩賜或身分的先知傳講預言		

教會性行動多源自領袖透過聖經獲得從神而來的新亮光		
教會的一切體會，皆要按耶穌基督和兩約聖經加以判辨		
領袖只會向會眾教導聖經真理，不會向個別信徒發預言		
領袖向個別信徒發出相信是直接從神而來的預言或指示		

5. 試在下表比較機械默寫説、字句靈感説和動力靈感説的異同。

	機械默寫説	字句靈感説	動力靈感説
代表人物			
寫作過程	由神控制／不受操控	由神控制／不受操控	由神控制／不受操控
作者個性	沒有蘊含／書中反映	沒有蘊含／書中反映	沒有蘊含／書中反映
字詞採用	由神感動／由人選擇	由神選擇／由人選擇	由神選擇／由人選擇
聖經表述	絕對無誤／基本可靠	絕對無誤／基本可靠	絕對無誤／基本可靠
表達真理	足夠準確／無法準確	足夠準確／無法準確	足夠準確／無法準確
今日情況	鮮獲支持／不少認同	鮮獲支持／不少認同	鮮獲支持／不少認同

6. 比較福音主義、社會福音、整全使命，下列表述最能反映哪個/哪些立場的救贖論和教會論？

救贖論和教會論	福音主義	社會福音	整全使命
教會是神所差派進入世界見證祂的媒體			
教會的主要使命是傳揚福音和建立信徒			
教會使命不只領人歸主，且要轉化社會			
福音不單關乎靈魂得救，而應涉及全人			
強調個人因歸信得救而產生的生命轉化			
救恩的真正意義是改進社會、轉化世界			
不應只憑口傳福音，而應以生命活出來			
基督徒要不斷抗拒魔鬼誘惑、持守信仰			

主張運用聖經原則改善貧富懸殊等問題			
分享福音還要以具體行動幫助有需要者			
活出新生的目的是見證基督、引人歸信			
要向人傳講公義良善好能遏止社會問題			

7. 比較無千禧年論、後千禧年論和前千禧年論，下列表述最能反映哪個/哪些立場的終末論？

終末論	無千禧年	後千禧年	前千禧年
千禧年基督掌權以前地上將有極大災難			
基督再臨時隨即會有白色大寶座的審判			
新天新地才是基督對受造界的輝煌統治			
為處於逼迫或醜惡環境下的教會所認同			
為處於世界環境不斷改善的教會所擁抱			
為處於基督教政權下的強大教會所支持			
神國指基督再臨地上後建立的千禧國度			
神國指基督徒政權統治全球大部分地方			
神國是指神在基督徒羣體中屬靈地管治			
基督會再臨到地上親自作王並統轄全地			
地上會有世界全然被基督化的基督王國			
不信地上有一個真實由基督管治的國度			

8. 時代論與一般前千禧年論有哪幾方面的主要分歧？

a. 預言解釋：__________

b. 世界歷史：__________

c. 教會遭遇

大災難前：__________

大災難後：__________

9. 聖經、傳統、理性和經驗這四大神學支注，你認為哪個最重要？為甚麼？

最重要：　☐聖經　☐傳統　☐理性　☐經驗

原因：______________________________

____

10. 福音主義、社會福音和整全使命，你最認同哪個？為甚麼？

最認同：　☐福音主義　☐社會福音　☐整全使命

原因：______________________________

____

11. 本章所講述的不同千禧年論，你最認同哪個？為甚麼？

最認同：______________________________

原因：______________________________

____

12. 現代時期出現許許多多不同的神學立場，你認為原因為何？這對你個人進行神學建構有何啟迪？

神學多元的原因：______________________________

____

對你個人的啟迪：______________________________

____

進深閱讀書目

林榮洪：《基督教神學發展史 4：近現代復原教會》。香港：宣道，2017。

葛倫斯、奧爾森：《二十世紀神學評論》。劉良淑、任孝琦譯。台北：校園，1998。

Ford, David F., and Rachel Muers, eds. *The Modern Theologians: An Introduction to Christian Theology*. Malden: Blackwell, 2005.

Kennedy, Philip. *Twentieth-century Theologians: A New Introduction to Modern Christian Thought*. London: I.B. Tauris, 2010.

Olson, Roger E. *The Journey of Modern Theology: From Reconstruction to Deconstruction*. Downers Grove: IVP, 2013.

第八章
正統權威

一直以來，羅馬公教和東正教都堅持，聖經必須按照教會歷代傳統來加以詮釋，聖道和聖傳同具權威；源自古遠的大公信經，如《使徒信經》、《尼西亞信經》和《迦克墩信經》等，是各地信眾必須持守的正統教義，惟隨著時間過去，中世紀羅馬公教愈走愈歪，且透過教會以外無救恩的聖禮神學，牢牢轄制廣大信眾。宗教改革時期，改教家將保衞羅馬教廷的銅牆鐵壁打破，把一直愚弄人心的謬誤教義糾正；在三個惟獨的倡議下，兩約聖經成為新教羣體公認的信仰教義權威，是衡量教會信念和信徒生活的至高標準，惟各宗派的成立，又引申出各自的權威認信，當中包括信義宗的《奧斯堡信條》和《協和信條》，改革宗的《第二瑞士信條》和《比利時信條》(*Belgic Confession*)，聖公宗的《三十九條信綱》，以及長老宗和公理宗共同宣認的《威斯敏斯特信條》等。

在啟蒙運動的反權威潮流下，上述這些普世教會或個別宗派一直堅定持守的權威，皆相繼受到質疑，基督信仰要時刻面對各方各面的挑戰。正如本書前幾章一再提及，自由神學為與外界協調接軌，而放輕上帝三位一體、基督神人二性、世人罪得救贖這等核心教義；哈納克等學者非神話化的倡議，反映著對聖經敍事的嚴重質疑；進化論日漸成為歐美有關萬物源起的主流解說，是對信經中上帝是「天地的創造主」這宣認的否定。一直以來，基督宗教最廣泛獲視為權威的，有聖經、傳統和教會三個主要元素；惟時至今日，這些元素均或多或少受到批判，部分更具相當實質理據。即使相對傳統保守的教會羣體如福音派等，有時也得認真思索、稍作調整，以免堅守信仰變成固執迷信。

為正視有關挑戰，筆者年前曾特意寫成專書《正邪難辨：再思基督宗教判斷正統與異端的權威標準》，以幫助華人教會更多掌握有關議題。出版翌年，此書幸獲香港基督教出版聯會頒贈的最佳作品(學術)金書獎。既有專著討論，本章就嘗試簡要將書中重點歸納，讓讀者可以快速領會當中的挑戰，並曉得教會可如何妥善作出回應，以繼續維護基督信仰的正統權威。

8.1. 聖經權威的確認與挑戰

對許多追求敬虔的傳統基督徒來說，聖經正典是神聖不可侵犯的至高權威；許多宗教改革以後才訂定的宗派認信，皆重申肯定兩約聖經的崇高地位。1784 年通過的《循道宗二十五條宗教信綱》（*Methodist Twenty-five Articles of Religion*），確認「聖經包含得救的要道」，凡未載於聖經或未為聖經所證明的，皆不必信為或視為得救所需。1833 年的《浸信宗新罕布什爾認信文》（*New Hampshire Baptist Confession*），一開始就認信聖經是由神所感動的人撰寫，是「屬天提示的完美寶藏」；其真理不摻雜任何謬誤，是試驗人一切行為、認信和見解的「至高標準」。1883 年的《美國公理宗信條》（*American Congregational Creed*）也重申，相信聖經是神在救贖工作中自我啟示的記錄，是「權威的標準」，能以規範和判定一切宗教教導和人類行為。

然而與此同時，自由派學者對兩約聖經的批判也日益強烈；這些批判不單涉及經文內容的詮釋，還要求對聖經正典進行重新檢討。這趨勢早見於十八世紀中葉，當時德國經文鑑別學權威色姆勒（Johann S. Semler, 1725 ～ 1791）提倡，將神的道與聖經區分，指出並非每段經文均屬啟示，建議用歷史鑑別法獨立評估個別經文的價值。此意念持續在自由派學界發展，且愈見熾熱；到二十世紀中葉，經文鑑別學家亞蘭（Kurt Aland, 1915 ～ 1994），率先提出要移除部分令教會感到困惑尷尬的經卷，並預告正典問題將成為神學與教會爭議的核心。此後，批判聖經正典的言論日見大膽。馬斯森（Willi Marxsen）就直言，教會原初根本就錯選了正典，應當更正修訂，將如希伯來書、彼得後書等移除；登根（David L. Dungan）宣告，我們正進入一個時代，要嚴厲審核一切初期西方教會用以建構新約的準則和方法。2002 年出版的《正典爭議》（*The Canon Debate*），可說是近年聖經研究的代表性作品；此書的編訂原意，正是要「集結當今世上在正典研究中最重要的學者」，為聖經正典的源起與發展引進更深入的理解。筆者嘗試在此歸納綜合這些學者的論點。

8.1.1. 舊約正典的挑戰

透過回溯舊約正典的形成過程，自由派學者找著多處疑點，認為現代基督新教普遍接納的舊約，有不少需要檢討之處。例如昆蘭古卷未見以斯帖記，不同猶太羣體對一些具爭議性的書卷又立場不一，亞歷山太的猶太羣體根本沒有就正典範圍劃定界限；改教家當年採用巴勒斯坦宗教領袖篩選的版本，當中有何理據？一直以來，東西方教會的聖經均附載次經。路德翻譯的德文聖經也以附錄形式加插次經，此編輯聖經的模式一直延續到十七世紀才逐漸轉變；現代華人教會完全漠視次經的價值，會否因此損失一些重要的信仰遺產？

在《正典爭議》一書中，學者們就按照各自的研究領域，對舊約正典提出多方面挑戰，茲歸納如下：

a. 針對權威正典產生的因素：教會傳統相信聖經正典是在聖靈默示下寫成，其最終定形乃神保守引導的工作，故全本聖經都是神的作為、是祂的話語。惟近代學者卻辯稱，正典是當權羣體塑造和維護其所謂「正統」的工具，要藉此壓迫異己，統一立場；這過程又反轉來進一步強化正典與非正典之間的差異，將正典提升為屬神知識的標記。

b. 針對猶太正典形成的時間：基督教傳統相信，猶太正典共分三部分，當中律法早於主前五世紀已得確立，先知約在主前三世紀被立為正典，而聖卷則在約主後一百年選定；基督新教所依據的舊約聖經，就是按此甚具正統性的希伯來文正典而訂立。惟近代學者卻指出，這傳統立場並非毫無爭議；一世紀的證據其實並不足以確定舊約正典何時及如何封定。

c. 針對猶太正典經卷的組成：教會傳統相信，猶太正典就只現時希伯來文正典的二十四卷（或有經目合併為二十二卷），其他書卷均不屬正典。惟近代學者的研究卻發現，猶太正典經目的範圍並非那麼清晰；希伯來正典以外，猶太羣體尚有許多其他權威典籍，正典與非正典並非截然二分，例如一世紀的證據就顯示，便西拉智訓等書卷也常被視為權威來參照。

d. 針對希伯來文正典的選取：在缺乏古遠抄本見證的情況下，由巴勒斯坦與巴比倫兩地猶太學者合作編訂的《馬所拉抄本》（*Masoretic Text*），一直是新教羣體舊約聖經的主要參考；惟此選擇近年已愈來愈受學界質疑。例如耶穌所引用的經文就反映多元的文本傳統；《馬所拉抄本》實質只是眾多聖經見證之一，且是後期抄本，應當全面顧及不同古抄本的見證。

e. 針對基督宗教正典的演化：早期教會的舊約正典經目一直附有次經，相反正典書卷如以斯帖記，則常遭否定。即或部分教父不接納次經為正典，不以之建立教義，也同意視之為教會經典，作信仰生活的教導；故此，不單東正教和天主教的聖經附有次經，早期的改教領袖也沒有全然撇棄次經。那麼，當代新教宗派完全漠視次經，理據何在？

近代學者對正典的研究，確實挑戰著傳統的權威信念，迫使教會對舊約聖經進行深入反思；雖說這些學者的研究並非無懈可擊、無法辯駁，但其中也有不少理據充分的論點，不能輕忽無視。在教會高舉聖經權威之時，學者們對傳統正典的挑戰，提醒教會要更加小心謹慎，認真思考本身所堅持之正統權威的理據。

學者甘博（Harry Y. Gamble）對正典爭議的觀察

正典爭議的問題已變得愈來愈複雜，全新證據陸續湧現，舊有問題遲遲未解，新鮮觀點層出不窮；當中涉及早期教會的社會處境，神學教義的發展歷史，信徒羣體的禮儀生活，信仰詮釋的塑造過程，權威典籍的文本演變等。可以肯定，聖經正典的形成遠比傳統想像複雜，有關研究已成為令人望而卻步的龐大工程。

8.1.2. 新約正典的重檢

相比舊約，當代新約正典爭議的複雜性似乎更大，對基督教會的挑戰也更為嚴峻。使徒教父引據為權威的著作，包括不少新約正典以外的經卷；初期教父心目中，往往各自有一套權威典籍的清單。在判斷哪些典籍擁有正典權威時，早期教會顯然存在相當分歧，那麼當代基督教認定現今二十七卷新約為正典，是否擁有確鑿的歷史依據？即使到四世紀，許多教父仍認為部分書卷如雅各書、猶大書、彼得後書、約翰二書、約翰三書和啟示錄等，其正典性於當時仍存在爭議；

當代教會可有確切理據，肯定這些長久備受爭議的書卷，毫無疑問是屬神的啟示？某些經卷早年被列為正典的理由，今日已證實存在偏差，例如希伯來書被視為保羅所著而被歸為正典，如今學界早已證實此書並非保羅所著；故有人批評當初選錯經卷，教會當如何回應？

既有重重疑團，當代自由派傾向的學者自然也抓著這些議題詳加討論，形成熾熱的新約正典爭議。他們討論的焦點，可大略歸納為以下幾個範疇：

a. 針對篩選權威經卷的判準：教會傳統相信聖經乃在聖靈默示之下、藉主所差派的使徒撰寫而成，故此默示性和使徒性甚為重要。惟近代學者卻質疑聖靈默示既屬內在，如何判辨經文的默示性？早期教會有許多偽著，教會如何判斷作者為誰，從而確立書卷的使徒性？故有學者指出，早期教會判斷正典，還有正統性、古舊性、實用性和適切性這等可爭議的元素。

b. 針對激化正典產生的誘因：一直以來，學者相信二世紀馬吉安主義和諾斯底主義等異端的出現，是引發教會為權威典籍劃定界線的主因，由此產生新約正典；惟這立場近年已漸受質疑。學者研究發現，早期基督徒羣體傳遞權威經典，乃獨立於馬吉安主義；而諾斯底主義與大公教父爭議的焦點，不在於正典的形成，而在於詮釋的方法。傳統說法有誇大異端對新約正典的影響之嫌。

c. 針對新約正典形成的時間：傳統相信新約正典很早期已大致成形，特別在異端的挑戰下，初期教會早對新約範圍略有共識，雖對少數經卷地位稍見分歧，但商議和整合正典的時間主要仍在二世紀。然而不少近代學者辯稱，新約正典確立的正確時間實遠為更後；到四世紀初，教會公認的正典才只二十一至二十二卷，到更後期才逐漸擴展至如今的二十七卷。

d. 針對新約正典經卷的組成：傳統相信新約二十七卷的選取是早期教會逐漸達成的共識，即或從歷史發展的初步研究發現，少數經卷的權威地位一直備受質疑，惟分歧不斷收窄，最終形成統一的版本；近代學者對希臘文聖經抄本的研究卻發現，不同基督徒羣體很多時各自擁有不同的正典經目，對正典的分歧一直存在，因人而異的現象從未終止。

e. 針對解決正典爭議的方法：就著當代的正典爭議，學者們嘗試提出解決方案；有較傳統的建議放下歷史判斷，單就現存新約正典分析研究；有較開放的建議修改新約經目，刪除令教會感到尷尬的書卷；有較中庸的建議接納互有分歧的實況，彼此包容。更有建議將正典分為三個版本，第一個排除所有備受質疑的經卷，然後不斷擴闊，到第三個包含所有古代基督教文獻。

四至六世紀各地希臘文大楷抄本的新約經卷				
抄本	梵蒂岡抄本	西奈抄本	亞歷山太抄本	克拉羅蒙塔抄本
年期	四世紀	四世紀	五世紀	六世紀
增添書卷	—	巴拿巴書 黑馬牧人書	革利免一書 革利免二書 所羅門詩篇	巴拿巴書 黑馬牧人書 保羅行傳 彼得啟示錄
欠缺書卷	提摩太前後 提多書 腓利門書 啟示錄	—	—	—

對傳統遵奉聖經為權威的教會來說，上述學者對新約的挑戰，無疑難於接受；他們提出要修訂聖經內容，更是大逆不道的叛教行為。然而，在挑戰新約權威的言論不斷湧現之際，基督教會當如何有效回應？預期正典爭議仍會持續，不同意見仍會湧現，新興學術研究對傳統信仰的衝擊仍會接踵而來。

8.2. 各類信經的建立與質疑

雖然改教家拒絕以傳統為權威，但他們卻接納早期教會的大公信經。不論信義宗、改革宗或聖公宗的權威認信，均一致肯定《使徒信經》、《尼西亞信經》和《亞他拿修信經》的正統權威地位，確認是聖經真理忠實的簡要歸納。為反映自身的獨特信仰立場，不論改教期間或現代時期，各宗派均相繼擬訂或更新自身的認信條文，如《循道宗二十五條宗教信綱》、《浸信宗新罕布什爾認信文》、《美國公理宗信條》等。惟在啟蒙運動反權威的潮流下，最令近代學者感興趣並嘗試加以批判的，還是前述最廣獲公認的三個大公信經。

8.2.1. 對《使徒信經》的質疑

在基督教會中，《使徒信經》廣獲重視，在普世認信和彰顯合一的意義上地位超然，被譽為正統信仰的標準。十九世紀教會史大師沙夫形容：「好比主禱文是禱文中之禱文，十誡是律法中之律法；同樣，《使徒信經》是信經中之信經。」然而此信經是否真的源自使徒？若果不是，因何可以成為判辨教義的標準？

有關《使徒信經》的起源，學者有不同見解。在眾多對這信經源流的建議中，最廣獲認同的是源自古羅馬教會的水禮認信。因著羅馬教會的獨有地位，《古羅馬信經》逐漸於西方教會普及，期間相信曾與羅馬教區內各地教會原有的信經融匯結合，產生微小的變化修訂。由於影響並非單向，各地信經保存一定程度的差異，後期各信經內容有增添，也有刪減，並非穩步擴展。而今日流行的版本，首見於八世紀初曾於多處建立修院之本篤會修士柏米紐斯（Pirminius，約700～753）的修道手冊裏。基於查理曼（Charlemagne，約742～814）大帝的召諭，此標準信經很快在整個西方普及使用，且延續後世。

既然《使徒信經》只是從《古羅馬信經》逐漸演變而來的認信，為何會成為教會信仰教義的權威？很早時期，此信經已在西方教會廣被視為直接源出十二使徒，甚至有多份五、六世紀著作，細緻而誇大地描述使徒們如何蒙聖靈感動，各獻一句地合力編訂這權威認信。在這基礎上，整個中世紀西方均以此為普遍公認的真理；許多著作、建築、藝術等等，均嘗試將十二使徒各獻一句信經的信息，生動地描繪出來。直到十五世紀，傳統由眾使徒集體制定《使徒信經》的觀念開始受到質疑。哈納克宣稱，現存的《使徒信經》只是高盧南部教會的水禮認信，時間不會早於五世紀下旬。

學者們反對《使徒信經》直接由使徒編寫的理由甚多，其中沙夫適切地將之歸納為五點，值得參考：（1）在信經歷史上並無類似情況；使徒信經乃一個整體，不可能是堆砌鑲嵌之作。(2)聖經對此完全緘默；有些人嘗試從聖經中尋找這信經存在的痕迹，但都無法找著。(3)教父們亦對此緘默；就是尼西亞會議也不知道有一源自使徒的信經存在，否則會議絕對不敢以另一信經取代之。(4)使徒信經直到八世紀仍不斷演變；若信經真由使徒傳下，絕不會有人夠膽將之修改。(5)希臘教會一直只重視《尼西亞信經》，《使徒信經》從未在東方獲得廣泛流傳。時至今日，大部分嚴謹的學者均不再接受中世紀傳統對《使徒信經》源流的解釋，只視眾使徒各獻一句的描述為「傳說」，不足置信。既然《使徒信經》並非直接由十二使徒編寫，純屬羅馬教區經過漫長教會間互相交流，逐步演進而成，並非原初即獲普遍公認，那麼其價值何在？為何現代教會仍要以此信經為信仰教義的標準？這作者來源的問題，正是當代學者質疑《使徒信經》權威的核心所在。

《古羅馬信經》	標準的《使徒信經》
你是否相信上帝，全能的父？ 你是否相信基督耶穌，上帝的兒子，由童貞女馬利亞藉聖靈而生，在本丟彼拉多手下被釘於十字架，受死及埋葬，第三天從死人中復活得生，升天，坐在天父的右邊，將來必降臨審判活人死人？ 你是否相信聖靈，聖教會，和身體復活？	我信上帝，全能的父，*天地的創造主*； 並信耶穌基督，祂的*獨子*，*我們的主*，因聖靈感孕，由童貞女馬利亞所生，在本丟彼拉多手下*受難*，被釘於十字架，受死及埋葬，*降在陰間*，第三天從死人中復活，升天，坐在全能父上帝的右邊，將來必從那裏降臨，審判活人死人； 我信聖靈，聖*而*公之教會，*聖徒相通*，*罪得赦免*，身體復活，*並且永生*。阿門。

8.2.2. 對《尼西亞信經》的質疑

論到普世基督宗教最廣泛認同的信經，當數《尼西亞信經》無疑。這信經是大公會議正式通過的羣體認信，獲當時出席達三百位地區主教認同通過，合法性有根有基。沙夫就如此寫道：《尼西亞信經》在東方教會極受尊崇，擁有相等於《使徒信經》在西方教會的崇高地位；所有希臘和俄羅斯正教的教理課程均會講論，羅馬公教、聖公宗和信義宗亦會在禮儀上誦讀；因此，這信經嚴格來說比其他信經「更具大公性」。既是這樣，《尼西亞信經》是否能毫無異議地成為教會判辨異端的標準？答案當然並非如此簡單。

對教會歷史稍具認識的都知道，《尼西亞信經》是為處理亞流主義爭議而制定。關於制定《尼西亞信經》的經過，現存有一份由該撒利亞的優西比烏（Eusebius of Caesarea，約 260～約 339）發出的信函，嘗試就會議議決向所牧養教區的信眾作出辯解，當中內容為信經的制定過程提供了線索。信函提到優西比烏率先向大會呈交了一份認信宣言，也許就是該撒利亞傳統的信經；惟這信經內容根本不能解決亞流主義的爭議，不論正統派或亞流派，均可按己方信仰立場加以解釋。為此，在正統派的推動下，多句反亞流主義的條文被加插其中，末後且增添了多個相關的詛咒聲明；在正統派佔優的情況下，這份反亞流主義的《尼西亞信經》順利獲得通過。為免遭判罪懲處，許多原來支持亞流的主教均無奈簽署認同；結果，遭正式判為異端、驅逐流放的，只亞流和寥寥同伴幾人。

尼西亞會議並未有為教會帶來真正和平；亞流派主動聯絡各地的反對勢力，嘗試集結力量進行反擊。透過連串誣告、偽裝、攻擊，原來支持正統派的主教逐一遭到免職；加上以手段得到皇帝君士坦丟二世（Constantius II, 317～361）的撐腰，亞流派漸漸重新得勢。他們曾多次嘗試召開大公會議，意圖取締《尼西亞信經》，惟始終未能成事。君士坦丟二世於 361 年離世，往後接續的君王雖有持不同基督論立場，但都不太熱心；直到 378 年登基的狄奧多西（Theodosius the Great, 346～395），他忠誠於正統基督教信仰，將之正式立為國教，禁絕一切異教崇拜。在狄奧多西促進下，第二次大公會議於 381 年在君士坦丁堡召開；會議肯定 325 年《尼西亞信經》的正統立場，並將之修訂及擴充成更全面的《尼西亞－君士坦丁堡信經》。

《尼西亞信經》既得各地主教雲集的大公會議正式通過，其認受性自然甚高。然而，近代對基督教會抱批判態度的學者，對之也非毫無異議；這些挑戰按性質可分為三類。第一類質問本文的選擇：如上所述，325 年的《尼西亞信經》於 381 年被大幅修訂和擴充成《尼西亞－君士坦丁堡信經》，此後西方教會更擅自竄改成聖靈由父「和子」而出的拉丁文版本；那麼，當以大公信經作為判辨異端的規範時，應以哪個版本為標準？現代華人教會多採用經西方教會私自篡改的版本，究竟理據何在？

《尼西亞信經》	《尼西亞－君士坦丁堡信經》
我們信獨一上帝，全能的父，創造有形無形萬物的主。 並信獨一主耶穌基督，上帝的兒子，為父所生，獨生自父的本質；出於神而為神，出於光而為光，出於真神而為真神，受生而非被造，與父同質，天地萬物都是藉祂而造成；祂為要拯救我們世人，降下世間，道成肉身，並成為人；祂受難，第三天復活，升天；將來必再降臨，審判活人死人。	我們信獨一上帝，全能的父，創造天地有形無形萬物的主。 並信獨一主耶穌基督，上帝的獨生子，*在萬世以前*為父所生；出於光而為光，出於真神而為真神，受生而非被造，與父同質，萬物都是藉祂而造成；祂為要拯救我們世人，從天降下，*從聖靈和童女馬利亞*道成肉身，並成為人；祂*在本丟彼拉多手下為我們釘死*、受難、*埋葬*，*照聖經所說*第三天復活、升天，*坐在父的右邊*；將來必*從那裏大有榮耀*降臨，審判活人死人，*祂的國永無窮盡*。
並信聖靈。 無論何人，若說神的兒子曾經不存在，或祂生成以前不存在，或祂從無生成，或祂來自別的本體或本質，或祂被造，或會改變或朽壞，大公教一律予以詛咒。	並信聖靈，*為主及賜生命者*，*從父而出*，*與父和子同受敬拜*、*同受尊榮*，*曾藉著先知傳言*；*又相信獨一*、*聖潔*、*大公及使徒之教會*，*承認為赦罪設立的獨一水禮*，*指望死人復活*，*並來世的生命*。阿們。

第二類質疑信經的形成：對傳統教會來說，《尼西亞信經》的通過接納與亞流主義的定罪，是異端錯謬得以糾正、福音真理得以保存的善果。然而，近代學者卻認為這只是權力鬥爭的結果；若果亞流派當年獲得勝利，他們的神學就會成為正統；如今他們遭到挫敗，便遭後世指為異端。所謂勝者為王、敗者為寇，當中沒有甚麼絕對真理可言。

最後一類是貶抑信經的維護者：按著前述第二類挑戰的精神，信經的制定只是當權者壓迫異己的工具；若能證實當權者缺乏敬虔、偏離真道、為非作歹，那由他們所訂立的信經就會變得不可信賴。此類工作，正是近代不少對教會存批判態度之學者努力研寫的方向。為對抗亞流主義、維護尼西亞信仰而五次被逐，被傳統教會尊稱為「正統之父」的亞他拿修（Athanasius，約 296～373），正是他們針對的主要對象。

8.2.3. 對《亞他拿修信經》的質疑

《亞他拿修信經》的文本最早見於高盧南部阿爾勒主教該撒留(Caesarius of Arles,約 470～542)的講道集,這早期抄本原沒有名稱。六世紀出現「大公信仰」之名,到九世紀才首見冠名為「聖亞他拿修的大公信仰」;因著亞他拿修這位「正統之父」的名稱被冠在其上,此信經得接納為大公教會的權威認信。

自 1642 年開始逐漸有學者相繼起來,對傳統有關信經作者的傳說作出批判。他們指出已獲證實屬亞他拿修的著作中,無從找到這信經的痕迹。君士坦丁堡、以弗所和迦克墩三次大公會議,均不見提及此信經;此外,最早的信經文本,皆以拉丁文形式出現於西方,與亞他拿修這位東方教父的慣用語文和常駐地域不符。這些論點皆強而有力,傳統源自亞他拿修的傳說從此幻滅;信經並非這位東方教父之作,成為公認的事實。關於此信經的真實來源,歷來教會有不少推測;惟由於證據不足,始終無法確定,只能推斷寫成於五世紀末、六世紀初的西方拉丁教會。惟基於傳統習慣,現代教會仍普遍稱之為《亞他拿修信經》。

《亞他拿修信經》原為高盧一帶教會,在信仰教導時的參考指引;在八、九世紀逐漸譜成詩歌頌唱,且在西方拉丁教會漸漸普及,於各地流行。坎特伯雷主教安瑟倫(Anselm of Canterbury, 1033～1109)將之跟《使徒信經》和《尼西亞信經》並列為「基督徒認信的三大基礎」。宗教改革爆發初期,信經的作者疑問尚未出現,故主要的改教家如馬丁路德、慈運理和加爾文,均對之深表尊重。信經於十七世紀被發現為偽著後,部分宗派曾掙扎是否繼續遵奉此信經;惟基於對宗派鼻祖先賢的尊重,多選擇保留將此信經為權威認信。

幾份大公信經中,《亞他拿修信經》的合法性最備受質疑。它未經大公會議的確認,並非源自地位超然的教會,古遠性不及許多古教會的水禮認信,連作者身分也無法確定;其地位獲得提升,全因誤指為由亞他拿修所著。倘若信經是在宗教改革前被發現為偽著,改教家會否依然將之視為權威認信?相信將之剔除的機會極高!這諸多疑點,正是當代學者質疑其權威性的主要理據。

8.3. 確立權威的人物或羣體

國家法律需要執法人員將違例者加以拘控，需要司法機關就犯罪行為作出裁決；同樣，教會圈子中偏離聖經、信經的異端，也需要高認受、具權威的機關，對之作出審查和評估，否則任何正統標準都只會形同虛設。羅馬公教強調，要維護信仰遺傳的純正，聖傳、聖經及教會的訓導當局，彼此相輔相成，缺一不可；原因就在於此。然而，對基督新教來説，哪些機關、哪些領袖能承擔此角色？

比執法問題更重要的是釋法，就是對權威法典的解釋權。回顧二千年基督教歷史，多少被指為異端的羣體，同樣宣稱以新舊約聖經為信仰權威？他們與獲視為正統的羣體爭議時，討論的絕大部分是對兩約經文的細緻理解。然而，基督新教強調信徒可自行以經解經；當各羣體對信仰的理解存在衝突時，如何判斷哪個解釋較為正確？這些都是當代基督教會在確立正統這問題上，所遇到的難題。

8.3.1. 往昔教會權威的轉變

因著身處環境及內部組織的轉變，在過去二千年裏，基督教會曾出現多種不同信仰詮釋與評審教義的模式。這些相異的模式皆曾在當時代發揮相當判辨正統和異端的功效，惟也同時存在不同問題，反映著教會羣體在確立信仰權威上，所面對種種難以完全克服的困難。

在使徒教父至初期教父領導的年代，各地教會仍受羅馬政權的壓迫。雖然自一世紀末開始，主教式的單一地區領導已在各地成型；且因著城市地位、信眾多寡、資源運用等緣由，有個別城市如羅馬、亞歷山太、安提阿的主教，逐漸享有與眾不同的崇高身分。惟在判辨信仰教義、訂規正統權威等問題上，各地區的主教羣體基本上仍各自獨立，互不從屬；故此遇有神學爭議，如亞歷山太和安提阿主教就寓意解經和字面解經的爭拗，諾窪天派和多納徒派等關係何謂正統教會的爭議，甚或面對伊便尼主義、撒伯流主義、諾斯底主義、馬吉安主義、孟他努主義等今日公認為異端的羣體或思想，雙方都只能以宣講和著作各自力陳理據、駁斥譴責；誰是誰非，就只能任由信眾自行判斷。如此，缺乏相關神學知識的普羅信眾，往往變得無所適從，對錯難辨。

在君士坦丁接受基督宗教，並將之訂為合法宗教後，信仰審議的模式隨即出現巨大轉變。在政權的推動下，教會可召開全體性的大公會議，就正統與異端作出裁決。判為正統的不單可獲授肯定，且得政權種種資助；判為異端的不單會備受抨擊，且要面對來自政權的刑罰。因著利害關係、結果嚴重，爭議雙方都會竭盡所能爭取在會議中獲勝；惟如何判斷勝負對錯？歷史事實證明，當權君王的取態以及支持領袖的數量至為關鍵；結果大公會議成為拉幫結黨的戰場。典型例子是亞歷山太學派在皇帝狄奧多西二世（Theodosius II, 401 ～ 450）的支持下，成功於 449 年的第二次以弗所會議中獲勝，採納基督一性論；惟狄奧多西於 450 年突然離世，新任皇帝支持二性論，結果於 451 年的迦克墩會議通過《迦克墩信經》，成為後世教會的權威認信。究竟這是真理彰顯，還是權力鬥爭的結果？

因著種種因由，如城市的地位、資源的多寡、時局的變遷、偽著的浮現等，羅馬主教的身分於西方教會不斷上升，到中世紀成為權力無可匹敵的獨大架構。此時的羅馬教廷可以主導「正統」教義的訂定，可以透過各地的異端裁判所捉拿並審訊被指為異端者；可以說是集立法、執法和司法權力於一身。這種單一領導的信仰權威架構，無疑可就何謂「正統」訂立明確的定義，給「異端」劃下清晰的界線；惟當教廷出現錯謬，甚至變得腐敗時，會否反出現指鹿為馬、是非顛倒的狀況？這正是中世紀西方教會的可憐寫照。人性軟弱、罪根存留，即或宗教領袖也難免被權力、貪婪所困。結果許多因不滿教廷敗壞的敢言之士，被屈枉迫害；異端裁判所成為打壓異己的工具，造成千萬冤案錯案；堅守聖經真道的改教家，甚至整個新教羣體，都被定性為「異端」。究竟這種以強權定義「正統」的體制是否理想？答案顯而易見。

宗教改革時期，改教家成功推倒保衛教廷霸權的牆垣。在惟獨聖經的口號下，將兩約聖經推為信仰教義的至高權威；任何教會傳統、教父見證、教廷諭令，都得在聖經的明確教導下重被審視，若有發現與之相違，就嚴肅糾正。改教家且倡議運用以經解經的方法，作為詮釋經文的標準原則；改革宗的《第二瑞士信條》解釋這方法「就是從聖經原文的精神，依照背景和上文下理，並參照其他更清晰的經節去解釋」。惟這解經方法能否解決在正統教義上意見分歧的問題？

馬丁路德和慈運理因在聖餐觀上各持己見而分道揚鑣，信洗派因反對嬰兒水禮而在蘇黎世遭同屬新教的改革宗所迫害，加爾文主義與亞米紐斯主義在預定論的問題上互相指斥。種種爭議都指向一個事實，高舉聖經權威只能為正統信仰指引方向；因著在聖經詮釋上的差異，各自表述、對錯難分的問題依然存在。

各時代判辨正統與異端的利弊				
時代	當時處境	判辨方法	優點	缺點
初期教會（上）	教會遭受壓迫	地區教會領袖為所信的真理公開爭辯	正反意見都得公開	普羅信眾難辨對錯
初期教會（下）	得到政權支持	透過大公會議為正統的教義訂立標準	集合歧見統一立場	容易變成權力鬥爭
中世紀	教廷獨攬大權	教廷可全權自訂正統標準、排拒異見	界線清晰執行明確	異見受壓是非顛倒
宗教改革/近代	新教宗派林立	高舉聖經權威、宗派領袖可各自詮釋	明確標準尊重差異	對錯難分問題仍在

8.3.2. 現代教會權威的難題

始於十七世紀末的啟蒙運動，高舉理性思維，不單批判羅馬公教的權威，也挑戰整個基督宗教的信仰。自此，基督教會逐步被邊緣化，從擁有主宰權威變成受人轄制，從大眾公認變成小眾信念。1793 年，威廉克理出發前赴印度，其成功領人歸主的榜樣及火熱激情的分享，引發近代宣教的熱潮；數十年間，福音遍傳世界各地，大小教會相繼成立。現今基督教會所處之地，多屬採宗教自由政策的國家，也有不少在逼迫限制的環境下堅強掙扎。在社會中，基督宗教有屬大眾文化，有屬小眾信仰；面對異端時，有能強勢應對，惟大部分都只能與狼共舞，接受和平共存的事實。基督教會昔日在獲得社會普遍認同、擁有龐大資源時，尚且在確立正統權威、應對異端思潮這問題上存在諸般困難。時至今時今日，基督信仰既被邊緣化，處境又複雜多變，困難只見有增無減。

與此同時，基督宗教內的多元教會體制，也對判斷誰是教會權威帶來困擾。

在中世紀時代，基督宗教的體制相對分明；西方一位教宗獨大，東方則四位牧首並列。宗教改革爆發以後，情況變得複雜，也變得多元。雖然西方羅馬公教依然由一位教宗領導，但過往大分裂的事件，使有識之士愈來愈體會到一人獨專的危機。東正教方面，隨著不同地區的教會相繼獨立，互不從屬之牧首、省主教的數目不斷增加，立場難有統一。相對於羅馬公教和東方正教，基督新教的體制架構最不統一、最多變化。隨著普世宣教運動的擴展，基督教會於世界各地成立；這些教會有依從傳統宗派，也有完全獨立自治，或形成全新宗派。各宗派之間，只會互相尊重，有時彼此交流、團契相交，共同推動福音事工；難有真正的權威組織，能代表基督新教的眾多宗派和教會。

除教內分歧，現今世界的社會環境與思想潮流，也為教會維護正統權威帶來挑戰。國際知名學者麥格夫（Alister E. McGrath），對最新學術討論的趨勢掌握甚深；他指出現代學界「對異端理念的興趣從未如此濃厚，早代視為可疑和危險的古異端思想，如今都給點燃星光；宗教越界的誘惑從未如此強烈。」對不少思想開放的人來說，異端已變成勇敢爭取屬靈自由的先驅，其所作所為當受稱頌；他們是在正統教義的鬥爭中，被當權勢力殘酷壓制的弱勢社羣。由於歷史往往是由勝利一方編寫，故異端許多時被刻意抹黑；為糾正過往不公義的處理，他們就力圖重新建構和欣賞異端的真實思想。在這些人眼中，正統與異端的區分是人為的，基督真理的界線根本不存在。雖然麥格夫有力指出，不少被否定的異端信仰與習慣，實質比正統宣告更規範和壓制性；同時，許多錯謬思想是在君士坦丁以前、教會仍相當微弱時遭排拒的；說異端皆為當權教會壓迫異己的犧牲品，實與歷史事實不盡相符。但在當代反傳統的偏執信念下，這些理據往往受到忽視。

此外，在現今強調多元包容的社會裏，即使指稱某羣體為「異端」，也有機會被控毀謗、需負法律責任。就以 1996 年香港爆出教導信眾飲用雙氧水治病的錫安教會為例，當時一百五十多位來自不同宗派的教牧聯署發表聲明，除列舉該教會在解經和神學上的錯謬外，還總結「基於上述之了解，我們認為錫安教會是基督教的異端」。惟事後，多位繼續撰文公開批評錫安教會為異端的牧者，相繼收到律師警告信；當然，這些律師信似屬威嚇性質為主，真實訴訟時誰勝誰負尚難知曉；然而，龐大的律師費與訴訟費，已足夠迫使許多入息微薄的教牧閉口。為免麻煩，許多出版機構如《時代論壇》等，此後均改以「新興教派」稱之。要維護正統、指斥異端，於今時今日實在需要極大的勇氣和智慧。

今日判辨正統與異端的困難		
教內/教外	現實處境	導致困難
教內	基督教會遍佈世界各地、面對多元處境	應對方法變得複雜多變
	基督教存在多元體制、宗派間各自獨立	難有真正的代表性權威
教外	現代世界流行反傳統反權威的偏執思想	正統異端分界受到挑戰
	今日社會強調多元包容、不許否定異己	指斥異端或可被控毀謗

8.4. 正統與異端的判辨裁決

對基督新教來說，確立正統權威的主要標準就是聖經、信經和教會；然而本章前三部分的簡要討論，正展示著當中潛藏的問題與困難。今日這三大標準都在相當程度上受到批判或質疑，部分挑戰或許屬子虛烏有，惟亦有不少具相當理據，不容輕忽無視。可以推斷，這些當代學者對聖經、信經和教會權威的爭議，仍會在未來日子纏擾不清，無法盡數解除、達成共識，甚至有機會愈鬧愈烈。在此情況下，基督教會如何能避免重蹈中世紀羅馬教廷強硬壓迫異己的覆轍，較令人信服、合情合理地確立正統權威，並藉此判辨正統與異端？

8.4.1. 維護聖經權威的出路

今日基督信仰所面對的挑戰，跟啟蒙時期西方哲學界所面對的類似，都是要回應無止境有關何為真理的追問。基督信仰探求的起始是甚麼？答案無容置疑是耶穌基督的事件與啟示。當然，世上不相信耶穌基督的大有人在；然而，基督教正統與異端的定義，是宣稱相信基督、屬基督教的一員；若個人或羣體連基督事件也不接受，那就根本不配稱為基督宗教，只可稱為異教。

在接納基督事件的前提下，緊接而來的問題是：確定基督事件真相的根據為何？主耶穌並沒有留下任何著作，第一代門徒的見證無可否認是最重要的參考。現代某些學者或會批評，今日教會採納的正典經卷已遭扭曲，只是某些當權派系的信念而已；如此就要回到史學方法的基本原則上，究竟哪些見證比較可信？值得留意，福音書與使徒書信成書之時，許多第一代的見證人仍然在生；不盡不實的報導難免會遭到譴斥指責。不可忘記，初代教會只是遭羅馬政權壓迫的弱勢社羣，根本沒有能力遏止異端異己的言論；若果早期獲視為正統的教會，沒有比異端羣體更令人信服的事實理據，根本難於生存壯大。正統教會以強權壓迫異己之說，至少在最早期的教會難於成立。

倘若初代門徒的見證基本上可信，那會否在傳遞過程中逐漸出現偏差？教會有否過分抬舉其所擁有經典的權威性和絕對性？中肯面對歷史事實，有些正典發展過程的現象，是必須坦白承認的。然而，細心分析當代學界對新舊約聖經的批判論點，不難發現當中的挑戰，都只集中一些具爭議性的書卷或文本。然而，大部分聖經正典如律法書、先知書、福音書、保羅書信等，歷來均鮮有爭議；雖然不少兩約經節均存在異文，但確切影響整體信息的寥寥可數。這些普遍公認、意義明確的經文，足可展示初代基督徒所見證基督事件的真相，成為判辨正統與異端的權威參考。以整全六十六卷聖經判斷諾斯底主義、馬吉安主義等，能揭露這些羣體實屬異端；單以全無爭議的經文判辨，同樣足以展示其錯謬。至於具爭議性的書卷或文本，確信其為正典書卷的教會無疑可如常據之作信仰教導；惟面對外界挑戰，在探討正統與異端時，暫時放下這些經文也許可避免不必要的爭拗，縮減異議者反駁攻擊的空隙。

8.4.2. 維護信經權威的選取

判辨正統與異端既有聖經為依據，那麼還需要信經嗎？答案是肯定的。回顧歷史，不少被判為異端的羣體，包括古時的亞流主義，及近代的耶和華見證人，均宣稱以聖經為權威；他們與正統教會的分別，不是拒絕接受聖經，而是對部分經文的理解不同。無可否認，基督宗教歷來持守的一些重要教義，如上帝三位一體、基督神人二性，並非聖經直接採用的名詞，而是從不同經文歸納而得的整合，當中包含經文詮釋的元素；詮釋不同，結論難免存在差異。次要教義的分歧可以接受，主要教義的偏差就必須小心防避；大公信經所表述的，是歷代教會公認為核心教義的總綱，標示著聖經詮釋不能越過的界限。正如學者撒耶斯（Dorothy L. Sayers）所言，沒有信經的結果就是渾沌（chaos）。

歷世以來，用以判斷異端的信經信條有許多。然而時至今日，基督新教各宗派普遍認同，不應以個別宗派的教規信條為判斷標準；這些差異純屬次要教義上的分歧，未必可因此定性異端。用以判辨正統信仰的，應為各宗派普遍公認的大公信經。《使徒信經》備受重視、獲得高舉，雖與當年源自十二使徒的傳說有關，而這傳說早已確定為與事實不符的虛構故事；但今日絕大部分新教羣體仍遵之為教義標準、奉為信仰權威。究其原因，主要是由於這信經是最古遠、最原始，也是最概括、最簡短的公認信經；其內容有很強判辨異端、維護正統的功能，且各認信條文均在相當程度上從聖經找到支持。至於《尼西亞信經》和由此修訂擴充的《尼西亞－君士坦丁堡信經》，既分別於 325 年和 381 年各地主教雲集的大公會議中，獲正式通過接納，其認受性和權威性相對較高。關於版本的選取，筆者認為未有「和子」加插的《尼西亞－君士坦丁堡信經》是較理想的標準；與 325 年的《尼西亞信經》相比，這版本內容更整全、用詞更精簡。相對而言，《亞他拿修信經》的問題較大，這信經未經任何大公會議通過，就連作者身分也無法確定，故只能視為正統信仰的輔助參考，不應視為權威。

8.4.3. 維護教會權威的應對

回顧歷史，基督宗教擁有二千年應對異端的經驗，當中有何成敗得失可作為現代華人教會的參考？首先必須認知，基督宗教現今身處多元文化處境，許多時且屬社會中的邊緣小眾，昔日羅馬帝國或中世紀時期獲政權扶助的風光不再；教會不能借助當權者之力對異端羣體施加懲處，不能將被判為異端者革職、驅逐或監禁，就是要求政府減少給他們的資助也是不能，必須學習與他們和平共處。消極而言，這使教會無法壓制異端羣體的活動與發展；積極來說，這提醒教會要不斷更新改進，活出合乎基督信仰的榜樣，以堅實的真理教導、鞏固的相交網絡、深度的屬靈生命和美好的社會見證，抗衡異端思想的挑戰與誘惑；避免重蹈中世紀教會恃權腐敗、不思進取的覆轍。同時，羅馬教廷當年借宗教裁判逼迫異己，為堅持本身如售賣贖罪券、攬權腐敗等錯謬，殺害改教先驅、遏止正義聲音、妨礙真理彰顯，這等史實均提醒教會壓制異端的權力很容易被濫用，變成霸道專權、排除異己的工具；今日教會失去這種權力，也許福多於禍。

另一個必須緊記的事實，是基督新教現今眾多宗派分立的局面，這些宗派各有不同神學特色與組織架構。雖然基督新教如今已變得極為多樣化，難於就某一議題達成共識，要聚集各大宗派堂會領袖共同會議協商，也絕不容易；但觀乎過往歷史，尋求統一見解未必可為教會帶來正面果效，相反有機會變成當權者壓制非主流羣體的工具，妨礙教會健康發展；接納多元性的現況，對基督新教來說似乎並非壞事。1996 年將錫安教會定性異端時，共同聲名最終要以「個人名義發表」。2004 年北區教牧公開聲明將有關羣體判為「非正統教會」時，胡志偉牧師解釋：是次聲明不以「異端」稱錫安教會，是要避免引起教會間對「異端」的爭論，因為不同教會對正統和異端有不同的理解，而且由誰來判斷誰是異端也會引起爭議。這表述充分反映當代基督教會對正統和異端問題立場多元而分歧的實況。

正統與異端的判辨裁決			
維護權威	核心焦點	備受挑戰的問題	建議解決的出路
聖經	真理的本源	何謂基督信仰探求的起始？	就是耶穌基督的事件與啟示
	聖經的篩選	正典只是當權派系的信念？	指出初代教會也是弱勢社羣
	版本的真確	有些書卷和文本具爭議性？	可暫時放下具爭議性的經文
信經	使徒信經	只因虛構傳說才變成權威？	仍是最概括簡短的公認信經
	尼西亞信經	應當選取哪個版本為權威？	選尼西亞－君士坦丁堡信經
	亞他拿修信經	欠缺公認會議或權威作者？	只視之為正統信仰輔助參考
教會	社會的處境	失去昔日壓制異端的權力？	正面提醒教會不斷更新改進
	教會的多元	無法就正統異端獲得共識？	接納多元反令教會健康發展

教會處理異端問題建議

綜合基督宗教過往處理異端的成敗得失，就著當前在社會中邊緣化、在教會中多元化的處境，基督教會在面對異端挑戰時，仍有許多可繼續努力的方向。按照猶大書 20～23 節的三個向度，建立信徒、救助迷羊和防備異端；配以多年神學教育與教會牧養的體會，筆者有以下五點建議：

一、教會內部的更新改變：基督宗教成立二千年，為何仍有人接受異端教派而不去傳統教會？部分原因是教會缺乏積極傳道見證的生命動力，信眾只樂於在信徒羣體中彼此相交，享受教會領袖提供的牧養關懷與宗教活動，卻沒有進入社會羣眾之中見證基督。結果，需求福音者首先被異端教派主動找著，就由他們收割。另一原因是教會本身缺乏應有的屬靈吸引，福音詮釋僵化、未能回應時代，領袖處事世俗、輕忽小羊掙扎，信眾關係冷淡、行事表裏不一；有些人在傳統教會找不著信仰滿足，甚或心靈遭受傷害，就轉投異端懷抱。缺乏認真的反省，一直是因循之華人教會的隱憂。

二、整全深入的真理裝備：一直以來，真理裝備都是幫助信眾堅定信仰，免受異端迷惑的重要防禦。在多元分歧的文化處境裏，初期教會受到許多異端衝擊；各地教會有系統的教理培訓，是幫助初信慕道者澄清信仰、認識真理的實用途徑。面對一直受羅馬教廷偏差教導影響的民眾，改教家努力翻譯聖經、註釋經文、勤於宣講教導，且編訂許多教理問答，都是成功幫助信眾接受新教信仰的重要工程。雖然今日大部分華人教會均有主日學等真理教導安排，但由於對宗教改革惟獨聖經的誤解，不少教會至今仍只提供聖經書卷的課程，缺乏較整全如教會歷史的裝備，確實遺憾。

三、新興教派的主動研究：近十多年間，經常聽聞有異端教派興起，是華人教會鮮有聽聞的。他們有公開傳教，有不少身分隱藏；有潛入傳統教會，有活躍於大專院校；有具相當組織規模，有鬆散地傳播思想。初期教會裏，教父們均積極寫作揭示異端錯謬，幫助信眾免受迷惑；宗教改革時期，改教家亦努力指斥羅馬公教猶如異端的錯謬，對其種種偏差信仰和傳統詳加批判。雖然近年基督新教也有一些異端研究出版，惟作者多只按個人經歷和體會編寫，欠缺對新興教派有組織、有計劃的整全研究。若能有一認受性高的跨宗派機構組織，專門收集、研究及出版有關新興教派的資料，將必更加理想。

四、問題教派的應對分析：遇上異端教派興起時，初期教會傾向透過主教會議排拒指斥，中世紀教廷借用宗教裁判所加以壓迫剷除；這些方法往往只會帶來矛盾衝突、教會分裂。不可忘記，有些曾被指為異端的，實質並非全然錯謬的邪惡族羣。在宗教改革中，被指為異端的新教羣體，實質只為糾正羅馬公教會的錯謬，要歸回使徒傳統的教導；其遭無理壓制的結果，是遍佈全歐洲各新教宗派的分離獨立。對於一些信仰教義上的分歧，若果問題並非嚴重，最佳方法是先和平對話、保持溝通、互相理解；硬將異己判為異端，很容易將有關羣體孤立，失去繼續挽回糾正的機會。

五、具公信力的評分參考：現代人很喜愛參考評分，購買相機鏡頭、手提電話，於互聯網上全有評分；就是下載手機程式，用家的評分也常是重要參考。對繁忙的都市人來說，要詳細分析各新興教派的特質，明白其偏離正統之處，未必人人有此時間精力；由可靠單位給予評分，是普羅信眾最實用快捷的參考。建議基督教會各宗派堂會、教牧領袖都積極嘗試，按各新興教派的教義，中肯地評分，以反映其與正統信仰一致或偏離的程度；鼓勵有心志、有召命的組織羣體，承擔主理機構的工作，收集評分並上載專頁之上；又勉勵各堂會肢體以禱告和資源關懷支持，為減除異端困擾齊心努力。

溫習及思考問題

1. 在宗教改革時期，改教家提出以甚麼作為信仰教義的權威？此後，各宗派又訂立了甚麼權威認信？

   公認權威：__________

   信義宗：__________

   改革宗：__________

   聖公宗：__________

   長老宗、公理宗：__________

在啟蒙運動的反權威潮流下，這些普世教會或個別宗派的信仰權威，如何受到質疑？

____

____

____

2. 有關聖經的權威，下列宗教改革後的宗派認信有何表述？

《循道宗二十五條宗教信綱》______________________________

____

《浸信宗新罕佈什爾認信文》：______________________________

____

《美國公理宗信條》：______________________________

____

下列自由派學者，對聖經權威又有何挑戰？

色姆勒：______________________________

____

亞蘭：______________________________

____

馬斯森：______________________________

____

登根：______________________________

____

3. 《正典爭議》一書，對舊約正典提出了哪幾方面的挑戰？

a. ______________________________

b. ______________________________

c. ______________________________

d. ______________________________

e. ______________________________

4. 自由派學者對新約正典的討論，有哪幾個主要範疇？

a. ______________________________

b. ______________________________

c. ____________________

d. ____________________

e. ____________________

5. 面對前兩題對新舊約聖經地位的質疑，本章有何建議，以繼續維護正典的權威？

____

____

____

6. 學者對下列信經權威地位的質疑，有哪些主要論據？本章對處理這些質疑，有何建議解決的方案？

《使徒信經》

質疑理據：____________________

____

解決方案：____________________

____

《尼西亞信經》

質疑理據：____________________

____

解決方案：____________________

____

《亞他拿修信經》

質疑理據：____________________

____

解決方案：____________________

____

7. 綜合二千年的教會歷史，以及當前的社會處境，教會在處理正統與異端的問題上，有哪些主要的困難？本章提出了甚麼應對的建議？

歷史經驗：____________________

____

教內困境：______

______

教外挑戰：______

______

應對建議：______

______

8. 綜觀本章討論，你認為在現今世代確立信仰權威困難嗎？試分享你的感受。

______

______

______

9. 本章提出應對坊間挑戰傳統信仰權威的建議，你認為有效嗎？你個人又會添加甚麼建議？

______

______

______

進深閱讀書目

吳國傑：《正邪難辨：再思基督宗教判斷正統與異端的權威標準》。香港：浸信會出版社，2014。

莊祖鯤：《真道辯：論異端、別異教派與異教》。Scarborough：加拿大恩福協會，2020。

McDonald, Lee M. and James A. Sanders, eds., *The Canon Debate*. Peabody: Hendrickson, 2002.

Pelikan, Jaroslav. *Credo: Historical and Theological Guide to Creeds and Confessions of Faith in the Christian Tradition*. Vol. 3: *Statements of Faith in Modern Christianity*. New Haven & London: Yale University Press, 2003.

第九章
教會體制

現代時期的教會體制，絕大部分屬宗教改革的延續；惟隨著現實環境的轉變，各教派羣體又衍生出許多微妙的演化。羅馬公教在維持單一領導、聖職人員特殊地位的同時，又逐漸開放廣大信眾在教會中的參與，並接納不同立場的信仰羣體。隨著俄羅斯正教於十六世紀獲確認擁有獨立地位，莫斯科牧首擁有牧首職銜後，愈來愈多東正教地區爭取自治，形成大大小小不同的獨立組織。由於宗派眾多，基督新教的教會體制最為多元；除改教時期的傳統宗派如信義宗、改革宗、聖公宗外，後來又出現許多大小不一的宗派羣體，如香港的宣道會、播道會、中華基督教會等。雖然新教宗派大都持守「信徒皆祭司」的原則，但實際運作上卻五花百門；有監督制、長老制、會眾制，有總會領導、有堂會自治，有強調事事按照會章，也有相當人治決策。基於筆者的信仰背景考慮，本書會先集中論述基督新教的體制；末後才簡要介紹羅馬公教和東正教的最新發展。

9.1. 宗派內部的不同體制

基督新教宗派繁多；有源自改教時期的，如信義宗、改革宗、聖公宗等；有後期在歐美西方逐漸形成的，如循道宗、公理宗、五旬宗等；也有福音廣傳後產生的本土宗派，如華人的基督教港九潮人生命堂、基督教中國佈道會、平安福音堂等。這些宗派各有不同體制，不單宗派內部的架構迴異，個別堂會內的領導模式也存在巨大差別，可謂五花八門，筆者只能在此嘗試列舉一、二。

9.1.1. 堂會內部的組織架構

按傳統分類，基督新教各堂會的架構體制，可大致分為監督制、長老制和會眾制三大類。監督制以主教、監督、牧師為信仰羣體的中心，是堂會大小事務的最終決策者，其權柄非任何平信徒可以挑戰；現代華人教會裏的聖公會和信義會，皆仍採用監督制架構。長老制是由眾長老組成堂議會或堂委會聯合領導，當中長老可由委任或選舉產生，教牧同工和信徒領袖皆可成為長老；香港的金巴倫長老會和平安福音堂，原則上皆屬長老制教會。會眾制則是以會友大會為教會最高權力機關，休會期間由會眾選出的執事會負責領導和治理職務，牧者的實權普遍不高；在現代華人信徒羣體當中，浸信會可說是最典型的會眾制教會。

然而隨著時代發展，許多林林總總的新形模式、混合架構不斷湧現，形成五花八門的多元體制。隨著教會發展壯大，許多具實力的堂會均嘗試在另一區域植堂；當然植堂的最終目的，是分堂能自立，成為另一間獨立自主的堂會；惟在自立之前，母堂與分堂的互動又衍生出許多不同的關係模式。有分堂自組堂委會、理事會，通過的重要議案得經母堂確認；有母堂差派數名執事，領導分堂事工發展；也有母堂主任同時兼任分堂主任，督導分堂牧者的事奉。在二十一世紀大型堂會（megachurch）不斷興起、互相比較的環境裏，為維持堂會實力，獲取名牌效應的得益，愈來愈多具規模的堂會均採用一堂多點的模式；堂會雖分散有不同聚會地點，但仍屬同一堂會，由同一教牧團隊、執事組織管治，各聚會點的信眾可共用堂會資源。惟各聚會點的關係親疏如何？如何維持關係連結？則有相當多元的分歧。當個別聚會點人數增多，能力變得充裕，就容易出現獨立自主的呼聲；在合一與分離之間存在張力的情況，時有出現。

現時許多堂會均處身於各級學校或社福機構之中，彼此的相互關係亦存在許多不同模式。有學校或機構由總會或聯會設立，與附設的堂會皆名義上或實質上隸屬於宗派；例如香港循道衞理聯合教會強調宣教牧養、學校教育、社會服務之結合，故盡可能每一堂會（或稱堂區）均同時兼具此三方面功能。由於三者原則上皆隸屬於總會，故有同行合作的關係，由總會任命的主任牧師會同時領導各機構組織的牧養事奉。有堂會自資成立或申辦學校或機構，相關組織成為堂會轄下的外展事工或福音預工，從屬於堂會之下；有由母堂設立，學校或機構與附設的分堂皆由母堂管治，組織與分堂平行並立；惟有時當分堂自立，而母堂又未有將組織的治權移交時，分堂就會變得寄人籬下，常受掣肘。除此以外，還有許多堂會是借用或租用學校或機構場地作聚會之用。每當相關組織自身需要舉辦特別活動，可隨時收回場地；組織負責人的態度，成為堂會能否安然穩定聚會的關鍵。

因著有不同架構制度，各堂會的聖職也存在頗多差異。聖公會分有大主教、主教和牧師；信義會有監督、牧師和教師；禮賢會有區牧、區會主席、牧師和宣教師；循道會設會長、聯區長、牧師、會吏和宣教師；五旬節聖潔會設總監督、區會監督、牧師和傳道；浸信會、宣道會等會眾制宗派普遍只設牧師和傳道兩級。此外，信徒領袖也有不同名稱，如長老、會佐、執事、理事、堂委等；有單一議會領導全教會事工，也有兩級制；有以堂主任為當然主席，有牧者純屬普通出席，也有僅屬列席，沒有任何投票權。

堂會架構體制	具體例子
堂會內部體制	監督制、長老制、會眾制
對外擴展模式	植出分堂、一堂多點
母堂分堂關係	母堂確認議案、差派執事領導、主任兼顧督導
處身學校機構	總會設立、堂會自資、母堂創立、從外租借
各級聖職人員	大主教/總監督、主教/監督、牧師/會吏、傳道/宣教師
信徒領袖名稱	長老、會佐、執事、理事、堂委

9.1.2. 宗派內堂會間的關係

傳統上，基督新教各宗派的體制，可簡略分為監督制、長老制和會眾制三大類。監督制以主教或監督為地方教會的最高領袖，改教時期新教中的聖公宗和信義宗，皆採用此體制。長老制最高權力機關是總議會，其下有中議會、區會和堂議會等層層架構，改革宗和長老宗均採用這體制。而會眾制則以信徒大會為最高權力機關，強調堂會自治；聯會只屬自願性聯合組織，對堂會沒有實質權力，典型例子是公理宗和浸信宗。

隨著時代變遷、環境轉變，許多本色化的混合體制相繼湧現。就以香港為例，採納主教制的香港聖公會教省，就在由教省大主教領導的同時，另設教省總議會為最高轄治機關，每三年舉行常會一次，其內再細分主教院、聖品院和平信徒院；在一定程度上，添加了類似長老制的集體領導元素。中華基督教禮賢會香港區會雖持信義宗神學立場，卻修訂傳統的監督制領導模式，改由區牧、主席、副主席、按立教牧和堂會代表聯合組成的區議會為最高決策機關，通常每年召開會議一次；區議會下設區董會，負責領導和決策區會之日常事務，正常每兩月召開例會一次。同屬信義宗一員的基督教香港信義會，則平行以會員大會和代表大會為最高權力機構，前者所有獲認可的會員皆有權出席，後者由教牧議員和信徒議員聯合組成，各施不同功能，每年舉行大會一次；休會期間會務由董事會決策，每月舉行常會一次。雖然這些宗派均以主教制或監督制為本，卻非單純由一人領導。

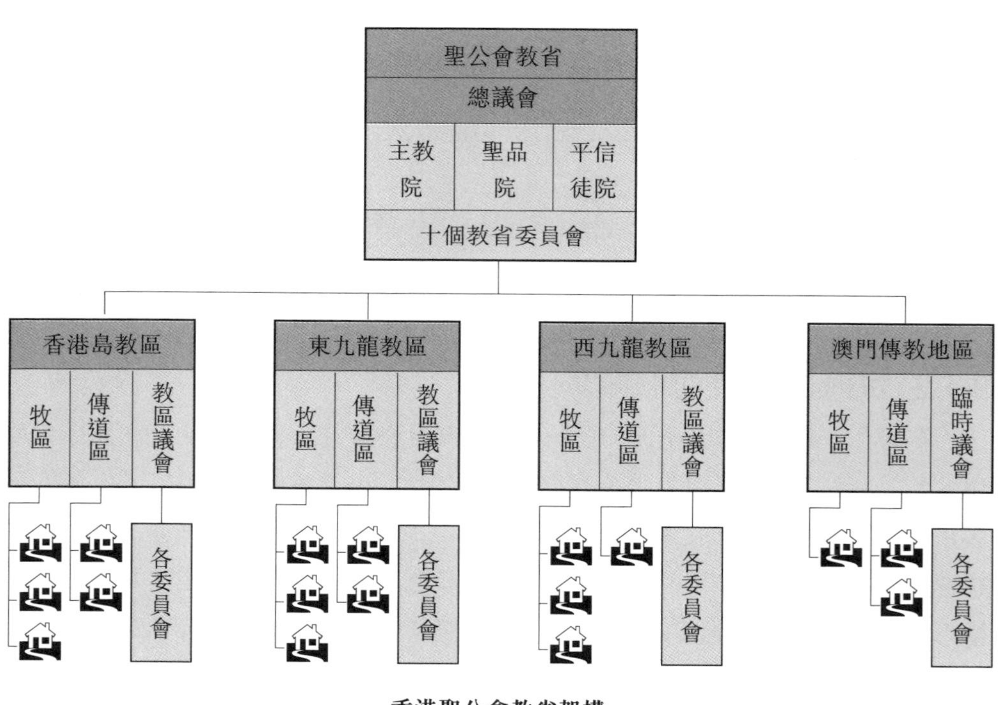

香港聖公會教省架構

二十世紀初，隨著五四運動而引發的高漲民族意識，中國的基督教領袖深刻體會到教會本色化的必要，遂提出自養、自治、自傳的發展方針，成立中華基督教會，成員包括長老會、公理會等承襲加爾文傳統的宗派。是故，原初的中華基督教會採長老制的層層架構，分設總議會、協會、區會和堂會四級制度。香港的區會前身為中華基督教會廣東協會第六區會，自中國大陸赤化，便成為不從屬於任何總議會、協會的獨立自主組織。雖然具長老制背景，但現今的中華基督教會香港區會已沒有一層層的架構；當中每年一次的週年代表大會成為最高權力機構，休會期間由執行委員會統籌各部事工，並聘有總幹事負責區會日常運作。

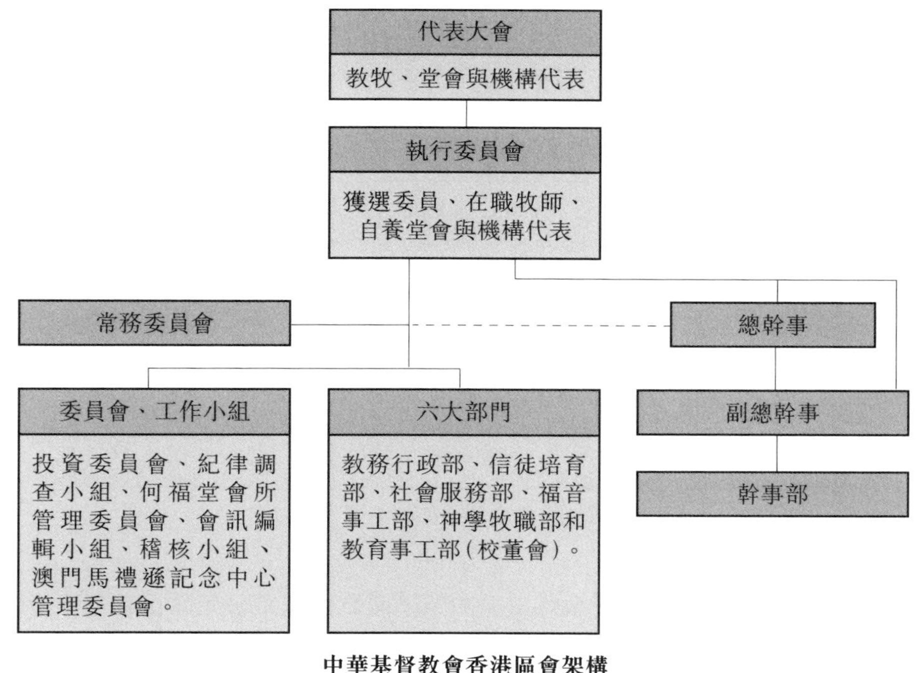

中華基督教會香港區會架構

至於會眾制，香港最具代表性的宗派當數香港浸信會聯會。浸聯會強調地方堂會獨立自主，不論人數多寡，皆實行自養、自治、自傳，不受任何監管。為此，香港浸信會聯會的角色，只為聯繫香港各浸信教會，促進和協助各堂會之發展。聯會並非高高在上，相反其職員是眾教會之僕人。香港浸信會聯會的最高權力機關是會員代表大會，每年召開會議一次；休會期間得由理事會表決各重要議案。然而，並非所有號稱會眾制的宗派均採如此架構；例如中國基督教播道會總會和宣道會香港區聯會，就維持堂會在某些層面如按立牧師、信仰教義等，須受總會或區聯會領導和審核；播道會且設有監督一職，負責督察全會屬靈事工。

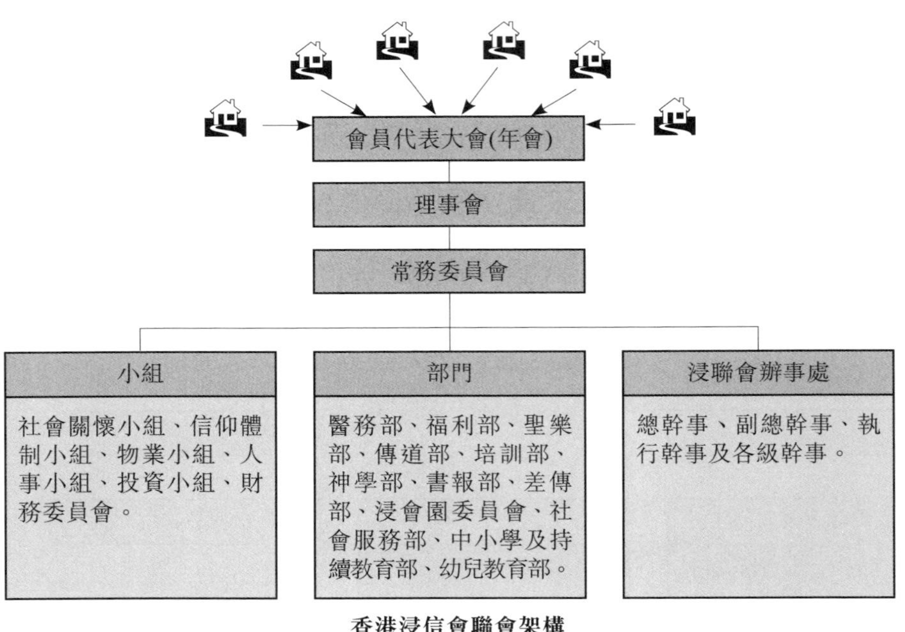

香港浸信會聯會架構

從上述例子可見，基督新教各宗派的架構體制已變得多元而複雜，不能簡單分類。值得一提，從上述列舉的例子可見，除堂會以外，不少宗派還設有各級學校、醫院診所、社福機構，甚至退修營舍和宣教差會。這些組織在宗派內的角色和身分，也存在很大差異；有完全受宗派總會管轄，人事和行政皆要聽命其下；有總會只能派幾名代表入董事會，間接影響組織決策；也有僅名義屬同一宗派，組織運作完全獨立自主；可謂相當多元，百花齊放。

9.2. 宗派對外的多元關係

基督新教宗派林立，因著信仰教義和往昔歷史不同，各宗派之間存在著頗為多元的關係；隨著時代發展，超宗派、跨宗派組織相繼成立，宗派關係又變得更為複雜。此外，在現代專業化的潮流下，各地教會又生出許多基督教機構，專門承擔某些事工上的需要；其與各宗派或堂會的關係，又是各具特色。當然，與政權的關係理當如何？這古老的問題從未消失，是現代各宗派、各堂會無法逃避且必須面對的。

9.2.1. 宗派組織的關係

宗教改革時期，在批判公教偏差的同時，改教家亦常以嚴格而狹窄的標準來衡量其他新教羣體；結果任何與自身立場相異的，都很容易被判斷為錯謬，甚或視為異端而加以排拒。在馬爾堡對談上，信義宗和改革宗因聖餐觀不同而分道揚鑣；蘇黎世改革宗議會壓迫不認同嬰兒水禮的信洗派，導致多人被捕入獄、遭處決殺害；多特會議上，加爾文主義者以強硬手段將亞米紐斯主義者定為異端；這些都是宗派對立衝突的典型事例。

宗教改革後的理性啟蒙時期，基督新教各宗派依然為著種種不同見解而不和分裂。就如對美國大覺醒存在不同反應，而產生長老宗的舊方派和新方派，以及公理宗的舊光派和新光派；循道宗成立初期，也處處受到英格蘭國家聖公宗的抗拒和抵制。在隨後的普世宣教時期，宗派間因彼此不和而分裂對立的情況更加普遍。就如對政權入侵教會抱持不同立場，而產生蘇格蘭長老會和蘇格蘭自由長老會的分裂；以及不滿於北歐信義宗教會屬靈低落，而衍生的瑞典自由福音教會。當然此時期最具代表性、影響最大的，是美南和美北因廢除黑奴問題而引發的衝突，此矛盾造成當時美國最大的三個宗派，就是浸信宗、循道宗和長老宗，相繼分裂成不同宗派組織，部分至今仍未完全復和。

然而，經歷數百年的歷史洗禮，特別是普世宣教對同心見證的領悟，以及社運抗爭對團結力量的經驗，基督新教各宗派愈來愈體會到教會合一的必要，由此衍生遍及全球的普世合一運動。時至今日，現代各宗派多樂意彼此合作，且共同成立種種跨宗派聯合組織，如福音聯盟、世界基督教協進會等；華人羣體也有香港的香港華人基督教聯會、台灣的台灣教會合作協會等。對於信仰教義上的分歧，宗派羣體會嘗試區分主要和次要教義。主要教義無法共融，如耶穌基督後期聖徒教會或耶和華見證人會，正統宗派會仍舊保持距離；但對於次要教義的分歧，對聖餐化質說還是記念說？是否接納嬰兒水禮？則多抱求同存異的態度追求合一。當然，各宗派對何謂正統的信仰立場及對相異見解的包容程度會存在一定差異，例如今日仍有部分保守羣體堅持抗拒靈恩運動；但整體而言，各新教宗派組織是合作包容遠多於敵對衝突。

在宗派組織以外，隨著專業化的時代潮流，各地教會也逐漸興起大大小小專門推展某類事工的基督教機構；例如關注香港社會文化議題的明光社，團結醫院牧關事工的香港醫院院牧事工聯會，專於收集異端資料的新興宗教關注事工，以福音戒毒聞名的基督教互愛中心等。這些機構有附屬某一堂會，有附屬宗派總會，也有屬超宗派獨立組織。所謂的附屬，有全然由創辦團體運作，有僅差派幾名董事協助監管，也有僅名義上隸屬、實質獨立自主。所謂的超宗派，有真實不與任何宗派掛鉤，也有與個別宗派關係特別密切，受其人力物力支援特別多的。關係錯綜複雜，可謂五花八門、各適其適。

基督教機構與創辦團體關係具體例子			
性質	關係特質	具體例子	運作特色
附屬堂會	真隸屬其下	九龍城浸信會差會	完全隸屬於九龍城浸信會的差傳組織
	派代表監管	九龍城浸信會禧年小學	九龍城浸信會多名成員擔任法團校董
附屬宗派	真隸屬其下	香港浸信會聯會浸會園	為浸信會聯會轄下非獨立註冊的營舍
	派代表監管	香港浸信會醫院	有獲選的浸聯會醫務部成員擔任院董
	僅名義相屬	香港浸會大學	財務、行政、人事完全獨立於浸聯會
超宗派	有特別關係	建道神學院	與宣道會香港區聯會有特別密切關係
	真實跨宗派	世界華福中心	以跨宗派、跨地域的宣教合作為宗旨

9.2.2. 宗派政教的關係

自古以來，政教關係都是影響教會立場和發展的重要元素。在宗教改革爆發的浪潮中，新教各宗派均否定中世紀羅馬公教宣揚的教宗首席論，放棄教權高於政權的主張。雖然如此，在政教關係這問題上，新教各宗派卻存在很大分歧；同一宗派在不同國家或地區，也存在相當不同的面貌，可謂極度多元而複雜。

傳統上，有些宗派主張政教協調合作；惟隨著普世宣教運動的福音遍傳，這些宗派在各地的政教關係出現大小不同的轉變。例如聖公宗在英格蘭持守「政權掌控教會」的制度，以君王為教會最高領袖，所有聖職人員皆要聽命其下；在英國大舉向海外擴張的行動裏，聖公會在各英屬殖民地，扮演著主權國的宗教代表角色。惟隨著世界各處的殖民地相繼獨立自治，英國君主的治權逐一喪失，地區聖公會對政權的立場也隨之改變：有地區如澳洲以基督教立國，依然承認英國國王為君主，聖公會受到一定保障，信眾數目龐大；有如斯里蘭卡以異教為主，當地聖公會雖仍隸屬英格蘭坎特伯雷教省，但要在社會邊緣中艱苦努力；也有如香港已歸屬非基督教的主權國家，該處聖公會要從往時效忠英國君主，改為服從中共和特區政權。

類似情況也見於主張「政教相互支持」的信義宗，以及倡儀「政教合作事奉」的改革宗和長老宗。在德國和北歐，信義宗擁有近乎國教的地位；同樣，在瑞士和蘇格蘭，改革宗和長老宗也擁有類近的角色。然而在海外地區，這些宗派都只能在沒有政權支持下獨力發展。在一些宗教自由的西方國家，這些宗派可在法律保障下自由傳道；惟在一些異教或無神的封閉國家，這些教會羣體就只能在種種規限下掙扎求存，甚或要轉入地下隱蔽活動。除往時的互惠聯合模式外，現代還有一種新興的政教關係模式，就是「教會配合政權」，即領導層要聯合教徒配合政權施政，中國的基督教三自愛國運動委員會，正是其中的典型範例；其於1986年通過的會章，明確聲明該會宗旨是「在中國共產黨和人民政府的領導下，團結全國基督徒，熱愛祖國，遵守國家法令，堅持自治、自養、自傳，獨立自主、自辦教會的方針，保衞三自愛國運動的成果」。

相對地，早年那些不獲或拒絕政權支持，強調忠於從神而來的領受，拒絕服從政權不合聖經政令的自由教會，如浸信宗、信洗派、抗議派等，則普遍在持守政教分離的原則下，繼續在各地傳揚福音、建立教會。跟其他宗派類近，這些自由教會在不同國家地域有不同遭遇，政教關係也略有差異。在一些對基督宗教友善的地區，如歐美開放國家，這些教會普遍會跟政權合作，一起推動改進社會、服務人羣的事工；惟在不友善的政權下，如保守的伊斯蘭國家，這些宗派則會視政權為受敵對勢力操控的工具，嘗試以順從神、不順從人的態度，以諸般智慧抗拒有違聖經的政令。

隨著啟蒙運動衝擊及福音向外擴展，愈來愈多教會身處被邊緣化的社會處境中，採政教分離政策的自由教會也日益加增。這些新興宗派有福音派的宣道會和播道會，有靈恩派的神召會和五旬節聖潔會，還有本土性的教會如香港的港九潮人生命堂、中國佈道會和平安福音堂。雖然這些宗派同樣採取政教分離原則，但對政權的態度也存在差異。有嘗試培養良好關係、積極配合；有盡量保持距離、消極面對。有時同一宗派中的不同堂會，也會有相異的態度，如浸信宗堂會；同一堂會也有不同政治取態的信徒，流露著信仰自由的特質。

<table>
<tr><th colspan="4">基督教機構與創辦團體關係的具體例子</th></tr>
<tr><th>立場</th><th>原初政教關係理念</th><th>具體例子</th><th>現代於世界各地的政教關係</th></tr>
<tr><td rowspan="4">政教聯合</td><td>政權掌控教會</td><td>英格蘭的聖公宗</td><td rowspan="3">在友善地區：良好關係、積極配合
不友善地區：保持距離、消極面對</td></tr>
<tr><td>政教相互支持</td><td>北歐的信義宗</td></tr>
<tr><td>政教合作事奉</td><td>蘇格蘭的長老宗</td></tr>
<tr><td>教會配合政權</td><td>中國的三自會</td><td>領導及聯合各地教徒配合政權施政</td></tr>
<tr><td rowspan="3">政教分離</td><td>政權扭曲需糾正</td><td>英國的浸信會</td><td rowspan="3">在友善地區：良好關係、積極配合
不友善地區：保持距離、消極面對
宗派內、堂會內也可以有相異取態</td></tr>
<tr><td>政權敗壞需遠離</td><td>瑞士的信洗派</td></tr>
<tr><td>新興的自由教會</td><td>播道會、神召會</td></tr>
</table>

9.3. 宣教羣體的相互關係

隨著時代發展，現代基督教宗派間、堂會間有非常多元而複雜的關係。其中一個這時期才突顯的，是普世宣教運動所衍生各相關羣體間的互動；就是差派教會（sending church）、宣教組織/差會（mission），與宣教士（missionaries）及其在外地所建立的宣教堂會(mission church)的關係。隨著宣教堂會逐漸成熟和自立，與原來的差傳羣體又演變出不一樣的關係。

9.3.1. 初創階段的關係

普世宣教運動以前，基督新教的海外宣教活動寥寥可數。惟為有效統籌、強化支援，此時已有一些功能近乎現代「差會」的宣教組織出現；當中包括以帶領北美印第安原住民歸信基督為使命的「新英格蘭廣傳福音會」，以及敬虔主義者組織到世界各地宣教的「丹麥哈勒佈道團」。威廉克理推動普世宣教運動，也籌組了「特定救恩浸信會對異教徒廣傳福音會」（後稱「浸信會傳道會」）；此後還有「倫敦傳道會」、「美國公理宗國外傳道會」等海外宣教組織相繼成立。

有關這些廣傳福音會、佈道團、傳道會的功能和職責，威廉克理的名著《基督徒有責任設法引領異教徒歸信》有如此建議：一羣認真的基督徒、牧者、個人要共同組成一個會社，對宣教計劃的規程、受聘為宣教士的人，以及費用開支的用途等等，訂立多項規則。為這類會社，當指派一個委員會，其職責包括搜集相關資訊，接收捐獻，對宣教士的品格、脾性、能力和信仰立場作出評估，並給工場上的宣教士提供必要的支援。如此，差會這類宣教組織就成為差派教會與宣教士之間的橋梁。差派教會推薦人選為宣教士，提供所須的金錢、物資給宣教組織；宣教組織負責分配資源，督導、監察和支援宣教士在工場上的事奉；而宣教士則定期向差派教會和宣教組織分享服侍情況，匯報事工進展。至於宣教士建立的宣教堂會，則多隸屬宣教組織，由當地宣教士領導及管理，直至成熟自立。

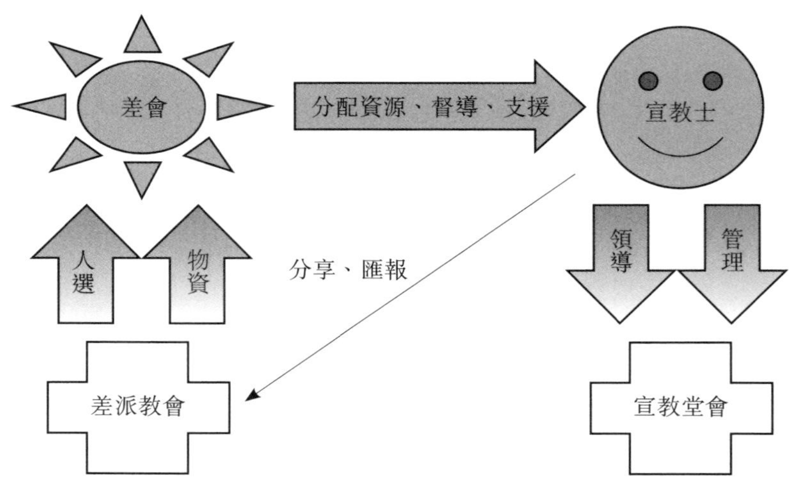

因著宣教組織有宗派性和超宗派性等不同背景，各參與羣體的相互關係也存在微妙差異。對於宗派性的宣教組織如浸信會傳道會，宣教組織若非完全隸屬於宗派之下，也至少保持非常密切的關係，人力、物力得倚靠宗派教會的支持；如此，差出的宣教士絕大多數來自所屬宗派，於外地建立的宣教堂會，也必抱持相同宗派立場。至於超宗派性的宣教組織如倫敦傳道會，人力、物力來自不同宗派，普遍較能獨立運作，能接納不同來源的宣教士，所設立的海外宣教堂會也無須依從特定宗派立場，宣教組織可按自身理念和當地實況加以調節。

9.3.2. 成熟階段的關係

昔日，宣教組織普遍成立於歐美這些傳統基督教地區；不單信仰理念和文化傳統均依從西方，其領導層許多時也是從當中的富有差派教會中選拔委任。因著與宣教工場的文化差異，以及高高在上的管治心態，傾向重視西方差派教會的宣教組織，有時會在漠視宣教士及宣教堂會實際需要的情況下，提出不合適的要求或指引，由此衍生張力、對立，嚴重者甚至出現宣教士脫離差會，或宣教堂會自立門戶的分裂情況。典型的早期例子是被譽為「近代宣教之父」的威廉克理，獻上其出任大學教授的薪金，與印度的伙伴先後共同設立了印刷廠、銀行、神學院、學校、報社、造紙廠、農舍等；惟位處英國遠方的浸信會傳道會，卻不合理地要求克理將這些資產全數歸屬傳道會名下，在無法達成共識的情況下，克理惟有脫離差會。類似情況在早期的宣教歷史屢見不鮮。

為免重蹈覆轍，有些富宣教經驗和體會的人，就嘗試將差會總部建立在宣教工場所在地域，好能更準確掌握工場實況，作出更合乎當前局勢的決策。戴德生於 1865 年創立的中國內地會，正是這種植根於宣教工場的佼佼者；中國內地會以將福音傳入中國內地為目標，該會的宣教中心最初在杭州，1890 年遷至上海，總部設有行政管理大樓、宣教士宿舍、宣教士禮拜堂和華人招待所等。該會的宣教有四大原則：(1) 宣教士必須蒙召獻身，委身於中國的福音事工；(2) 經濟來源全藉禱告憑信徒捐獻，支出按收入分配用途；(3) 總部設於中國本土，另設各區諮詢委員會及區主任等職分；(4) 要求盡快將福音傳遍中國，不急求某一地區教友穩固增長。類似扎根宣教工場的，還有施達德創立的非洲傳道之心會。華人教會羣體方面，以英國和歐洲大陸華人為宣教與培訓對象的基督教華僑佈道會 (Chinese Overseas Christian Mission)，總部也設在英國倫敦附近的米爾頓凱恩斯 (Milton Keynes)。

隨著宣教堂會日漸成熟，從宣教組織中自立便成為各地教會的大趨勢。這些自立有由宣教組織推動，也有由宣教堂會自發。香港現今有相當大比率的宗派，皆屬這種西差會宣教後自立的成果。例如香港浸信會聯會，是美國南部和北部的浸信會傳教士，長久留港事奉的果實。基督教宣道會香港區聯會的起始，是中共政權執政並下令驅逐所有在華西教士時，來港宣道會西教士見難民大量湧入，遂決定留港服事。首位將播道會信仰與傳統帶到中國的，是美國丹麥裔宣教士寬夸倫 (Hans J. von Qualen)；1937 年廣州淪陷時，西教士隨難民遷港，由此建立香港的中國基督教播道會總會。1975 年組合而成的香港基督教循道衞理聯合教會，乃結合自分別由英國和美國循道宗宣教士來港建立的循道公會和衞理公會。此外，還有源流可追溯自德國巴冕會的中華基督教禮賢會香港區會，瑞士巴色會的基督教香港崇真會，以及歐美宣教士有分共同參與建設的基督教香港信義會。

隨著非西方的教會興起，信徒人數與宣教力量開始出現轉移。在 1900 至 2000 年間，非洲和亞洲信徒數目分別由 225 萬和 454 萬，躍升到 21,538 萬和 20,543 萬；相反，同期歐洲和北美的數字，只從 8,447 萬和 4,533 萬，微升至 12,989 萬和 15,346 萬。非西方基督新教徒的數量大大超越歐美，這些地區差出宣教士的數量也相應不斷增加；時至今日，大部分地區的宣教事奉，已變成不同國家、不同種族宣教士的團結合作。部分成功自立的地方堂會，更與原來的差派教會成為宣教伙伴，共同承擔其他啟創地區的宣教使命。

初創與成熟宣教階段的對比		
立場	初創宣教階段	成熟宣教階段
差派教會	以歐美西方教會為主	非西方教會參與提升
宣教士	以西教士為主	西方和非西方宣教士聯合事奉
差會	主要設立在差派教會所在地區	更多設立在宣教堂會所在地區
宣教堂會	隸屬宣教組織、由宣教士領導	走向自立、由本地牧者領導
差派教會與宣教堂會的關係	宗派差會：抱持相同的宗派立場 跨宗派差會：可按自身實況調節	衝突不和：從差派教會脫離出來 和平自立：雙方保持良好的關係 成熟地區：彼此成為宣教的伙伴

9.4. 公教正教的更新體制

現代世界的急速轉變，國際人口的頻密往來，福音運動的普世遍傳，民族主義的抬頭興起，也同步影響著羅馬公教與東方正教的發展。當中除教會的神學與信徒的生活外，也涉及體制的更新，以配合時代與現實的需要。在維持單一教宗領導的羅馬公教裏，主要轉變在於如何有效回應福音、信眾、社會的需要與期望；而在劃分為多個牧首區的東正教裏，主要更改則在於各地信眾羣體的獨立自主訴求。

羅馬教廷中央架構		
組織	名稱	外文名稱
一國院	國務院	Secretariat of State
三法院	聖赦院	Apostolic Penitentiary
	最高法院	Supreme Tribunal of the Apostolic Signatura
	聖輪法院	Tribunal of the Roman Rota
十六聖部	聖座福傳部	Dicastery for Evangelization
	聖座教義部	Dicastery for the Doctrine of the Faith
	聖座慈惠服務部	Dicastery for the Service of Charity
	聖座東方教會部	Dicastery for the Eastern Churches
	聖座禮儀及聖事部	Dicastery for Divine Worship and the Discipline of the Sacraments
	聖座冊封聖人部	Dicastery for the Causes of Saints
	聖座主教部	Dicastery for Bishops
	聖座聖職部	Dicastery for the Clergy
	聖座修會部	Dicastery for Institutes of Consecrated Life and Societies of Apostolic Life
	聖座平信徒、家庭和生活部	Dicastery for the Laity, Family and Life
	聖座基督徒合一促進部	Dicastery for Promoting Christian Unity
	聖座宗教協談部	Dicastery for Interreligious Dialogue
	聖座文化及教育部	Dicastery for Culture and Education
	聖座促進全人發展部	Dicastery for Promoting Integral Human Development
	聖座法律文件部	Dicastery for Legislative Texts
	聖座傳播部	Dicastery for Communication

9.4.1. 羅馬公教的體制

中世紀羅馬公教以教宗為單一至高領袖，雖然改教家對此有諸般抨擊，但宗教改革後的天特會議，仍肯定堅持羅馬教宗的至高地位。1869 至 1870 年舉行的第一次梵蒂岡會議，繼續高舉羅馬教宗擁有普世首席的地位，是蒙福彼得的承繼人，基督的真牧者，全教會之首，所有基督徒羣體的師尊，擁有統轄和治理普世教會之大權。1962 至 1965 年的第二次梵蒂岡會議，雖較開放地接納東正教和基督新教徒為分離的弟兄姊妹，但仍以羅馬教宗為獨一權威，強調是彼得的承繼人、基督的牧者、全教會可見的元首、管理永生神的家。故此，羅馬公教的體制在現代時期並沒有多大的改變，以教宗為單一獨大領導的架構依然。

然而，隨著身處環境變遷，在維持教宗全權領導的體制下，羅馬教廷也嘗試調整中央架構與部門，以應對時代需要。至 2022 年，羅馬教廷共設一個國務院、三個法院及十六個聖部，且有許多事務局、辦事處和委員會；組織且不斷更新改革中。

在最新的架構體制中，新開設、新合併的部門，可大致歸納為以下六類功能；反映著羅馬教廷的關注焦點：

a. 強化宣教佈道的工作：例如於 1982 年設立萬民福音部，並在 2010 年組合成新福傳委員會；此兩組織於 2022 年合併而成聖座福傳部（Dicastery for Evangelization）。
b. 關注廣大信眾的需要：在第二次梵蒂岡會議後不久，教廷即在 1967 年組成平信徒委員會，在 1981 年設立家庭委員會（Pontifical Council for the Family）；這兩個委員會又在 2016 年合併為聖座平信徒、家庭和生活部。
c. 正視全人發展的需要：教廷於 2017 年將醫療事務委員會（Pontifical Council for the Pastoral Care of Health Care Workers）、正義與和平委員會、一心委員會和移民及觀光委員會（Pontifical Council for the Pastoral Care of Migrants and Itinerants）合併，成為聖座促進全人發展部。
d. 推動教會內部的合一：於梵二後特設東方教會部（Congregation for the Oriental Churches）和基督徒合一促進委員會（Pontifical Council for Promoting Christian

Unity）；此兩個組織於近年分別升格為聖座東方教會部（Dicastery of Eastern Churches）和聖座基督徒合一促進部（Dicastery of Promoting Christian Unity）。

e. 開啟教外羣體的對話：於梵二後設立宗教協談委員會（Pontifical Council for Interreligious Dialogue）和文化委員會（Pontifical Council for Culture）；又在近年將兩委員會升格為聖座宗教協談部（Dicastery for Interreligious Dialogue）和聖座文化及教育部（Dicastery for Culture and Education）。

f. 注重大眾傳播的使用：於 2016 年將大眾傳播委員會（Pontifical Council for Social Communications），併入傳播祕書處（Secretariat for Communications），並於 2018 年再升格為聖座傳播部（Dicastery for Communications）。

9.4.2. 東方正教的體制

隨著東西方教會分裂，羅馬主教被排拒於外，東方正教傳統只承認五大牧首，分別駐於君士坦丁堡、亞歷山太、安提阿、耶路撒冷和莫斯科；當中前四位在初期教會的大公會議上已獲得肯定，而最末一位乃到十六世紀才獲認可。這五大牧首各自管轄所屬牧區，獨立自主，互不從屬。

隨著啟蒙運動後的民族主義抬頭，各地東正教會要求獨立自治的聲音日高；本於東正教互相尊重的文化特質，一個又一個地區的東正教會相繼獲得自主教會地位。有些自主教會有自身的牧首，也有些只有總主教（Archbishop）或省主教（Metropolitan）作為最高領袖。時至今日，整個東正教共有十四個自主教會；除由原來五大牧首管轄的區域外，還額外添加了塞爾維亞、羅馬尼亞、格魯吉亞、保加利亞、塞浦路斯、希臘、阿爾巴尼亞、波蘭和斯洛伐克等地區。絕大部分是先要求自立，後逐漸獲得各地東正教會的認可；其中君士坦丁堡和俄羅斯牧首的確認，有著關鍵作用。此外，還有三個自主地位尚未獲得廣泛認同的區域，包括美國正教會（Orthodox Church in America）、馬其頓正教會（Macedonian Orthodox Church）和烏克蘭正教會（Orthodox Church of Ukraine）。

東正教會十四個自主教會			
自主教會	外文名稱	最高領袖	自主
君士坦丁堡正教會	Ecumenical Patriarchate of Constantinople	君士坦丁堡普世牧首	381
亞歷山太正教會	Greek Orthodox Patriarchate of Alexandria	亞歷山太牧首	325
安提阿正教會	Greek Orthodox Patriarchate of Antioch	安提阿牧首	325
耶路撒冷正教會	Greek Orthodox Patriarchate of Jerusalem	耶路撒冷牧首	451
俄羅斯正教會	Russian Orthodox Church	俄羅斯牧首	1589
塞爾維亞正教會	Serbian Orthodox Church	塞爾維亞牧首	1879
羅馬尼亞正教會	Romanian Orthodox Church	羅馬尼亞牧首	1885
格魯吉亞正教會	Georgian Orthodox Church	格魯吉亞牧首	1943
保加利亞正教會	Bulgarian Orthodox Church	保加利亞牧首	1945
塞浦路斯正教會	Church of Cyprus	塞浦路斯總主教	431
希臘正教會	Church of Greece	希臘總主教	1850
阿爾巴尼亞正教會	Albanian Orthodox Church	阿爾巴尼亞總主教	1937
波蘭正教會	Polish Orthodox Church	波蘭省主教	1948
捷克及斯洛伐克正教會	Orthodox Church of the Czech Lands and Slovakia	捷克及斯洛伐克省主教	1998

宣教各羣體的理想關係

基督新教早期的宣教活動，皆以差派教會為主導；差派教會的信仰理念、發展期望、文化傳統、意識形態等，左右著差會的人手和資源分配，對前線宣教的工作取向有決定性的影響。結果，就出現不少有違宣教堂會意願，不符合宣教工場實況的政策或指令，導至不愉快的衝突並分裂。時至今日，愈來愈多差派教會體會到要尊重宣教地區的文化特質和處境實況，避免過分將自身立場強加於宣教堂會之上；要支援宣教士的事奉，給予信任和關懷。

惟如此又出現了一些濫用愛心的情況，曾聽聞有崇尚日本的年輕人，向教會聲稱要去日本宣教，且尋得一個在當地有事工的機構錄用；教會於是無條件提供支持，資助該年輕人的薪金，津助生活所需。結果幾年過去，只知該年輕人學了日本的文化和語言，如願地在當地生活幾年，卻未曾聽聞做出有任何實質福音工作，最後連原來錄用他機構也終止關係，年輕人無奈返港。此事令部分教會弟兄姊妹質問：究竟教會是支持他宣教，還是他以宣教為借口要教會支持他實現夢想？

正如世上沒有完美無瑕的宗派或堂會架構，同樣宣教各羣體也沒有最理想的關係。一切體制都只是工具，最關鍵還是個人或羣體的質素；差派教會是惟我獨尊、固執己見，還是明辨是非、開放包容？差會關注的是自身事工發展，還是普世福音需要？在沒有充足的監管下，宣教士會練精學懶，還是會堅持忠心事主？畢竟，所有基督徒包括牧者、宣教士都是蒙恩的罪人，有軟弱失腳的機會，故合宜的監管制度是必須的；這並非不信任的表現，而是盡責的愛心參與。

一、差派教會：差派教會既奉上人力物力支持宣教士在外事奉，自然對海外宣教有心，對所派宣教士有信。然而，為有效掌握宣教士在外的情況，建議教會成立一關顧小組，與在外的宣教士保持緊密聯繫，在時機合適時甚至安排短宣探訪。這一方面能成為宣教士的支援，讓教會隨時提供適切幫助，也讓弟兄姊妹曉得如何代禱；另一方面能成為宣教士的激勵，知道其事奉會有人關心知曉，避免因缺乏監察而逐漸變得怠惰。

二、宣教組織：宣教組織或差會是差派教會和宣教士之間的橋梁；除分配所得資源，督導支援宣教士，推動海外傳道事工外，還要做好差派教會與宣教士的溝通工作。在差派教會不明白宣教士的工作性質時，作出合宜的解說；又在宣教士沒有妥善交待事奉進展時，作出適切的提點。就筆者觀察，海外宣教組織最常見的弊病，是為自身事工發展、讓教會繼續支持，而對宣教士的表現隱惡揚善，未能做到真正公正持平、光明磊落。

三、宣教士：宣教士除向神問責，其宣教事奉也當對得起奉獻支持的教會羣體；故應定期透過代禱信或述職等行動，讓差派教會了解工作實況。即使宣教士在限制傳統福音工作的創啟地區，怕代禱信會影響事奉，也可透過筆名、代號和隱晦的表達來作出分享；這是筆者所見許多宣教士正在實踐的榜樣。曾聽過有教會主任牧師和執事會主席，都表示不知教會某個支持了二十多年的宣教士，究竟平日在工場做甚麼的情況；甚不理想。

溫習及思考問題

1. 在教會體制上，羅馬公教、東正教和基督新教有甚麼大方向上的發展？

羅馬公教：__________

東正教：__________

基督新教：__________

2. 試歸納監督制、長老制和會眾制的領導權力架構；有何現代的宗派例子？

	領導權力架構	現代宗派例子
監督制		
長老制		
會眾制		

3. 試總結本章所記，各級學校或社福機構中與堂會的種種不同關係。各種關係有何特色、優點與缺點？

關係模式		關係特色	優點與缺點
堂會寄居其內	總會設立		
	堂會自資		
	母堂創立		
	從外租借		
處所各自分開	附屬堂會		
	附屬宗派		
	超宗派		

4. 現代聖公會的架構，跟傳統主教制有何分別？香港中華基督教會的體制，又與傳統長老制有何差異？

聖公會：____________________

中華基督教會：____________________

5. 在宗派關係方面，當代教會與宗教改革時期有何主要分別？

6. 在政教關係方面，當代教會與宗教改革時期有何主要分別？試用不多於一百字歸納之。

7. 試對比威廉克理和戴德生對差會角色和功能的表述或計劃，兩者有可異同？

相異：______

相同：______

8. 試比較羅馬公教與東方正教於現代時期的架構體制改變，兩者有何差異？你認為因何有這差異？

	羅馬公教	東方正教
差異		
差異原因		

9. 綜合來說，基督新教、羅馬公教和東方正教的架構體制轉變，有何共通之處？試用不多於一百字歸納之。

______

10. 除本章所列出以外，就你所知，新教宗派還有哪些獨特的架構體制？

______

11. 基督新教、羅馬公教和東方正教的架構體制，你認為哪類較好？為甚麼？

______

進深閱讀書目

吳國傑：《10 大香港宗派巡覽：透視主要基督教宗派》。香港：基稻田，2008。

陳惠文主編：《普世宣教手冊》。Mountain View：大使命中心，2003。

Collins, Paul, and Barry Ensign-George. *Denomination: Assessing an Ecclesiological Category*. London / New York: Bloomsbury T.&T. Clark, 2013.

Kurian, George Thomas, and Sarah Claudine Day, eds. *The Essential Handbook of Denominations and Ministries*. Grand Rapids: Baker, 2017.

第十章
信仰生活

隨著福音遍傳世界，各地教會信眾有著相當多元而複雜的信仰生活。英國聖公會的莊嚴禮儀，北美非裔教會的靈歌表達，南美解放貧苦的社會行動，中國家庭教會的真理追求，都流露著截然不同的氣質與面貌。就是在同一城市如香港，不同宗派、地區、階層的堂會，也可以有差別甚大的羣體聚會。時至今日，要全面論述全球各地基督徒的信仰生活，幾乎是不可能的任務。本書以華人基督徒為主要讀者對象，故會將焦點放在本土教會的信仰生活之上。

10.1. 教會恆常的聚會

在宗教改革時期，改教家延續羅馬公教的傳統，有頻繁的信仰活動，且多有相對劃一的制度。隨著福音傳到不同種族文化、社會階層的羣體中，配以隨時代轉變的信仰理念和教義傳統，現代教會的恆常聚會已有相當多元的發展；有重視傳統、有追隨時代，有周而復始、有年年更動，有莊嚴有序、有自由發揮，有認真謹慎、有不拘小節，有注重教導、有追求實踐，有內聚同行、有外向服侍，可謂林林總總，變化萬千。

10.1.1. 每週定期的崇拜

現代初期，主流宗派多參照中世紀羅馬公教的傳統，採納形式相對固定的崇拜禮儀；例如德國信義宗的《威登堡教會彌撒和聖餐崇拜秩序》(*An Order of Mass and Communion for the Church at Wittenberg*)，瑞士改革宗的《日內瓦教會與崇拜組織條文》(*Articles Concerning the Organization of the Church and of Worship at Geneva*)，以及英格蘭聖公宗的《公禱書》；惟此時已開始有些自由教會，如信洗派和浸信宗等，強調跟隨聖靈導引，反對就崇拜禮序訂立太多不必要的規限。

隨著新興教派日漸湧現，今日愈來愈多堂會採用自身獨特的聚會模式；按宗派傳統堅守固定禮儀的堂會，比例日漸下降。

雖然近數十年出現了一些細胞小組教會，強調「細胞中的教會」(church in cell)，細胞小組擁有基督徒見證、牧養、培訓和敬拜各項功能，且將集體聚會改名為慶典。但對絕大多數地方堂會來說，崇拜聚會始終是最核心、最重要的羣體聚會；即使在颱風、疫症等特殊處境，當其他如團契、主日學等聚會都難以進行，許多堂會仍會想盡辦法繼續維持崇拜聚會，彷彿這就等同對神的敬拜，是絕不可停止的。

對於崇拜聚會的模式，近年還有個走向，就是採用現代的詩歌敬拜。這種敬拜放棄內容豐富的傳統聖詩，改用簡單重複頌唱的表達；為形塑良好氣氛，不少堂會更會以飾物或燈光對聚會環境加以佈置，並組織訓練有素的敬拜隊，透過主唱、和唱、彈琴、結他、擊鼓等合作配搭，要讓會眾更投入其中，情感得以舒發。遇有堂會成年信眾習慣傳統禮序，年輕一代喜愛現代詩歌，則多會分開成人和青少年崇拜，各採不同模式以符合不同羣眾的需要。

傳統聖詩和現代詩歌本來各有優劣，前者內容豐富，後者琅琅上口。惟近年採用現代詩歌的羣體，即或負責帶領的領袖，也偶然出現一些偏差的表達，不得不在此稍加提醒：

a. 詩歌敬拜成為惟一的敬拜環節。曾聽過不止一次有領唱者在唱詩結尾時禱告說：「求主悅納我們的敬拜！」暫且不說崇拜唱詩的真正目的是不是敬拜，即使當中有敬拜的元素，也不能說神只喜歡聽歌，唱詩以外的聚會環節如講道、奉獻等不是敬拜。

b. 詩歌敬拜以信眾的享受為目標。曾多次聽到弟兄姊妹在聚會結束時讚賞道：「很享受今天的敬拜！」崇拜聚會的目的不是為討神喜悅嗎？怎麼變成讓信眾享受！當信眾以自我而非以神為中心，以個人享受為參與聚會的期望，又怎能正確對準敬拜神！

c. 詩歌敬拜成為屬靈爭戰的武器。在一些靈恩背景的堂會裏，常將詩歌敬拜與屬靈爭戰掛鉤；在詩歌中宣告基督為王、祂已得勝，能敗壞黑暗權勢、引進天國。然而，單憑詩歌宣告就能有如此功效嗎？按照聖經，基督主權是要透過信徒確切順服來彰顯。

d. 專注音樂旋律遠多於歌詞內容。現代詩歌敬拜者選擇詩歌，多以歌曲優美悅耳為首要考慮。遺憾現代詩歌多由未受神學訓練的音樂人創作，曲韻旋律是有優化了，但歌詞卻常變成迎合音韻的配角；故時有學者批評某些詞歌信仰錯謬，可會誤導信眾。

	傳統聖詩崇拜	現代詩歌敬拜
崇拜禮序	普遍多環節	普遍較簡短
聚會核心	宣講教導	詩歌敬拜
唱詩時間	相對較短	普遍較長
採用詩歌	內容豐富、每節不同	內容簡約、重複頌唱
常見樂器	鋼琴、風琴	電子琴、結他、擊鼓
伴唱隊伍	多數沒有或詩班同唱	正常會有
詩班獻唱	很多時會有	通常沒有

新冠疫情全球爆發，教會實體聚會被迫暫停，由此衍生了透過網絡直播或錄播崇拜聚會的替代方案；因著信眾的喜好，即使堂會後來回復舉行實體崇拜，也有不少信眾選擇繼續透過網上觀看，以為如此就能滿足敬拜神的要求。無疑，對有真實需要的信眾來說，如因確診而被迫隔離者，觀看網上崇拜確比全無參與優勝；對一向沒返教會的慕道者，網上崇拜確有見證傳道的作用。但信徒以為網上崇拜就等同實體參與，就是對崇拜聚會的目的和功能的嚴重曲解，問題不亞於前述對現代詩歌的誤用，教會牧者必須妥善教導，撥亂反正。

10.1.2. 週年慶祝的節期

中世紀羅馬公教有極其繁多節慶，特別是摻雜著無稽傳說的許多聖徒紀念，更是從歲首到年終天天無休。為糾正迷信錯謬，改教家竭力將那些沒有聖經根據的節期去掉；惟主要禮儀宗派皆繼續保留教會年曆，從聖誕節、主顯日、大齋期、受難日、復活節、五旬節，經過多月的平常期後，再慶祝將臨期，最後回歸聖誕節，周而復始地教導基督的生平要事，藉以深化羣眾的信仰體會。雖然此時已出現信洗派、浸信宗等自由教會，沒有採用教會年曆，只保留如聖誕節、復活節等關鍵節期，但始終只佔少數羣眾。

隨著福音全球遍傳，不屬任何傳統禮儀宗派的堂會持續增多，沒有採用教會年曆的宗派羣體，已然成為新教的主流，佔信徒人數逾半。香港聚會人數最多的幾個宗派，包括浸信會、宣道會和播道會，均沒有堂會固定推行主顯日、大齋期、將臨期的要求。取而代之的，為配合時代、地區和自身的需要，有些堂會每年在母親節或父親節舉行懇親主日，在堂會成立的紀念日舉行堂慶，還有按堂會志趣定期舉行福音主日、社關主日、差傳主日、神學主日、聖樂主日等。隨著普世合一運動下宗派間的交流增加，以及對往昔教會傳統的認真理解，近年愈來愈多自由教會的地方堂會選擇重新採用教會年曆，以培養信眾的信仰體驗，由此暗暗出現一股復古的潮流。

至於基督新教的兩大禮儀水禮和主餐，實施情況則多嘗試在宗派傳統與現實環境上作出平衡，大同小異。基於對宗派先賢的尊重，各堂會絕大多數在神學教義上均緊隨宗派的傳統立場，例如信義宗堅持同質説聖餐觀，改革宗抱持屬靈恩典説，浸信宗則採納記念説。與此同時，施禮方式也多跟隨宗派傳統，或全身浸入，或頭上灑水，或額上劃十字，盡量保持不變；惟在普世合一的和諧氣氛下，各堂會多只內部申述立場、施行禮儀，宗派間的爭拗已日漸鮮見。相反，按現實情況加以調節或簡化，使宗派堂會間的分歧變得模糊，則時有發生；例如在受禮者有身體困難時，部分採用浸禮的堂會會允許以灑水替代。

事實上，按現實運作方便而在傳統理念上作出妥協，是現代堂會相當普遍的現象。例如有堂會成立初期堅持在海邊或河邊施浸，但漸覺麻煩後就改用浸缸，甚或簡單灑水。加爾文一直爭取每主日守餐，惟現今絕大多數華人教會都只每月守餐一次；為方便會眾記憶，多選擇在每月第一主日。教會歷史傳統相信主餐代表合一，應當所有信眾同領一個餅；但當會眾人數太多，一個餅無法供各人分享時，改用坊間個別分開的主餐餅，已然成為最多堂會採用的主流。同樣，過往有傳統認為酒代表基督的神性，而水代表祂的人性，故會在葡萄酒中加入少許水；惟為方便普羅信眾參與，容易預備，現代華人教會多選用沒有酒精的葡萄汁。便於操作實踐，彷彿已超越神學信念，成為堂會選擇施禮模式的最主要考慮。

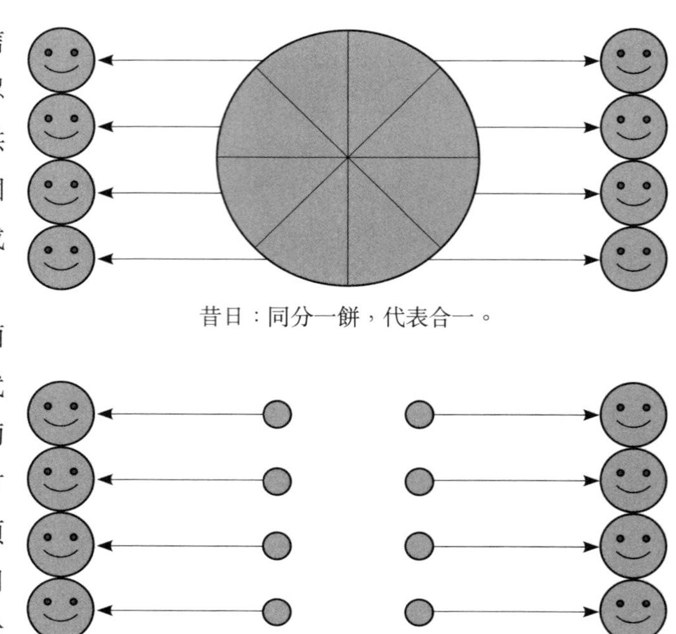
昔日：同分一餅，代表合一。

今日：各領小餅，方便操作。

10.2. 信徒培育的努力

宗教改革倡議惟獨聖經，主張給廣大信眾整全的真理教導。敬虔主義、循道運動與大覺醒運動，引進真誠悔改、敬虔愛主、聖潔生活的靈命追求。近代的普世宣教運動，將遠赴重洋、傳道宣教，塑造成獻身事主的楷模典範。社會福音的廣泛流行，使服務社羣、爭取公義變成基督徒信仰踐行的指標。二十世紀的靈恩運動，將靈浸方言、屬靈恩賜視為靈命成熟的印證。雖然各新教宗派的信仰理念各有不同，但絕大部分均努力以種種途徑培育信眾，好達至堂會期望的屬靈標準，活出成長基督徒應有的信仰表現。

10.2.1. 每週持續的培訓

宗教改革時期，改教家跟隨昔日羅馬公教的傳統，有頻繁的信仰教導聚會。

路德要求牧者每主日講道三次，逢週一至五早上和週六傍晚都有經卷或教義的教導；加爾文也要求牧者每主日講道三次，另逢週一、三、五清晨舉行聽道聚會。隨著宗教信仰在啟蒙運動中被邊緣化，加上現代人普遍生活忙碌，能夠投放時間精力參與如此頻繁聚會的信眾愈來愈少；除少數禮儀宗派如聖公會的座堂外，已鮮有地區堂會能提供週間每日不斷的聚會。

取而代之的，是集中在週末和週日的種種選擇；除少數以家庭主婦或退休人士為對象的活動，週間的聚會多只會在晚間進行。當中除崇拜聚會外，還有按年齡如青年、成年、長者，按身分如大專生、職青、已婚，或按性別劃分的不同團契；此外，還有按程度如初信、基礎、進深，或按主題如個別經卷、宣教、倫理等劃分的不同主日學課程。偶然也有堂會將團契和主日學合併，而為成長班等聚會；細胞小組聲稱兼具見證、牧養、培訓和敬拜各項功能，相關堂會也多沒有獨立的真理培訓課程。這些團契、主日學、成長班、細胞小組等，多每週一次；惟因著都市人日益忙碌，信眾參與活動的時間和熱誠下降，有些聚會會縮減至隔週一次，甚或每月一次。

> 主日學最早見於 1751 年的英格蘭，原意是要給予廣大童工基礎的教育，教導他們學會閱讀、寫作和算術；聖經知識僅屬讀寫的教材，是順帶講授的內容。時至今日，主日學已成為地方堂會真理教導的主要途徑，但也有堂會改用其他名稱如培訓課程等。

現代教會還有一種常見的培訓模式，就是分齡牧養；這種牧養多為大堂會使用，惟偶然也有中、小型堂會採納。方法是按年齡層如兒童、少年、青年、成人、長者等劃分牧區，每一牧區皆有崇拜、團契、培訓、牧養等功能，由自身的牧者團隊負責。這種模式的優點是聚會和活動，能切合各牧養對象的需要，較獲信眾羣體喜愛；惟經常出現的弊病，是牧區各自為政，不同年齡層的會眾甚少交往，嚴重者甚至出現山頭主義的情況。

新冠疫情全球爆發，除崇拜改到網上外，不少堂會都在疫情嚴重時將團契、主日學等聚會，也改到網上進行。由於得弟兄姊妹喜愛，即使疫情減退，實體聚會可重新開始，堂會仍提供網上連結，供不欲實體出席者網上參與。無疑，這種安排有助增加聚會的參與人數，讓無法實體出席者有機會參與。然而，研究顯示網上學習容易分心，成效遠不及實體；同時，努力出席實體聚會，可加增會眾對信仰和對堂會的委身；此外，肢體相交和牧養關懷，很多時都在聚會前後的小休時間發生；網上參與使這一切優點都變得困難。堂會領袖當小心平衡，避免顧此失彼。

	傳統牧養模式	分齡牧養模式
主要職能劃分	按功能：崇拜、團契、培訓	按年齡：兒童、青少、成人
次要職能劃分	按年齡、程度、身分	按功能、聚會、羣體
採用堂會	中、小型堂會	大、中型堂會
普遍優點	集中資源、運作容易	牧養適切、配合對象
常見缺點	專注主流、未能針對個別羣體	牧區各自為政、彼此缺乏交流

10.2.2. 不定期培訓活動

除定期的團契、主日學、小組外，現代堂會也常舉行種種不定期的活動，以提升對靈命的追求，加增對真理的認識，提供對事奉的裝備，深化對信仰的體驗。這些活動有每年舉辦，有按負責領袖喜好年年更改，也有按堂會當時需要推行；有堂會自辦，也有與其他堂會聯合舉辦，各適其適。

為推動信眾追求靈命成長，不少堂會均會勉勵個人靈修；有透過聚會中的靈修分享，有集體訂購靈修書籍，也有推動靈修獎勵計劃。此外，還有聯合性、堂會性或團契性舉行的種種退修會、培靈會、奮興會、青年營、獻身營等。當中已有九十多年歷史的港九培靈研經會，可算是最廣為華人信眾認識的靈命奮興聚會；此外還有台灣、北美、英國的類似聚會或營會。

除定期的主日學外，為增進羣眾對屬靈真理的認知，堂會牧者領袖大都絞盡腦汁，提供種種便利、鼓勵和選擇。例如舉辦寶劍練習來勉勵熟讀聖經，推介及代訂屬靈書籍以擴闊信仰認知，甚至組織讀書會來一同學習。有些並會邀請神學院講師、知名基督教學者主領專題講座、讀經營等聚會；在有需要時，堂會甚至會津助會友，修讀神學機構主辦的信徒課程。

屬靈課程中，有不少與事奉裝備有關；這些事奉培訓，不單傳遞知識，也教授相關技巧，甚至提供操練機會，讓學員在實踐中不斷改進。這些事奉裝備，佈道訓練是最常見的一類，較多堂會採用的「三福」，正是理論與實踐同步的訓練。此外，還有領詩訓練、組長訓練、查經訓練等；有時「門徒訓練」更綜合多種功能於一系列的課程內。

與此同時，堂會許多時會鼓勵信眾從現實事奉中親身經歷；這類信仰體驗一方面對外有傳道見證的作用，另一方面對參與者有深化情懷的功能。最典型的例子是短宣體驗，這能幫助參與者體會外地的福音需要，不少委身某地區的宣教士，原來都是由短宣開始激發的。此外，社區服侍如派發膳食、救濟物資、聖誕禮物，或探訪露宿者、護老院、醫院等，許多時都能給參與者深刻的印象。

	具體例子
提升對靈命的追求	靈修獎勵計劃、退修會、培靈會
加增對真理的認識	屬靈閱讀計劃、專題講座、讀經營
提供對事奉的裝備	佈道訓練、領詩訓練、查經訓練
深化對信仰的體驗	短宣體驗、派發物資、探訪老弱

10.3. 教育工作的投入

中世紀的教育制度，皆為培訓能服務公教教廷和領主而設；大學的教育方式和體制，皆要受羅馬公教的支援、影響和監控。改教家深深體會教育的重要，故皆投放大量精力進行教育改革，為要培養下一代能研讀聖經、認識真理。不論路德、慈運理或加爾文，均有專注大力呼籲所屬地區的領主，投放資源在教育之上。在現代時期，各地教會均繼續按所在地域的需要，參與教育工作。

10.3.1. 普及教育的參與

宗教改革以後，歐洲各地受新教領主管轄的地區，皆積極按照教會的原則辦學。即使發現新大陸後，歐洲基督徒大舉移居，也在當地建立許多基督教的學校。世界著名成立於 1636 年的哈佛大學（Harvard University）、1701 年的耶魯大學（Yale University）和 1746 年的普林斯頓大學，原來初創時也是教會為培育牧者和領袖而設，深受當地公理宗和長老宗所影響。除此以外，因著地方政府教育資源的缺乏，自十八世紀中葉開始，各地堂會相繼開辦主日學校，給予貧困的孩童免費教育，讓他們學會基本的閱讀和寫作，為教育的普及化出一分力。

在普世宣教運動開始後，若教會在宣教工場具足夠能力，也多盡量投放資源，按當地教學政策和需要，推動配合基督信仰的普及教育。威廉克理當年於印度宣教，開始事奉不久就以當時於西方已盛行的主日學模式，給孩童提供免費教育；後來更自費創設公立小學，有系統地提供全面的基礎教育。教育對象甚至包括當時印度社會中，完全無法接受任何教育的女性，為當地重男輕女的文化帶來空前的突破。

當年來華的宣教士，也同樣積極推動教育工作。典型例子是林樂知和李提摩太推動西學的努力。林樂知是美南監理會來華宣教士，1860 年抵達中國之時，滿清政府同時面對太平天國和英法聯軍等內憂外患。他深深體會到華夏的落後、人民的困苦，遂努力透過翻譯和出版，將西方學識給中國人傳流；其涉及範圍，包括天文、科學、地理、歷史、政治、軍事等各方面。林樂知在華事奉中，最著名的是主編《萬國公報》，這是當時華人知識分子認識西學的必要途徑；清末大臣李鴻章、張之洞等是其長期讀者，梁啟超的《維新報》往往抽取此報的內容重印出版。

李提摩太是美國浸信會來華宣教士，1870 年經香港抵達上海。來華事奉初年，華北發生大旱饑荒，李提摩太智慧地處理賑災救濟事宜，廣獲稱揚；期間他發現中國人困苦的根源，不是天災，而是缺乏教育、民智未開，遂積極投身出版和教育。在出任廣學會總幹事期間，他不斷著書、翻譯、出版、送贈。他一生寫作和翻譯過很多著作，當中《泰西新史攬要》更是戊戌變法時期光緒皇帝的重要參考。此外，他又提倡在華開辦高等學府；在幾經波折後，他的教育理念終成功遍及全國，他憶述：「我有關建立現代化大學，以徹底解決中西方糾紛的觀點，得到了全權大臣的贊同；三個月內，朝廷頒佈詔令要求全國每個省會均建立現代化大學。」其對提升華夏教育水平的貢獻，功不可沒。

值得一提，受到當時西方社會福音的思潮所影響，這時期來華的宣教士可大致分為兩派。一派為傳統的「天國福音」立場，主張致力將福音傳揚，令中國基督化；他們以廣大民眾，特別是低下階層為主要傳教對象，代表人物有戴德生和叔未士，現代的福音派教會也多跟隨此立場；他們興學教育，視為福音的預工。另一派為「社會福音」立場，致力改善人民生活，將中國西化；他們多以朝廷大臣和知識分子為服務對象，代表人物有林樂知和李提摩太，現代不少禮儀教會皆傾向這立場；他們視興建學校、提供教育為事奉的重心，是福音的具體實踐。

天國福音與社會福音立場的對比		
	天國福音立場	**社會福音立場**
努力目標	將中國基督化	將中國西化
事奉焦點	傳揚福音、建立教會	慈惠關懷、改善民生
服務對象	廣大民眾、低下階層	朝廷大臣、知識分子
主要事工	翻譯聖經、領人歸主、建立信徒	贈醫施藥、惠慈救濟、社會爭取
辦學緣由	福音預工	福音實踐
代表人物	戴德生、叔未士	林樂知、李提摩太

10.3.2. 神學教育的提升

中世紀的教育是由修院學校、教會學校逐漸演變而來，故普及教育與神學教育往往連結在一起。改教家對中古教育體制進行革新，將精英教育改換成循序漸進的分級學習，期望人人可得基本教育，有能力者可升讀大學；將盲目跟從公教傳統，改換成追求學問知識增長、認識聖經真理、建立個人和社會的整全裝備。惟在歐洲宗教氣氛濃厚的環境裏，普及教育與神學教育依然緊密連繫。

普及教育與神學教育的真正分家，可説是從啟蒙運動開始；特別在昔日宗教與科學的衝突裏，宗教逐漸被指為妨礙知識探索的捆鎖。近代哲學家馬克思和尼采對宗教的負面批評，正好反映此時期學術界對宗教信仰的觀感。雖然此時仍有不少專上學府有神學科目的研讀，但多被新派學者所壟斷；他們以批判聖經的態度來詮釋信仰，以迎合世俗學界對宗教的見解。雖説西方許多大學原初都是為培訓教會牧者和領袖而設，但後來卻與傳統教會立場愈走愈遠。持守聖經立場的基要派或福音派教會，只能在自設的私立大學或神學院，繼續提供符合自身信仰立場的神學訓練，藉以為教會培訓下一代的牧者領袖。

逾五百年的基督新教歷史，神學教育的模式不斷隨時代環境轉變；綜合而言，可歸納為以下四個發展趨向：

a. 盡量系統化：雖然宗教改革初期已有像威登堡大學那樣，由公教轉為新教的專上學府，可為教會培訓牧者領袖，惟這類具規模的院校在新教中始終如鳳毛麟角，非常罕有。在資源缺乏的初創時期，由具豐富經驗的牧者帶領有潛質的人選，從共同事奉中學習體驗的師徒制，還是比較普遍；年輕的加爾文當年正是以這種模式，從前輩法惹勒（Guillaume Farel, 1489 ～ 1565）和布塞珥（Martin Bucer, 1491 ～ 1551）身上學習。普世宣教運動後，許多宣教士也是以師徒制形式培訓本土信徒領袖；第一位華人牧師梁發，正是在馬禮遜和米憐（William Milne, 1785 ～ 1822）的提攜下逐步承擔牧職的。然而，從一位師父身上學習始終不夠全面，故逐漸在資源許可下改由幾位資深牧者共同教授，由此衍生雛型的神學院，神學教育也漸趨系統化。

b. 日趨專業化：隨著世界各地的專業化潮流，加上信眾的個人學歷、社會地位逐漸提升，教會對牧者質素的要求也相應提高；除基本的牧職裝備外，還要求有更高學歷，更多專業化的訓練。香港教會的情況正是這演變的具體反映：1970 年代以前，香港的神學院普遍只有學士學位，部分更只頒授文憑；

雖然不少西教士均有良好學養，但教會此時強調的是敬虔委身，對華人牧者的學歷要求不高。1970 年代開始，多間神學院校相繼開辦碩士課程，繼有香港浸信會神學院、崇基神學院、協同神學院、信義宗神學院與中國神學研究院。1980 年代，許多學院均開辦不同的研究院課程，如神學碩士、教牧學博士、神學博士等。此外，還有許多特別專修單一領域的課程，如教牧輔導、基督教教育、宣教學、靈修學等。

c. 培訓宗派化：自宗教改革以來，各宗派均按本身的信仰傳統與神學立場，撥出所能動用的資源，培訓合乎己用的牧者領袖，造就廣大信眾。這情況一直延續到現代時期，例如敬虔主義的敬虔團契、愛經團契，循道運動的聖潔會、小組培訓等。十八世紀開始的主日學、培訓班，各堂會均按自身立場提供教導，不論禮儀教會、福音派教會、靈恩派教會、細胞小組教會，均是如此。雖然偶然有些聲稱是超宗派的神學院，也有信徒到別宗派的神學院就讀，但真正能包容不同立場的始終仍屬少數。有能力的宗派，不論是聖公會、浸信會、宣道會、播道會、循道會、信義會或神召會，均致力尋求建立、支持一己的神學訓練機構；近年甚至有具規模的大型堂會，自設神學院以度身訂做牧者，播道會恩福堂的恩福神學院正是一例。

d. 逐步普及化：早年的牧者既程度不高，信徒的培訓也只屬初級水平，普遍簡單的經卷講解、基本的佈道與事奉訓練，已能滿足廣大信眾的期望。隨著社會教育程度提升，信眾對教會培訓課程的要求也相應提高；這一方面迫使教牧要持續進修，獲取更高學位資歷，以滿足信眾期望；另一方面更有愈來愈多信徒嘗試從外尋求進深裝備的機會，以加增個人對真理的認知。按此，各神學院均先後開辦不同的信徒課程，程度且不斷增高，以應對羣眾的渴求與需要。時至今日，神學院的碩士、博士課程，已不再是蒙召獻身之牧者的專利，堂會內甚至有信徒領袖的神學知識，比全職牧者更高。此外，在全球化兼網絡化的時代，許多人移民他鄉到世界角落，透過遙距或網上方式繼續提供課程，也是現代神學教育的一大趨勢。

神學教育發展的具體例子：香港浸信會神學院		
年份	牧職培訓	信徒裝備
1951	香港浸信會神學院成立	
1953	開設神學學士及道學學士課程	
1961		創立信徒聖經夜校
1974	道學學士更名為道學碩士	
1995		聖經夜校更名為「信徒神學教育部」
1997		信徒神學教育部開設學士課程
1998		開辦遙距教育證書及文憑課程
2000	成立研究院並開辦神學碩士課程	
2002	開辦教牧持續進修課程	開辦崇拜與藝術課程
2013	開辦神學博士學位課程	
2018		信徒神學教育部增設碩士課程
2023		增設遙距教育學士及碩士課程

10.4. 信仰表達的轉化

在中世紀和宗教改革時代，基督信仰雄據社會文化中心，信徒只須遵從教會的指引生活，定期參與聚會，已然足夠。然而在現代時期，特別在啟蒙運動後，基督教逐漸被邊緣化，信徒要在不同處境裏尋找見證機會；與此同時，新的神學觀念也推動信眾以不一樣的方式活出信仰，由此產生多元的行為表現。

10.4.1. 琳琅滿目的機構

昔日，基督徒委身信仰的具體表現，主要就是投入堂會的事奉；普世宣教運動以後，投身海外宣教士行列便成為委身愛主的又一表達。然而，在多元的社會文化、個人處境與神學理念下，愈來愈多牧者和信徒按個人領受，投身不同的事工之中，且建立起大大小小多元的基督教機構。這些機構有針對個別職業羣體，有為特殊遭遇人士而設；有專責教會某類事工，有關注社會某些議題；有以個別信仰立場為主要對象，有廣泛服務不同宗派；有專注推動單一事工，有廣泛涉及多元服務。

就以香港華人教會為例，針對職業羣體的機構，有對象較窄的香港基督徒學生福音團契、香港藝人之家、香港警察隊基督教以諾團契、飲食業福音團契，分別以在學及畢業同學、影視演員、警務人員和餐飲業工友而設；有範圍較闊的工業福音團契和商區福音使團，分別為藍領和白領職工提供服務。這些機構多具團契和見證雙重功能，一方面為基督徒同業提供互相關懷扶持的機會，另一方面向未信主的同業傳揚福音。

為特殊遭遇人士而設的機構，可分為兩大類。第一類針對身體殘缺或病患，如回聲谷傷健福音協會、視障人士福音中心、香港基督徒癌症關懷事工聯會；這些機構嘗試為身體有需要人士提供支援，如醫療資訊、牧養輔導、安排院舍，製作點字材料、有聲書籍等。第二類針對行為偏差或成癮，如基督教互愛中心、香港晨曦會、香港戒賭中心，分別服務更生人士、戒毒者和戒賭者；這些機構嘗試透過過來人的經驗，幫助有需要者透過悔改歸主重獲新生。

專責教會某類事工的機構許多，廣泛涉及不同領域。例如推動堂會佈道事工的香港三元福音倍進佈道，建立栽培事工的香港青年歸主，關注夫婦關係的香港家庭更新協會，協助兒童事工的香港萬國兒童佈道團，致力提供各級主日學教材的宗教教育中心。隨著近年華人教會對敬拜讚美的關注暴增，多個相關的機構相繼成立，繼有香港基督徒音樂事工協會、香港聖樂促進會、基恩敬拜音樂事工、同心圓敬拜福音平台等。

至於關注社會某些議題，明光社可謂最為香港教會信徒認知的機構，其事工範疇包括同性戀、婚外情等性倫理，婚姻、家庭等情性教育，培養大眾解讀、批判傳媒信息，關注電腦、網絡等新媒體發展，正視賭馬、賭波等貪財歪風，評析動漫、遊戲等流行文化，並探討公義、貧窮、環保等社會議題。此外，還有些機構是專注個別社會議題的，如學術研究性倫理的香港性文化學會，服侍露宿者的基督教關懷無家者協會，以及基督教異端問題的新興宗教關注事工。

雖說大部分基督教機構都宣稱開放，樂意服務廣大信眾；但基於創立羣體和資助堂會的背景，許多機構都以個別信仰立場為主要對象。例如天梯使團、以利亞使團就有很強的靈恩背景，道風山基督教叢林則與信義宗有密切關連。有關信仰背景，最明顯的區分可見於出版事工；不同出版社多為自身的學者、牧者出版專著，相關著作也多為所屬宗派採用。典型例子有浸信會的浸信會出版社，宣道會的宣道出版社，信義宗的道聲出版社，以及靈恩派的以琳書房。

當然，現實亦有些機構嘗試盡量服務不同宗派，但真正能夠做到不偏不倚的仍屬少數。這些聲稱超宗派的，有推動華人福音事工的世界華福中心和香港差傳事工聯會，有分析教會現況、幫助堂會發展的香港教會更新運動，聯合各宗派堂會的香港華人基督教聯會與香港基督教協進會。出版機構方面，基督教文藝出版社、福音證主協會、天道書樓和基道文字事工，雖各有自身的出版志趣和方向，但都在相當程度上能獲得多個宗派的愛好和支持。

基於資源限制，許多基督教機構都只專注推動單一事工。前面提及的香港三元福音倍進佈道、香港家庭更新協會、香港基督徒音樂事工協會、新興宗教關注事工等皆屬此類。此外還有在各堂會推動紀律操練的香港基督少年軍和香港基督女少年軍，透過足球和籃球訓練進行服侍的香港足球體育事工和籃球體育事工，積極在各監獄傳揚福音的基督教牧愛會，專注翻譯聖經的香港威克理夫聖經翻譯會，並積極尋訪世界各地信徒，將見證拍攝成影片的恩雨之聲。

除此以外，也有一些擁有較多資源，能同時提供多項不同服務的機構。例如香港中華基督教青年會、香港基督教女青年會、香港基督教服務處、浸信會愛羣社會服務處、基督教宣道會社會服務處和突破機構等。就以浸信會愛羣社會服務處為例，其事工就涉及青少年及家庭綜合服務、長者綜合服務、精神健康綜合服務、培訓及就業服務、臨牀心理及輔導服務、少數族裔服務、扶貧事工、基督教事工、專業培訓、境外事工等各方面。

現代機構分類			
	類型	事工性質	具體例子
針對羣體	個別職業羣體	團契性、見證性	香港藝人之家、香港警察隊基督教以諾團契
	特殊遭遇人士	服務性、扶助性	視障人士福音中心、基督教互愛中心
事工焦點	教會某類事工	推廣性、培訓性	香港家庭更新協會、香港聖樂促進會
	社會某些議題	研究性、提示性	明光社、新興宗教關注事工
服務對象	個別信仰立場	宗派性	浸信會出版社、道聲出版社
	廣泛不同宗派	跨宗派性	世界華福中心、香港華人基督教聯會
事工範圍	推動單一事工	單一性	香港基督少年軍、恩雨之聲
	涉及多元服務	多元性	浸信會愛羣社會服務處、突破機構

10.4.2. 多元的信仰踐行

琳琅滿目的機構，反映著現代基督徒多元的信仰關注；這些關注有透過堂會、團契或機構表達，也有不少是信徒以個人形式自主實踐。各類信仰踐行的分歧，有由於宗派傳統的差別，有源自成長背景的不同，有基於生活習慣的模式，有因應現實環境的判斷，有出自信仰踐行的關注。在後現代的社會裏，即使處境相同，各人的表現可截然不同；且多相信一己的選擇為合宜正確，卻指斥異見者為偏差謬誤；是非對錯確實難有絕對判斷。

由於宗派傳統的差別，各信徒羣體的信仰追求也有不同取向；例如靈恩派信徒多喜歡敬拜、禱告，福音派信徒則愛好研經、傳道。在今日的教會裏，有兩個同有追捧者的相異追求；一是內在的靈修操練，另一是外在的慈惠服侍。前者傾向靜默反思，有藉泰澤詩歌深化信仰，有透過繪畫等藝術表達，也有回歸如明陣、苦路等往昔傳統；後者認為信仰是要以生活實踐出來的，當中有盡量節約能源、廢物回收以支持環保，有按己力送贈施予以援助貧病，有甚至自設社企以扶持老弱。這靈修追求與慈惠服侍的兩極走向，多少反映信仰傳統的不同。

往昔的經驗和經歷是人成長的重要部分，塑造著個人的思維和信念，個人今天的意向和選擇，與昔日的成長背景息息相關。信仰踐行也不例外，當日屬靈牧者的良好榜樣，會成為信眾的仿效對象；然而，若果牧者領袖表現拙劣，或與信徒有嚴重衝突，就很容易成為反面教材，驅使人朝相反方向奔走。現代華人教會存在兩種截然相反對教會的態度，一是積極投入委身，視教會為神臨在的標記；另一是冷淡抽離，認為地方堂會根本偏離了真正的基督信仰。前者多在堂會有良好經驗，後者可能曾在教會受到傷害；成長經歷不同，導致取態各異。

在日新月異的現代世界裏，不同年齡、性別、學歷、階層的人，會有相當不同的生活習慣；有喜歡在酒樓食市與街坊攀談，有偏好在高級餐廳與知己談心；有花時間安坐家中煲劇，有耗精力於電競中心打機；有埋首工作追求上進，有放開懷抱享受人生。在信仰踐行上，就是同樣追求宏揚真理、更新社會，兩代人也可以有截然不同的行動；有選擇在街頭派發單張，即場與人談道，伸手協助有需要者，在服務和資源上提供實質支援；有選擇在網絡上就各種社會議題發表意見，分享信仰體會，要藉此影響他人，甚至期望能改善政府施政。

在相當程度上，信仰踐行有倫理判斷的元素，當中涉及對聖經原則和現實環境的判斷，不同的判斷會衍生出相異甚至相反的回應。例如同性戀是否不違反聖經？是否天生不能改變？有相關傾向是否就當容讓自由付諸行動？認為答案肯定者自然會支持同志運動，否定者則會抗拒。類似爭議也出現在戰爭、死刑、墮胎、代孕、離婚、再婚、變性、賭博等不同倫理議題上。在香港教會裏，近年就有一個由反修例風波引發的撕裂；有傾向認為政權已敗壞，是壓制人民的權勢，故基督徒當起來為公義發聲，爭取民主；有傾向視政權為神管治的工具，各種制度都有優劣，信徒當奉公守法，以良好品格見證基督。

有些時候，即使對聖經原則和現實環境的判斷相同，基督徒也可以因信仰踐行的關注相異，而有兩樣的取態和選擇。例如同性戀問題，即使同樣認為同性戀像婚外情一樣有違聖經，同性戀傾向如戀童癖一樣屬扭曲病態，有此偏好者當控制慾念，不應隨意放縱；也有注重聖潔的堂會排拒同性戀者，認為他們不肯悔改；另有強調愛心的堂會予以歡迎，皆因人人都是罪人。同樣，視政權為壓制人民的權勢者；也有選擇移民他去，好能更自由地見證福音；另有牧者領袖選擇留下，強調要堅守陣地，與無力者同行，免得留港者感到被遺棄。

引致多元信仰踐行的緣由		
分歧緣由	**具體信仰踐行相異的例子**	
宗派傳統的差別	內在靈修操練	外在慈惠服侍
成長背景的不同	投入委身教會	冷淡抽離教會
生活習慣的模式	親身分享信仰	網上發表意見
現實環境的判斷	順服在上權柄	較多批判權威
信仰踐行的關注	留港牧養服侍	移民尋找自由

無疑，許多不同的信仰踐行，都不是出於單一分歧；上述各種元素，許多時會互相重疊。例如很多人認為，年長一輩普遍擁抱「獅子山下」精神，認為腳踏實地、勤奮努力，終可出人頭地，因此比較投入現實生活；他們或許經歷過教會、社會不斷發展和改進，故對現存體制的限制和不足，相對包容接納；可是，與此同時，他們卻可能因著慣於舊日生活，對潮流的網絡世界難於適應，而喜歡「實際」遠多於抽象事物。另一方面，不少年輕人成長於物質相對充裕的年代，他們所經歷的艱難，與上一代的又是不同；他們也許較多擁抱個人夢想，工作上則更多追求意義，如發展自我、環境永續或改善社會等，他們也慣於在網上世界表達意見和個人感受。各項影響信仰表達的元素，彼此環環相扣，互相牽連。

崇拜與聚會的真正意義*

近年香港多次有颱風於主日吹襲，超強颱風「山竹」便是一例；雖然許多地方堂會都因此暫停聚會，但仍有堅持惟獨主日崇拜不能停止的。究其原因，是認為崇拜聚會是信徒羣體敬拜神的神聖時刻，是教會最核心的活動。不單如此，香港華人教會且愈來愈重視崇拜，對崇拜的教導與討論也愈來愈多。在早年敬拜讚美的熱潮裏，領詩訓練幾乎成為教會年輕一代必備的事奉訓練；隨著教牧領袖對現代詩歌的貧乏內容作出批判，傳統聖詩和崇拜禮序又見重獲重視的迹象。在關注崇拜聚會的時代潮流中，更有不少學者嘗試從音樂、禮儀、神學、牧養等不同角度進行反思，期望為公眾崇拜建構更切實的基礎、訂立更準確的方向。究竟古往今來，崇拜真正的意義為何？

在聖經中，「崇拜」主要譯自兩個希伯來文，就是 עָבַר 和 שָׁחָה，和兩個希臘文，即 προσκυνέω 和 λατρεύω，全部都有「事奉」的含意。《聖經新辭典》(*New Bible Dictionary*) 指出：在聖經中有關敬拜的詞彙很多，但其主要的概念是「事奉」(service)。摩西臨終前警戒以色列人：「你若忘記耶和華你的神，隨從別神，事奉敬拜，你們必定滅亡，這是我今日警戒你們的。」(申八 19) 主耶穌在曠野受試探時也回應說：「撒但退去吧！因為經上記著說：『當拜主你的神，單要事奉祂。』」(太四 10) 可見敬拜與事奉並行，具有相同意思。神的子民不論敬拜或事奉的對象，都只能是這位全能的真神；以色列人敬奉別神要受懲罰 (王下十七 7)，同樣基督徒也不能事奉兩個主 (太六 24)。

既然崇拜就是事奉，那就不可能只在每週一次的崇拜聚會。舊約以色列人強調事奉耶和華，就是要以生命敬拜祂，尊祂為惟一崇敬、順從的主；當中最明確的表現，就是遵從祂的道，謹守神藉摩西頒佈的律例典章 (申十 12、十三 4，書二十二 5)。對於敬拜事奉的生命需求，新約聖經教導得更加清楚，就是要將自己化作活祭獻給神；《新漢語譯本》就將羅馬書十二章 1 節譯為「所以，弟兄們，我以神的憐憫勸你們，要把身體作為活祭獻上，這祭是聖潔的，是神所喜歡的；這是你們理當獻上的敬拜 (λατρεία)。」就是要從心裏遵行神的旨意，甘心樂意地事奉主 (弗六 6 ~ 7)。

崇拜是一種以神為主的生命，而非集中某一聚會；故此，兩約聖經均沒有將焦點放在任何崇拜聚會之上。如前所述，神在舊約時代對以色列人事奉祂的最核心要求，是遵守祂的誡命；摩西五經中的律法，有獻祭的指引、飲食的規限、行為的守規，這都與維持或恢復聖潔子民的身分有關，焦點在於活出屬神的生命，而非參與聚會。當以色列人以為定期的獻祭守節、頻繁的宗教活動可以討神喜悅，卻忽略社會公義、欺壓窮人時，神更藉先知宣告：「我厭惡你們的節期，也不喜悅你們的嚴肅會。你們雖然向我獻燔祭和素祭，我卻不悅納，也不顧你們用肥畜獻的平安祭。……惟願公平如大水滾滾，使公義如江河滔滔。」（摩五21～22、24）可見日常中以生活行為對神的敬拜事奉，遠比任何宗教活動（包括崇拜聚會）來得重要。到新約時代，主耶穌傳講天國的福音，呼籲人悔改歸信；祂講解真理，教導門徒信心禱告、愛神愛人的功課，並以順服至死的生命為世人立下榜樣。主的教導雖多且廣，但祂並沒有教導任何崇拜聚會；祂頒下彼此相愛的新命令，作主門徒的大使命，要信徒成為世上的光和鹽等等，都是要以生活行為來實踐，這些才是真正對神的敬拜與事奉。

或有人會疑問，舊約不是要求以色列人守安息日、守節期麼？新約不是要求信徒羣體不可停止聚會麼？根據兩約聖經，這些羣體活動的目的，都是為教導、互勉和提醒，要幫助神的子民在生活中實踐信仰，而非以聚會為敬拜的神聖時刻。律法書中命定的節期，除贖罪日具潔淨民族的意涵外，其餘包括逾越節、五旬節和住棚節，都有記念神過往和持續賜恩的意圖，要避免以色列人因忘本而離棄耶和華。在猶太人安息日的會堂聚會裏，誦讀律法是必不可少的環節，這在教育程度偏低的古代，是真理教導的關鍵環節。這種在聚會中誦讀經卷的傳統一直在基督徒羣體中流傳，保羅也明確指示地方教會將他的書信互相傳閱誦讀（西四16）；故此，當新約聖經呼籲信徒「不可停止聚會」時，提出的理由是「要彼此勸勉」（來十25）；當保羅處理教會聚會混亂時，他要求任何詩歌教訓、方言啟示、先知講道，都要有秩序逐一表達，強調「凡事都當造就人」（林前十四26），「叫眾人學道理，叫眾人得勸勉」（林前十四31）。

至於**詩歌頌讚**，聖經中確實很早已有藉歌曲舞蹈來向神表達感恩讚美的傳統；成功脫離埃及軍兵威脅時，摩西和米利暗的詩歌（出十五1～18，20～21）是最佳例子。然而，這些歌頌都只是神的子民在現實生活中對神施恩大能的自然回應，並非固定聚會中的崇拜儀節。在宗教聚會中加設恆常聖樂元素的，無疑是大衛王；他編訂共二十四班次的聖樂人員，負責全年在聖殿中唱歌奏樂（代上二十五1～31），惟經文未見進一步解釋大衛此安排的主要用意。不過，新約聖經於聖樂的功用卻有明確的提示；論到教會詩歌，最多人引據的經文相信是以弗所書五章 19 至 21 節，和內容類近的歌羅西書三章 16 至 17 節，這裏保羅呼籲信徒要用「詩章、頌詞、靈歌」，目的是甚麼？細看經文，就不難發現當中強調的，是要「用各樣的智慧，把基督的道理豐豐富富地存在心裏」，也就是說詩歌是幫助信眾**學習、深化、牢記真理**的途徑，故此經文一再強調要「彼此對說」、「彼此順服」、「彼此教導」、「互相勸戒」，好能「口唱心和地讚美主」、「心被恩感歌頌神」。值得留意，緊接上述兩段經文的，都是有關夫妻、親子、主僕應有的相處之道，反映藉詩歌領悟主道以後，就要在日常生活中具體實踐，好能活出彼此相愛的門徒見證。現代教會所強調，要藉美妙的詩歌來讚美神，甚至認為要努力提升音樂技巧才能討主喜悅，從來都不是早期教會的立場。

在初期教會，承接使徒的**早期教父**皆強調**全人敬拜**；亞歷山太的革利免（Clement of Alexandria，約 150 ～ 215）清楚教導：「我們不是只在某些特定日期去敬拜，而是持續整個生命、以任何方式。」俄利根（Origen，約 185 ～ 254）進一步解釋，基督徒是要以「正直的生活」來敬拜，他強調「敬拜神的人，就是那些以聖道的原則和教訓，調校個人生命的人」。他們只稱主日信徒的聚集為記念主復活的聚會，並不稱之為「崇拜」；而聚會的內容，是以聽道和守餐為主，要藉此認識真理、記念主恩、生命轉化。同時，他們對神的敬拜事奉也非以散會作結；相反，聚會後信眾會一同出外施行慈惠救濟，以行動實踐主道，執事也會將剩下的餅和酒送給未能出席聚會的軟弱信徒，以顯合一。

無可否認，要普羅信眾時刻記得以生命敬拜事奉神是困難的；故此，**中世紀教會**努力嘗試將對神的敬拜融合在信徒的**生活循環**之中。當中有延續一生的，從剛出世時接受嬰孩水禮，到長大成人的堅振禮，接著是夫妻聯合的婚禮，最後有臨終膏油禮。有週年循環的教會年曆，從聖誕期到顯現期，然後順序有大齋期、復活期、聖靈降臨期、將臨期，接著又回到聖誕期。有每週不斷的聚會，除主日的多堂彌撒外，大教堂每日早晚均有彌撒，就是偏遠的小聖堂普遍也有數次平日的聚會，一再提醒信眾記念主的救贖。在修道羣體中，還有每日七次的祈禱時刻，包括讚美經、一時經、三時經、六時經、九時經、晚經和補充經，提醒修士們從清早起牀至晚間就寢，均以敬畏稱頌神的心過敬拜事奉的生活。

宗教改革初期，著名改教家均在一定程度上延續中世紀的傳統。不論信義宗或改革宗，均繼續採用教會年曆；此外還有週間的許多聚會。路德每主日講道三次，逢週一和二早上有要理教導，週三早上研讀馬太福音，週四和週五早上教導使徒書信和其他新約經卷，週六晚專論約翰福音。加爾文亦要求牧者每主日宣講三次，逢週一、週三和週五清晨要設聽道聚會。此外，他們都強調基督徒要以**生活實踐**來事奉神；就如路德所說：「神不要人只聽道，只背誦經文，祂要人行道，按著所信的道用愛心實行出來。」將主日聚會從「彌撒」改稱為「崇拜」，確實是十六世紀改教家作出的轉變。然而，不可忽略他們如此改動的緣由，就如路德所批判，當時羅馬公教將聚會禮儀變成賺取神恩典和救恩的善功，結果弄致信心消失；故此必須改用信眾能明白的語言宣講，好叫他們認識真道。教會崇拜必須以聖道和聖禮為中心，為要訓練、造就信徒，使他們在真道上長大成熟。顯然在路德眼中，公眾崇拜的主要功用，並非藉參與聚會來表達對神的崇敬，而是要**建立信徒的生命**，叫他們能在生活中信靠事奉主。

從上述回顧可見，將對三一神的崇拜集中在一個聚會，並非往昔聖經與教會的歷史傳統所倡議，而是後期逐漸出現的誤解與偏差。基督徒真正對神的敬拜，是將自己獻作活祭，以合乎真道的生命來見證事奉主，而非單單講求在聚會中唱詩聽道。教會崇拜聚會真正的意義，是要幫助信眾明白、反思、深化基督信仰，好能在日常生活中活出敬拜事奉的生命。

* 本文修訂自吳國傑：〈敬拜真諦：崇拜聚會最重要？〉，《香港浸信會神學院：院訊》，2020 年 4 月，頁 14 ～ 16，已獲香港浸信會神學院授權轉載。

溫習及思考問題

1. 為何在今時今日，要全面論述全球各地基督徒的信仰生活，已變成近乎不可能的任務？

2. 試綜合現代時期，教會在每週崇拜聚會上的轉變和走向。

   a.

   b.

   c.

   d.

3. 相較實體崇拜聚會，網上崇拜有何優點與缺點？

   優點：

   缺點：

4. 有關特別的主日節期，宗教改革與現代時期有何主要差別？

   宗教改革：

   現代時期：

5. 本章提及現代堂會常按現實運作方便而在禮儀傳統上作出妥協，當中有何具體例子？

   a.

   b.

c. ______________________________

____

d. ______________________________

____

6. 與宗教改革時期相比，現代時期的培訓聚會的頻率有何主要轉變？

____

____

7. 分齡牧養有何優點與缺點？

優點：______________________________

____

缺點：______________________________

____

8. 網上的團契和主日學，有何優點與缺點？

優點：______________________________

缺點：i) ______________________________

ii) ______________________________

iii) ______________________________

9. 下列宣教士在推動地區普及教育方面有何貢獻？試簡要列出。

威廉克理：______________________________

____

林樂知：______________________________

____

李提摩太：______________________________

____

10. 試概述啟蒙時期普及教育與神學教育分家的主要因由。

a. ______________________________

b. ______________________________

11. 試簡要握述基督新教在神學教育模式上的主要發展趨向。

a. ______________________________

b. __________

c. __________

d. __________

12. 試透過本章所列的例子，歸納下列各類型機構的主要功能。

a. 個別職業羣體：__________

b. 特殊遭遇人士：__________

c. 教會某類事工：__________

d. 社會某些議題：__________

13. 你認為教會崇拜聚會的真正目的和功能應當為何？你所在堂會的崇拜聚會是否按此方向進行？當如何改善？

14. 試分析你個人的信仰追求和踐行，有甚麼因素影響著你的取向？

進深閱讀書目

吳國傑：〈崇拜真諦：從聖經與歷史重檢信徒羣體的崇拜〉。《山道期刊》卷 22 第 2 期（2019 年 12 月），頁 47 ～ 65。

韋柏（Robert E. Webber）：「哈利路亞崇拜系列」。孫寶玲譯。陳康主編。共 7 冊。香港：香港浸信會神學院，2003 ～ 2004。

Dawson, Christopher. *The Crisis of Western Education*. Introduction by Glenn W. Olsen. Washington: Catholic University of American Press, 2010.

Gill, Robin. *Churchgoing and Christian Ethics*. Cambridge: Cambridge University Press, 1999.

中英對照索引

1. 人物

2. 主題、文獻、地方

七劃

十劃